【超図解】

日本固有文明の謎は
ユダヤで解ける

ノーマン・マクレオド
久保有政

ヒカルランド

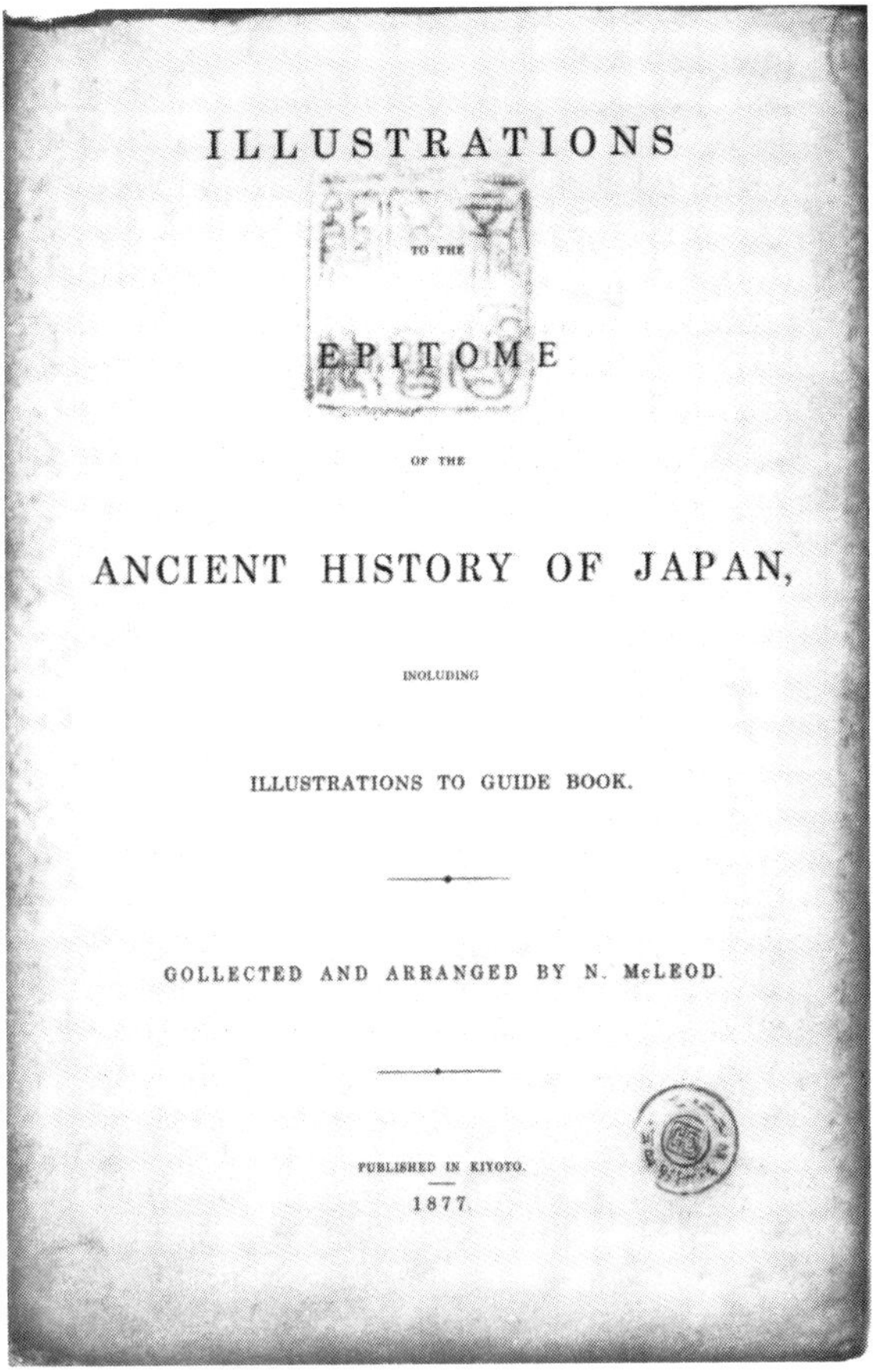

ILLUSTRATIONS

TO THE

EPITOME

OF THE

ANCIENT HISTORY OF JAPAN,

INCLUDING

ILLUSTRATIONS TO GUIDE BOOK.

COLLECTED AND ARRANGED BY N. McLEOD.

PUBLISHED IN KIYOTO.

1877.

ノーマン・マクレオドの著作『「日本古代史の縮図」のための挿《さ》し絵集』表紙。

1875年に彼が出版した『日本古代史の縮図』にそって、数多くのイラストが集められている。

まえがき

本書は、ノーマン・マクレオドの『「日本古代史の縮図」のための挿し絵集』(Illustrations to the Epitome of the Ancient History of Japan)を紹介すると共に、いわゆる「日ユ同祖論」(日本・ユダヤ同祖論)の論点の幾つかを解説したものである。

マクレオドは、一九世紀、明治時代初期の日本に約一二年滞在したスコットランド人商人である。彼は「日ユ同祖論」を説いた人物としても有名である。「日ユ同祖論」とは、文字通りには、日本人とユダヤ人(イスラエル人)は同じ先祖から来ている、あるいは、先祖においてつながっているという説である。

だが、これは必ずしもそれだけの意味ではない。日本人が混血民族であるのは明らかである。日本人の中には北方系民族、南方系民族、また朝鮮半島からやって来た民族など、様々な血が混ざっている。しかしそれら様々な民族の中に、古代イスラエル人もいて、彼らもまた日本人を形成する民族の一つとなった、という説がある。

そして彼ら古代イスラエル人は、単に日本に来たというだけでなく、また日本人の血の中に混ざったというだけでなく、じつは日本の文化・伝統の根幹を形成したとも言われている。この考えもまた、「日ユ同祖論」と呼ばれている。本書では、その日ユ同祖論の論点の幾つかを読者に紹介している。

本書のイラストは、おもにノーマン・マクレオドの『「日本古代史の縮図」のための挿し絵集』のものを使った。この挿し絵集は、一八七七年に彼が京都において、英語で出版したものである。マクレオドの『挿し絵集』内の挿し絵は、すべて本書の中に収めてある。

マクレオドはその二年前に、『日本古代史の縮図』という本を出版している。「日ユ同祖論の古典」とも呼ばれる本である。彼は日本の各地をめぐり歩き、日本の伝統と日本人を観察する中で、一つの考えを持つに至った。それは、日本人は基本的に三つの異なった民族からなる、ということだった。それらの民族とは、
1、アイヌ民族——北方ユーラシアの原住民
2、小人族——南方オーストロネシアの原住民（マレー・ポリネシアン）
3、古代イスラエル人
である。彼はこの考えを『日本古代史の縮図』のタイトルで本にまとめ、一八七五年に長崎において英語で出版した［その日本語版は現在、たま出版から『天皇家とイスラエル十支族の真実』

（高橋良典編）の名で出版されている」。

この本は、今もユダヤ人をはじめ、「イスラエルの失われた十部族」研究者、日ユ同祖論者などの間でよく知られている。ラビ・M・トケイヤーの本の中でも取り上げられた。一方『ユダヤ大百科事典』の「日本」の項（本書巻末資料）でも、マクレオドの本からの影響が強く見られる。

マクレオドの本の中には、しばしば日本語力不足等から来る誤謬《ごびゅう》や誤解もみられるが、日本と日本人を観察して、そこに古代イスラエルの影響を見たという彼の主張には、興味深いものがある。

マクレオドのこの『日本古代史の縮図』刊行の二年後に彼が出版した『挿し絵集』には、その本のための数々の挿し絵が収められている。それらは当時の日本人画家が描いたものであり、またマクレオド自身が収集したものである。これらの絵は、外国に日本を紹介するためのものであるが、約一三〇年も前のものであるだけに貴重なものも多い。

本書では、その挿し絵集を基調に、日ユ同祖論的観点から幾つか解説を加えてみた。

第一部では、マクレオドの主張だけでなく、広くその後の日ユ同祖論者たちの研究や、私の研究成果から、幾つかの興味深い事柄を解説した。とくに日本に古くから伝わる「ユニコーン」（一角獣）と古代イスラエルの関わりや、マクレオドが「ユダヤ人タイプの日本人」と呼ぶものなどには、興味深いものがある。

第二部では、マクレオドの『挿し絵集』の中に述べられている、彼自身の解説文を掲載した。その多くは、外国人旅行者のための日本案内ともなっている。

マクレオドの『挿し絵集』の挿し絵には、それぞれ短い英語解説文もついている。だが、これは英語をよく知らない当時の日本人が記したものであるため、そのつづりなどには不完全なところもある。また本書で挿し絵につけた日本語の説明の多くは、マクレオド自身がつけた説明を訳出したものである。しかし、必要に応じて私がつけ加えた説明もある。

第三部では、エドワード・オドルム教授が一九三二年に行なった講演を掲載した。彼もまた、マクレオドと同様、日ユ同祖論者である。明治時代の日本に来て、これほど熱心に日ユ同祖論を説いたカナダ人がいたことも興味深い。

本書が、読者の宝の一つとなることを願っている。

二〇〇四年六月三〇日

久保有政

新装版　まえがき

このたび、本書の新装版をヒカルランドから出版してくださるとのことで、たいへん嬉しく思っている。

この本には、明治時代初期の日本でマクレオドが集めた多くの貴重な挿し絵などが収められている。そのすべては、日本と古代イスラエルの関係を研究している者たちにとって、たいへん貴重なものだ。

本書には、いわゆる「日ユ（日本ユダヤ）同祖論」または「古代日本ユダヤ人渡来説」の主な論点をも、まとめてある。この説は、古代の日本にイスラエル人（ユダヤ人）が渡来し、日本の中心的な伝統文化を形成したというものである。

この説はもともと、日本人自身が唱えたものではない。マクレオドを初め、ドイツ人のエンゲルベルト・ケンペル、またユダヤ人のラビ・マーヴィン・トケイヤー、ヨセフ・アイデルバーグら、外国人がまず唱えたものである。

まず、鎖国時代の日本に来て出島に滞在し、日本人を観察した医師エンゲルベルト・ケンペル（1651〜1716年）は、その著『日本誌』の中に、

「日本人は、バビロニア地方にいた民族の一つが、直接この島国に移住してきたものに違いない」と書いた。

のちに、19世紀になって明治初頭に、日本政府のお雇い教師となって来日したスコットランド人マクレオドは、「バビロニア地方」（アッシリア帝国のあった地域）から来たその民族とは、いわゆる「古代イスラエルの失われた10部族」だとした。

マクレオドはそれを、多くの例証をもって解説している。ただしマクレオドも、日本人が全員、古代イスラエル人の子孫だと書いたわけではない。

日本人は、様々な渡来人が混ざり合って出来た民族である。しかしその様々な渡来人の中に、古代イスラエル人たちもいた。そして古代イスラエル人は日本の天皇制や神道、また風習や伝統文化の多くといった、日本人にとって最も中心的なものをもたらしたと考えたのである。

こうしたマクレオドの研究等に刺激され、のちにユダヤ人のトケイヤー、アイデルバーグらも、実際に日本で調査検証して多くの優れた研究を発表している。このような流れは今日も様々なユダヤ人や、日本人、また外国人学者などの間に続いている。

日本の伝統文化も、もとはといえば渡来人がもたらしたものなのである。「騎馬民族征服説」で

有名な江上波夫・東大名誉教授も、

「日本列島で人類は発生していない。日本人はみな渡来人の子孫である」

と書いている。私たちは渡来人の子孫だ。どんな渡来人であったのか。本書はそれを知るうえで、多くの示唆に富むものであると私は信じている。

じつは最近では、遺伝子研究からも、日本人は特殊な遺伝子を持った渡来人の子孫であることがわかっている。

遠い先祖をみるうえでは、よくY染色体（男性が持つ）のDNAが用いられる。Y染色体にはいろいろな系統があって、日本人のうち40％近くはY染色体D系統の持ち主である。また50％はO系統であり、残り約10％は他の系統だ。

日本人の約半分を占めるO系統は、アジアでは典型的なものであり、実際、中国人や韓国人等はそのほとんどがO系統である。だからO系統の人々は、彼らと同系統のところから来ている。

ところが、D系統は世界の中でも、またアジアの中でもたいへん珍しい。中国人や韓国人にはほとんどD系統がないのだ。そのD系統が、日本人には40％近くもある。

そしてD系統は、世界中のユダヤ人グループが持つE系統と、じつは「近縁同祖」なのである。もともとDE系統というものがあって、それがD系統とE系統に分かれた。

古代イスラエル人の血を引くサマリア人の間で生きてきたレビ族の人々（祭司）も、E系統である。シルクロードに今も残る古代イスラエルの失われた10部族の末裔の多くは、E系統ないしD系統である。

さらに今日のユダヤ人も、世界中のユダヤ人グループにおいて、E系統が大変多い。

このように遺伝子の面でも、渡来人の子孫である日本人は、彼らと強いつながりを持っていることが明らかである。

古代イスラエル人とは一体どのような人々であったのか。それが私たち日本人と強いつながりを持っているとは、どのような意味を持つのか。それらの判断は、読者自身がしていただきたい。

2018年5月2日

久保有政

［超図解］日本固有文明の謎はユダヤで解ける　目次

第二部　ノーマン・マクレオドの「日本案内」

ノーマン・マクレオド著　久保有政訳

第三部 日本人とは誰か

エドワード・オドルム教授　久保有政訳

資料 ユダヤ百科事典に記された「日本」 久保有政

装丁　櫻井浩（⑥design）
校正　麦秋アートセンター
本文仮名書体　文麗仮名（キャップス）

第一部

日本の中に生きる古代ユダヤ

久保有政

イラストは、ことわりのない限りはノーマン・マクレオドの『「日本古代史の縮図」のための挿し絵集』からとったものである（写真類を除く）。

皇室「菊の御紋」とエルサレム「ヘロデ門の紋」はなぜ同じなのか

王家のマークと古代イスラエル

日本の皇室の紋章と言えば、菊の御紋である。中央の小さな円と、そのまわりの一六枚の花びらからなっている。菊の御紋は、古くからの伝統に基づいている。しかし、古い時代の菊の紋章を見てみると――この紋章は中央の円がもう少し大きく、菊というよりはヒマワリに似た形だったことがわかる。それはエルサレムのヘロデ門上部に今もある紋章と、ほとんど同じ形をしている。エルサレムのヘロデ門の紋章も、やはり一六枚の花びらであり、日本の皇室の紋章（一六菊花紋）と同じである。この形は、中近東地域では、古代からあちこちで用いられていたマークだった。もっとも、中近東のマークは、「菊の紋」とは呼ばれていない。イスラエルには昔、菊はなかった。この形は、古代のイスラエルや中近東地域で広く用いられていた一種のデザインであった。シュメールの遺跡にも、多数見られる。エジプトでも、バビロニアでも、同じマークが発見されている。い

エルサレムのヘロデ門上部にあるマーク。
一六菊花紋に似ている。

錦の御旗にある皇室の菊の紋。
一六菊花紋である。
（東京国立博物館蔵）

ずれも、王家にかかわるマークとしてよく用いられていた。

以前イラン・イラク戦争のとき、ヨーロッパの記者が、イラクのサダム・フセイン大統領の腕輪のデザインが一六菊花紋であるのを見て、大統領に、「閣下の紋章は、日本の皇室の物とよく似ておりますが、何か日本と関係があるのですか？」と聞いた。するとサダム・フセイン大統領は、「この紋章は、我が国の祖先が世界最古の文明を築いたシュメール王朝時代に用いていた、王家の紋章だ」と答えたという。

一六菊花紋は、中近東からイスラエルにかけて用いられた王家の紋章なのである。それがなぜ、日本の皇室の紋章となっているのか。これは日本の皇室と中近東とのつながりを示す一つの事柄である。

知られざる皇室の紋章「獅子《ライオン》と一角獣《ユニコーン》」の意味するもの

それはユダ（獅子）とイスラエル（一角獣）を表すのか

日本の神社を見ると、その参道の両脇や拝殿の前などに、一対の「狛犬《こまいぬ》」が座している。狛犬を「偶像」と思う人もいるが、いわゆる偶像ではない。人々がそれを神として拝むことはないのである。狛犬は、神社の守り役として置かれたものである。

狛犬は、もともと「高麗犬《こまいぬ》」、すなわち朝鮮半島から来た犬、と思っている人も多いことだろう。しかし朝鮮半島では、それは中国の犬（唐獅子《からじし》）と呼ばれていた。さらに中国では、ペルシャの犬と呼ばれていた。

中国で「狛」は、中華思想（中国が世界の中心だとする思想）により、「周辺の野蛮な地」を指していたようである。つまり中国における「狛犬」は、中国の外の野蛮な異国の地に棲む正体不明の怪しい犬のような動物、くらいの意味だった。

すなわち「狛犬」は、シルクロードを通し、ペルシャやエジプト方面の中近東からやって来たものである。考古学者は、狛犬はもともと中近東から来たことを、一致して認めている。以前、私は岐阜県下呂《げろ》町にある「狛犬博物館」に立ち寄ったことがあるが、そこでも狛犬の起源は中近東であると、詳しい図入りで解説されていた。

中近東の様々な古代神殿から、日本と同じような狛犬が多数発見されている。そして中近東地域の神殿や王宮の狛犬の起源は、古代イスラエルにある。

紀元前一〇世紀に建てられたソロモンの神殿には、獅子《しし》のレリーフがあり（第一列王記七章三六節）、またソロモンの王宮の王座のわきには、二頭の獅子像があった。

「その王座……のひじかけのわきには、二頭の雄獅子が立っていた。また十二頭の雄獅子が、六つの段の両側に立っていた。このような物は、どこの王国でも作られたためしがなかった」（同一〇章一九節）。

この風習は、中近東のあちこちに広まり、インドに伝わり、また中国、朝鮮半島、日本にも伝わった。しかし、日本の狛犬には、他の国のものとは異なる幾つかの特長がある。

それは第一に、日本の狛犬は、「阿吽《あうん》」の形式になっていることである。すなわち一方が口を開け（「あ」の発音の形）、一方が口を閉じている（「ん」の発音の形）。阿吽の形になっているのは日本特有の形式で、中国の獅子像などは阿吽にはなっていない。

また第二に、日本の狛犬は正確にいうと、向かって右側が「獅子」であり、一方、左側が「狛犬」なのである。

今日では、ふたつを混同して双方とも「狛犬」と呼ぶことが多い。だが、もともと左右は別のものであった。

右側が獅子（ライオン）であり、左側が「狛犬」と呼ばれる動物だったのである。すなわち「獅子と狛犬」である。平安時代などには、両者は明確に区別されていた。

獅子は、頭部が毛におおわれた猛獣、すなわちライオンのことである。ライオンは昔の日本には一頭もいなかった（今日でも動物園とサーカス団くらいにしかいない）。そのいなかったライオンが、なぜ古代から日本の神社の守り役として鎮座するようになったのか。

日本には、「獅子舞《ししまい》」などの文化もあるが、右側に座す獅子ともども、これらは海外から来たものである。

では、左側に座して「狛犬」と呼ばれた動物の正体は、いったい何だったのか。それが、じつはユニコーン（一角獣）と呼ばれるものなのであった。

皇室とユニコーンの起源

ユニコーンは、頭に角が一つある動物である。架空の動物、想像上の動物なのだが、日本の皇室と神社に古くから伝わっている。

皇居は、明治時代になって東京に移る以前は、京都にあった。京都御所が旧皇居であるが、その

SHIMOGAMO ST

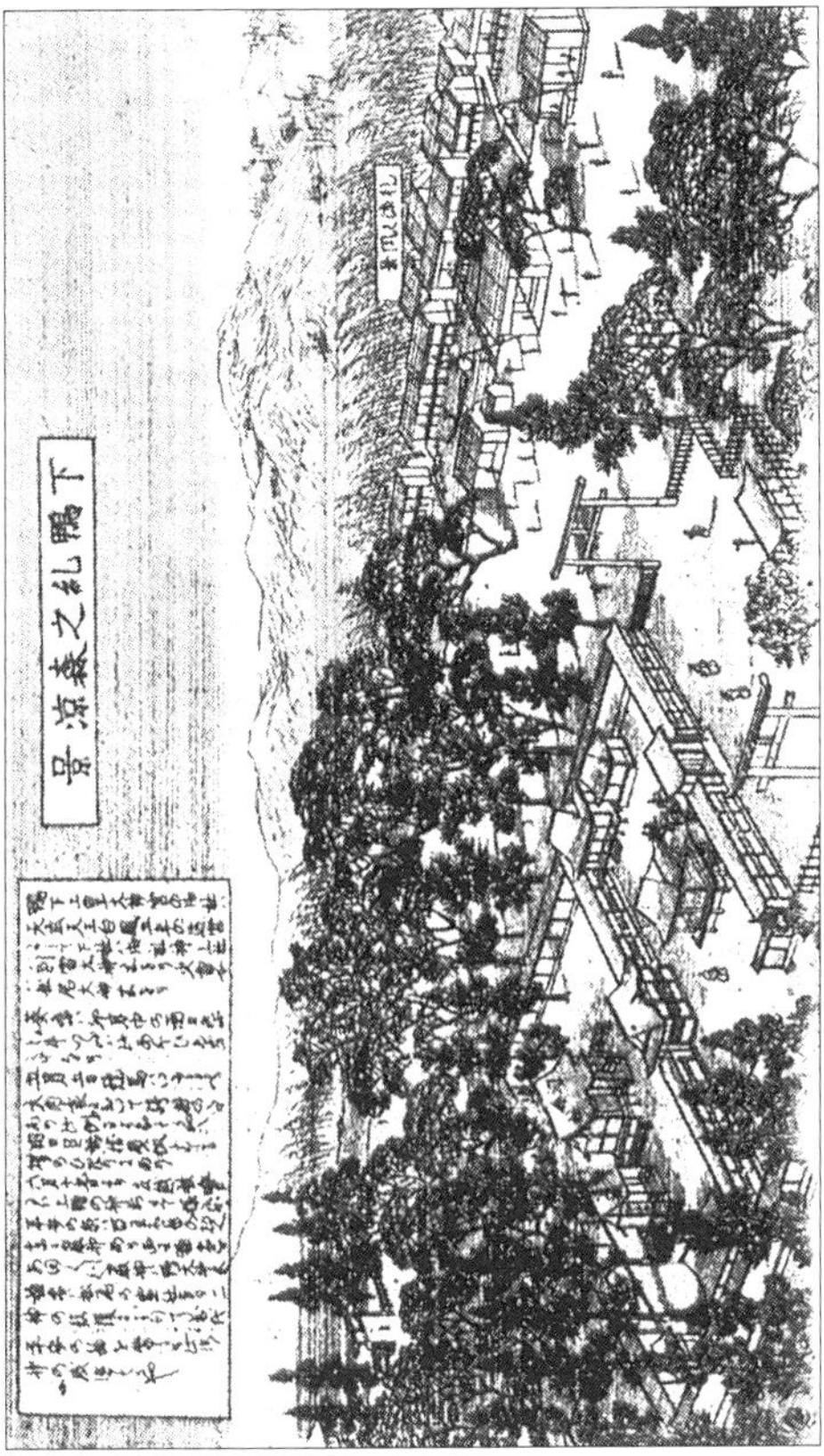

下鴨神社（京都市左京区）。上賀茂神社とともに秦氏に深くかかわっており、天皇家の祭儀を執り行ってきた。そこには、本殿の前に立派なユニコーンと獅子が座している。

下鴨神社（京都）にあるユニコーン。見事な角が一つある。（社殿の左側。右側は獅子である）

清涼殿《せいりょうでん》にある天皇の座の前には、獅子《しし》（ライオン）とユニコーンの像があった。平凡社『世界大百科事典』に、こう記されている。

「平安時代には……たとえば清涼殿の御帳前や天皇や皇后の帳帷《ちょうかたびら》の鎮子《ちんず》には、獅子と狛犬が置かれ、口を開いたのを獅子として左に置き、口を閉じ頭に一角を持つもの（人の邪正をよく知るという獬豸《かいち》と言われる獣）を狛犬として右に置いた」（狛犬の項）

かつて京都で天皇家の祭儀を行なっていた下鴨《しもがも》神社にも私は行ってみたが、その拝殿前にも、立派なユニコーンが見られた。左側に座す狛犬《こまいぬ》の頭に、太く長い角がある。

天皇の即位式で使われる「高御座《たかみくら》」にも、ユニコーンのデザインがある。

日本の皇室に古くから伝わるこのユニコーンに着目したのが、ノーマン・マクレオドだった。彼はスコットランドの商人で、明治時代の文明開化の時期に日本にやって来て、ながく日本に滞在した。

マクレオドは、「日ユ同祖論」（日本・ユダヤ同祖論）の古典とも言われる『日本古代史の縮図』を著した人物である。彼はその二年後、この本のための『挿し絵集』を出版した。この挿し絵集は、マクレオドが当時の日本で収集した絵を一冊の本にしたものだが、その中に日本の皇室のユニコーンの図が幾つかある。

一つ興味深いのは、獅子とユニコーンが盾《たて》を左右から支えている図柄である。スコットランド人であるマクレオドには、すぐこれが目に入った。なぜならユニコーンは、スコットランド王ジェー

マクレオドはこの図柄を「イスラエルとユダの統一紋章」と解した。両側の動物は、右が獅子、左はユニコーン（一角獣）である。両者に挟まれた中央上部に天皇の王冠が描かれている（27ページも参照）。こうした獅子とユニコーンの組み合わせは、京都御所（旧皇居）や、太閤秀吉の宮殿の門にも見られる［『ソロモン宮殿の石と日本の皇室紋章』（スミス聖書事典）より］。

ムズ一世（一五六六〜一六二五年）のシンボルでもあり、またイギリス王家の紋章も、獅子とユニコーンが盾を左右から支えている図柄だからである。

日本の皇室のこの図柄は、イギリス王家の紋章によく似ている。では、日本の皇室の図柄は、イギリス王家の紋章を真似たものなのか、というとそうではない。違いが幾つかある。

日本の皇室の図柄において、盾の中には菊の御紋と、小さな獅子の絵が一二ある。また盾の上の王冠は、天皇の王冠だが、そこにもユニコーンの図柄がある。

また先に述べたように、獅子とユニコーンの組み合わせは、神社の一対の狛犬としても古くから日本に存在していた。平安時代の皇居にも、それがあった。それはイギリス王家の紋章ができるよりも、ずっと前のことだ。

獅子とユニコーンの組み合わせは、はじめに天皇家で使われるようになり、のちに神社でも見られるようになったらしい。今も神社によっては、左側の狛犬の頭に角がある。

ユニコーンの起源は、一体どこにあるのか。ユニコーンは、昔「かいち」（獬豸）と呼ばれた。またもっと古く、中国では「じ」（兕）と呼ばれていた。

また、日本にキリンビールというビール会社がある。この「キリン」は、あの首の長い動物のことではない。キリンビールのラベルを見ると、首が短く、頭に角が一つある動物が描かれている。これは漢字で「麒麟」と書き、中国の想像上の動物で、やはりユニコーンである。

ユニコーンは、ヨーロッパの絵画や文学にも、よく登場する。ヨーロッパでは、制御しがたいユ

25ページの図柄の中央部分の拡大。中央上部は天皇の王冠で、わかりにくいかもしれないが、やはりユニコーンが描かれている。王冠の下には、一六菊花紋と、12頭の獅子がいる（10頭の獅子と２頭の子獅子)。「これはイスラエルの12部族に由来するものか」とマクレオドは言う。

ダヤ人を表すものとして描かれていることが多かった。

しかし、さらにさかのぼると、その起源は古代イスラエルにある。ユニコーンはもともと、イスラエルの一二部族の一つ「ヨセフ族」の紋章、シンボルだったのである。

ヨセフは、イスラエル民族の父祖ヤコブの本妻ラケルから生まれた子である。このヨセフ族から出た「エフライム族」は、のちの北王国イスラエル一〇部族の王家の部族となった。

その元の部族＝ヨセフ族の紋章あるいはシンボルは、ユニコーンであった。旧約聖書にはヨセフの部族について、

「彼の角は野牛の角。彼は諸国の民を角で突き倒し、地の果てにまで進み行く」（申命記三三章一七節）

と述べられている。この「野牛」が、のちにヘブル語聖書の古代ギリシャ語訳＝『七〇人訳聖書』において、「一角獣」すなわちユニコーンと訳された。

『七〇人訳聖書』は前三世紀〜前一世紀頃成立し、古代ユダヤ人が使っていたものである。だが、それ以前からもユダヤ人の間では、「ヨセフのシンボルはユニコーン」と理解されていたらしい。

のちにローマ・カトリック教会のラテン語訳聖書（ウルガタ。西暦四〇五年頃成立）でも、この「ユニコーン」が継承され、ヨーロッパに広まった。ユニコーンはヨーロッパなどでは白い馬のように描かれたこともある。また様々な想像が加えられて、特殊な容貌を持つものともされている。

ユニコーンは、中世ヨーロッパのキリスト教世界では、キリスト教の威光に容易には服さない野

東京・広尾にあるユダヤ教会（シナゴーグ）に、イスラエル12部族の紋章が掲げられているが、ヨセフの部族の紋章はユニコーン（一角獣）である。

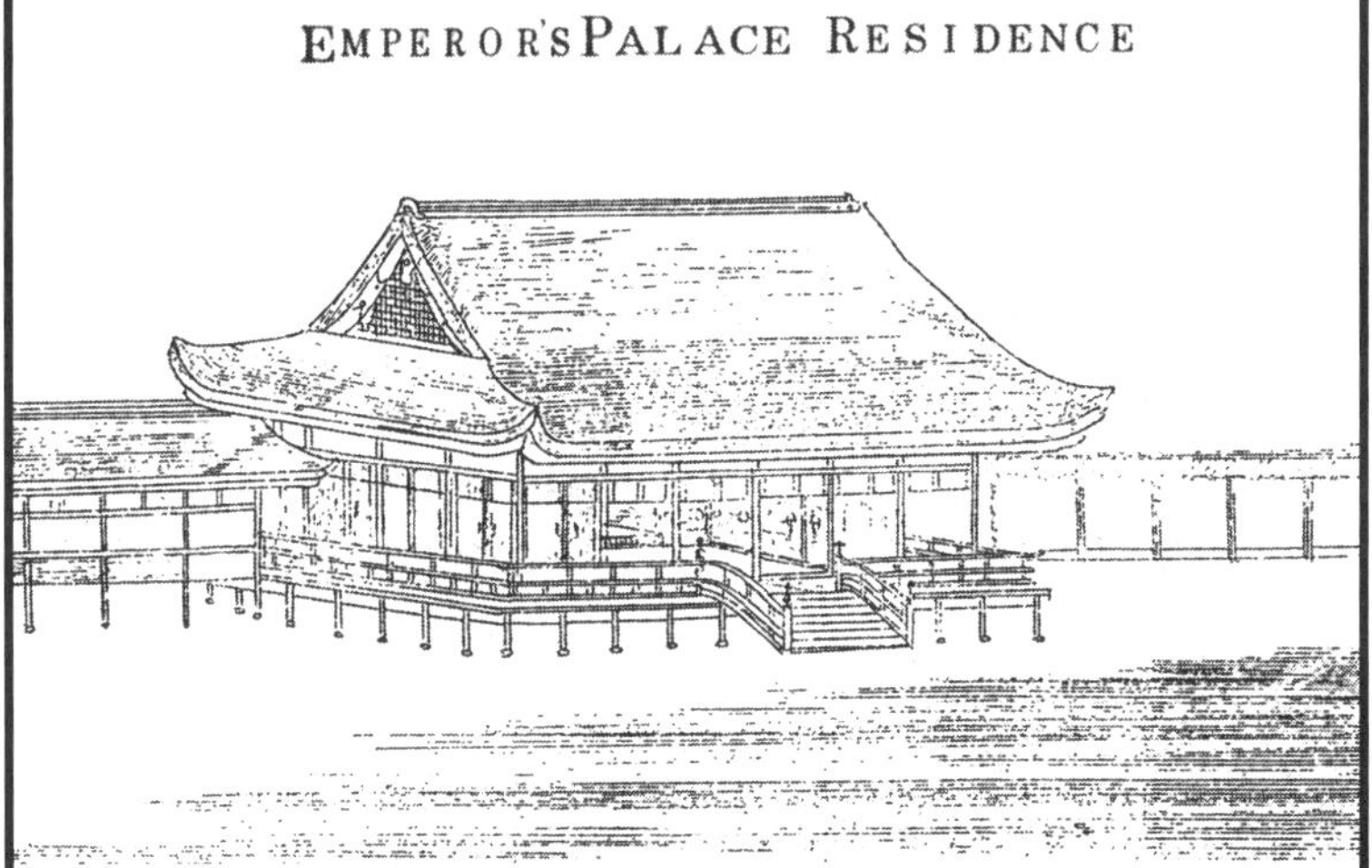

京都御所（旧皇居）の清涼殿。天皇の住居であった。ここにも天皇の座の左右に、獅子とユニコーンがあった。

生の力の象徴ともされた。その「野生の力」の最たるものはユダヤ人だったから、ユダヤ人とユニコーンはよく結びつけて語られた。しかし、聖書の「野牛」がユニコーンになったのであって、ユニコーンの原型は、どう猛な「野牛」だったのである。つまりそれは「一角牛」であった。

以前、私は東京・広尾にあるユダヤ教会（シナゴーグ）に行ったことがある。会堂内部の真ん前にはトーラーの壇《だん》があり、その周囲にはイスラエル一二部族を表すレリーフが彫ってあった。ヨセフの部族のレリーフを見ると、それはユニコーン＝一角牛だった。

このようにユニコーンは、ヨセフ族のシンボルであった。またそれは、「北王国イスラエル一〇部族」の王家の紋章でもあった。

古代イスラエルは、ソロモン王の時代には統一王国であったが、前九三三年、「南王国ユダ」（二部族）と、「北王国イスラエル」（一〇部族）とに分裂した。この北王国の王家は、エフライム族であり、彼らはヨセフ族に属し、その紋章はユニコーンであった（ヨセフの子はエフライムとマナセ）。

終わりの日、日本においてユダヤ人と失われた一〇部族が合体する!?

興味深いことに日本では、先にみたように「獅子とユニコーン」の組み合わせが一対になっている。ユニコーンは、北王国イスラエルの王家のシンボルである。では、もう一方の獅子は何だろうか。

獅子は、南王国ユダの王家の部族＝ユダ族のシンボルなのである。聖書に、

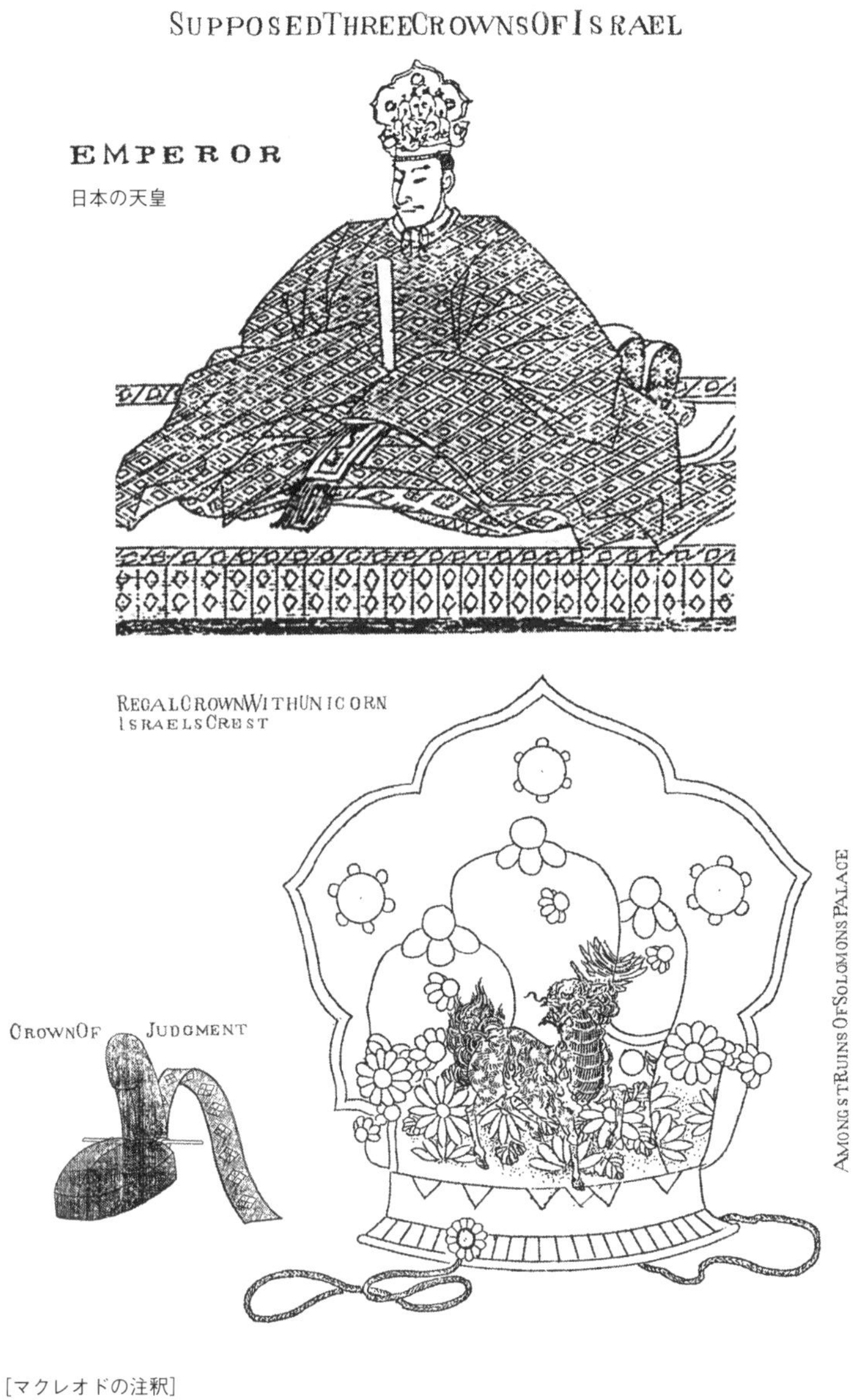

[マクレオドの注釈]
(上)(右下)天皇の冠。イスラエルの(ヨセフの)紋章ユニコーンが見られる。
天皇、皇后どちらの冠にも、ソロモン宮殿の遺跡で発見された紋章がついている。
(左下)さばきの冠(天皇は神道の祭儀においてこれをかぶる。)

「ユダは獅子の子。……彼は雄獅子のようにうずくまり、雌獅子のように身を伏せる」（創世記四九章九節）

とある。つまり、獅子はユダ族のシンボル、一方ユニコーンは、ヨセフ族またエフライム族のシンボルである。ユダ族は南王国ユダの中心、エフライム族は北王国イスラエルの中心である。つまり神社の「獅子と狛犬」は、「南北統一イスラエルのシンボル」と解せないわけではない。

旧約聖書には、やがて南王国ユダのユダヤ人と、北王国イスラエルの失われた一〇部族は終わりの日に合体する、一つになるとの預言がある。

そこで、獅子とユニコーンの組み合わせは、マクレオドには、「（南王国）ユダと（北王国）イスラエルの統一紋章」に見えた。先の図の盾の中の一二の獅子はまた、彼らが計一二部族であることを具体的に示すものだった。彼は図の説明に、そのようなことを書いている。

つまり、獅子とユニコーンの組み合わせは、南王国ユダと北王国イスラエルの回復・合体の夢を表現したものとも思えるのである。

阿吽はアーメン

さらに言うなら、神社の狛犬は、必ず「阿吽《あうん》」の形になっている。つまり右側の獅子は口を開け（阿）、左側の狛犬は口を閉じている（吽）。阿吽という言葉は、じつは元はヘブル語やギリシャ語の「アーメン」から来たものだ。

SUPPOSED THREE CROWNS OF ISRAEL

EMPRESS

日本の皇后

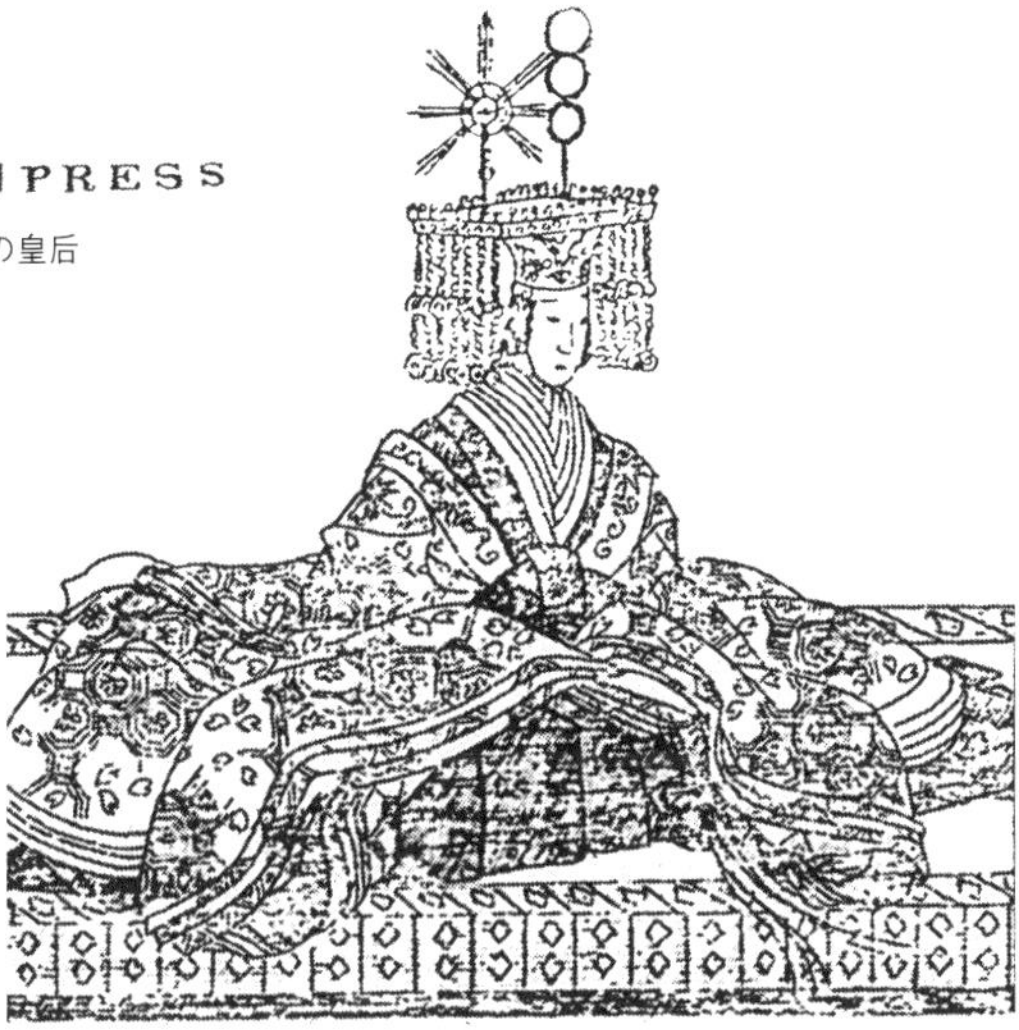

EMPRESS CROWN PARTLY
LIKE JEWISH CROWN
AS DESCRIBED IN BIBLE

BOTH CROWNS HAVE CREST FOUND

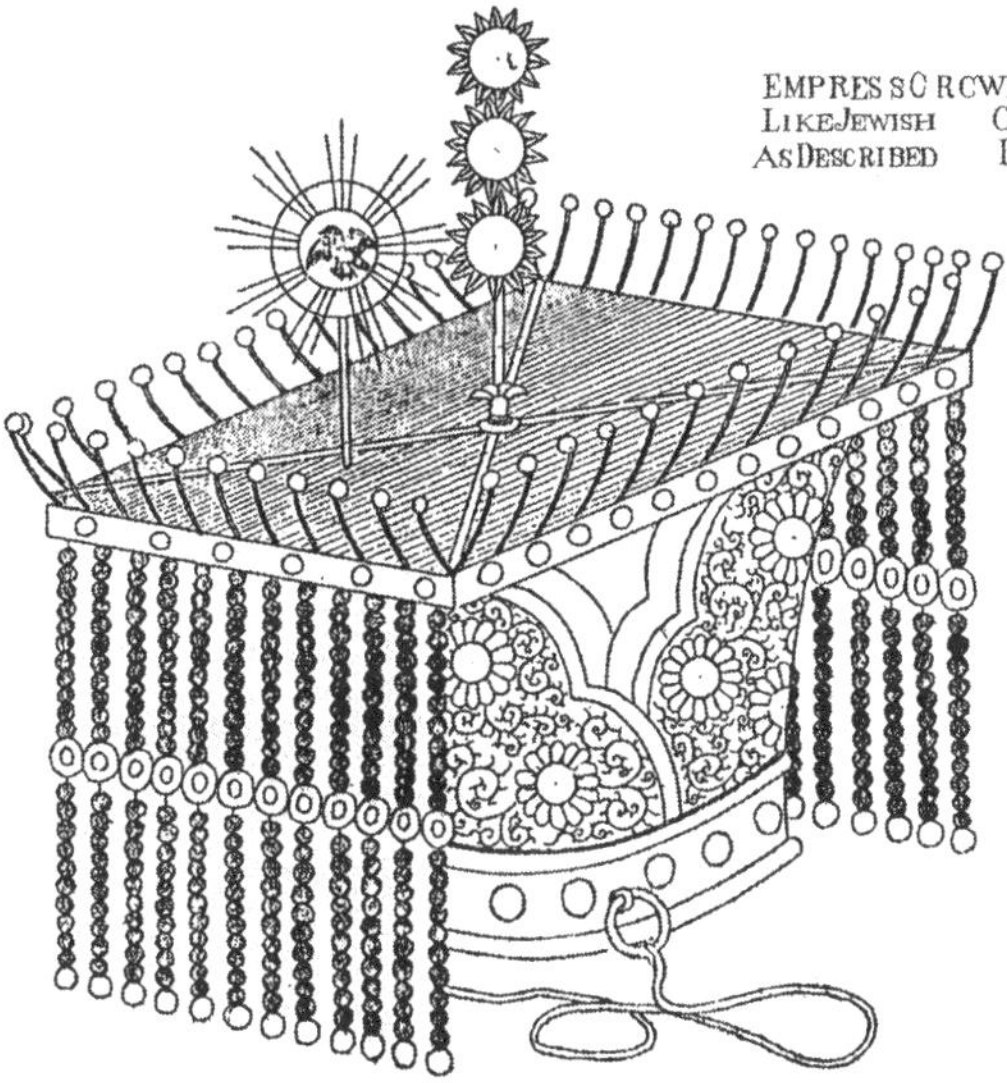

[マクレオドの注釈]
日本の皇后の冠は一部、聖書に述べられているユダヤの王冠に似ている。
31ページの天皇の２種の冠と合わせ、イスラエルの三王冠か？　ユダヤ人もまた３種の王冠を持っていた。

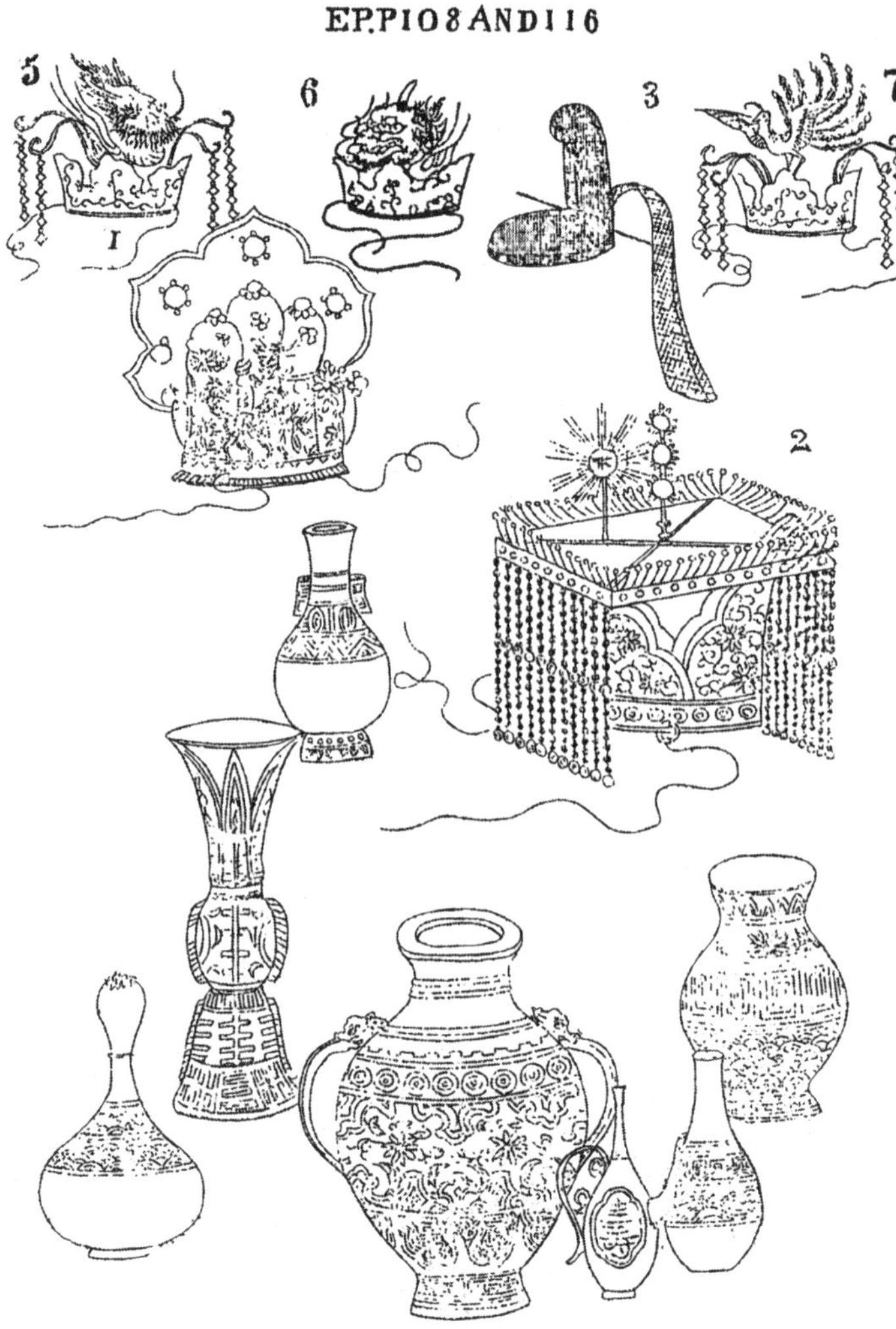

SUPPOSED CROWN OF ISRAEL WITH UNICORN IN CENTRE
ALSO CROWNS OF MEDIA AND PERSIA AND VASES

[マクレオドの注釈]
上部は、日本の天皇・皇后の王冠。下部は日本に伝わる瓶や壺。マクレオドは王冠について「イスラエルの王冠か？　古代メディア帝国やペルシャ帝国の王冠にも似ている。ペルシャにいたエステル妃（旧約聖書エステル記）も、同様の冠をかぶった。瓶や壺もアッシリアのものに似ている」と書いている。

平安時代から天皇の清涼殿の御帳前や、天皇・皇后の帳帷の鎮子《ちんず》には、左に獅子の像が置かれ、右には狛犬として「獬豸《かいち》」と呼ばれるユニコーンが置かれていた。
中央奥の天皇の座の両脇に獅子とユニコーンがみえる。これはソロモン王の座と同じである。京都御所の門の獅子も参照。
ソロモン王の座の両脇の獅子については、旧約聖書に次の記述がある。「（ソロモンの）王座には……座席の両側には肘掛けがあり、その脇に二頭の獅子が立っていた」（列王記上10章19節）。

「アーメン」(「まことにそうです」の意)は、インドに入ったとき、サンスクリット語で「オウム」(AUM　真理の意)という言葉になり、そのA・UMが「あうん」(阿吽)になった。

オウムという言葉は、あの地下鉄サリン事件で有名な「オウム真理教」が使って以来、地に落ちてしまった感があるが、それはもとは「アーメン」だったのである。神社の狛犬の阿吽は、もともとオウム、アーメンの意味である。聖書のヨハネの黙示録に、

「(神の御座《みざ》の前の)四つの生き物はアーメンと言い……」(五章一四節)

という言葉が出てくる。そうしたことを思うと、神社の「獅子と狛犬」も興味深く見ることができるだろう。また阿吽は、日本語の「あ」「ん」に相当し、最初と最後の文字である。

これはギリシャ語では、アルファ(α)とオメガ(ω)に相当する。そういえば、「あ」と「α」、「ん」と「ω」はどこか形まで似ている(「α」と「+」で「あ」、「ん」は「ω」に似ている)。アルファとオメガも、初めと終わりを意味する。聖書でイエスは、

「わたしはアルファであり、オメガである。最初であり、最後である」(ヨハネの黙示録二一章六節)

と述べている。阿吽なのである。ここらへんには、古代日本に渡来した東方キリスト教徒・秦氏《はたし》らの影響もあったのかもしれない。

ところで仏教の一つ、密教でも、「あ・うん」は物事の最初と最後を意味する。じつは、密教がインドで成立したのは二~三世紀で、ちょうど東方キリスト教がインドにおいて勢力を拡大していた時期である。密教はこれを受け、それ以前からあった仏教に東方キリスト教や、ペルシャのゾロ

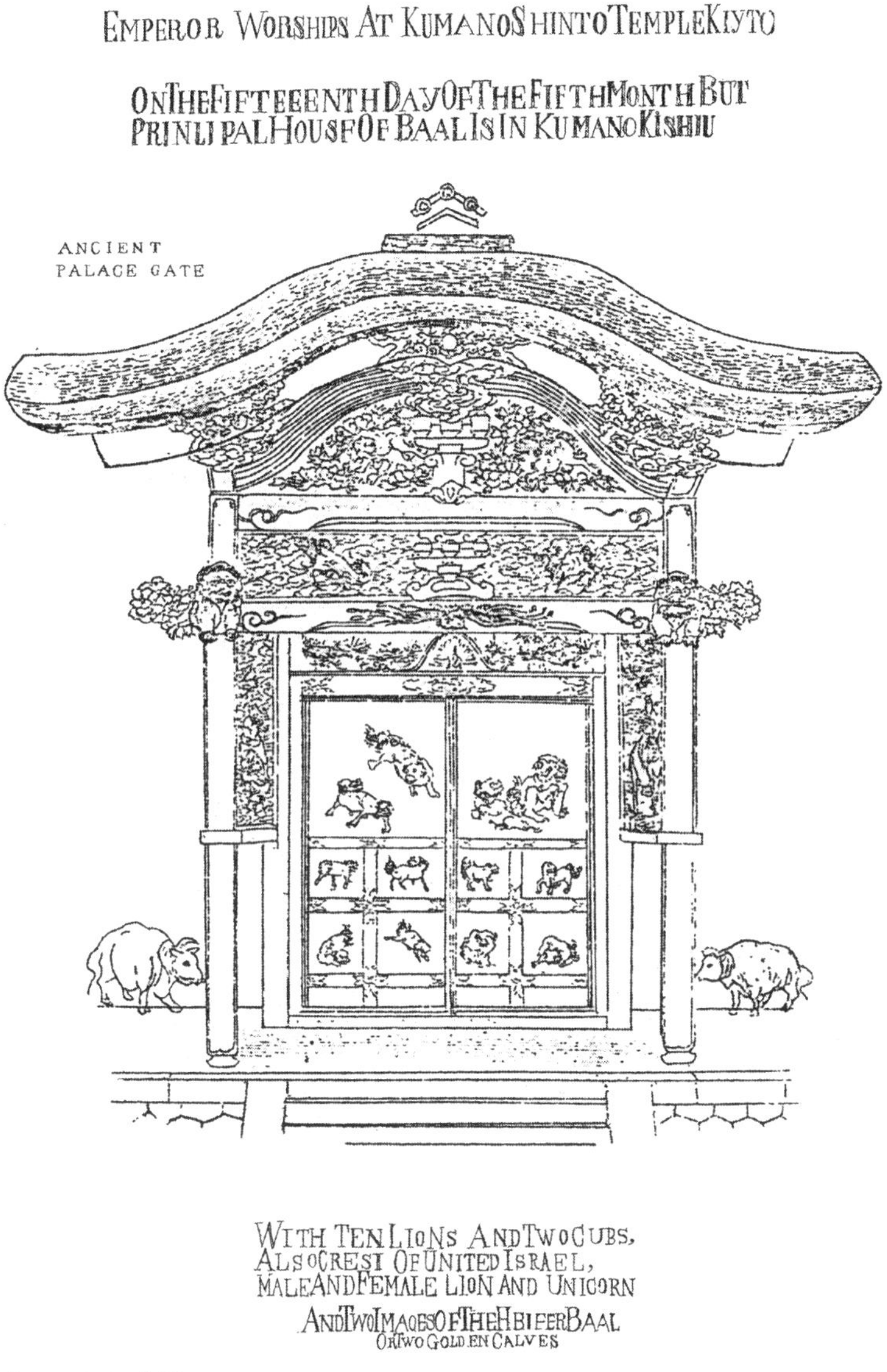

[マクレオドの注釈]
古代の京都御所の門
10頭の獅子、２頭の子獅子、統一イスラエルの紋章、雄獅子、雌獅子、ユニコーン（一角獣）が描かれている。また雌牛バアル（金の子牛）の２つの像が見えるが、これらは疫病が発生したときに、それを遠ざけるために置かれたものである。

アスター教などの要素を加えて成立した。
それはともかく、日本の神社の狛犬のうち、「あ」（阿）は獅子（ユダ族）であり、「ん」（吽）はユニコーン（エフライム族）である。つまり歴史はユダ族に始まり、エフライム族の回復によって終結する。終わりの日に両族は一つとなる。だから聖書に、
「万物は、神からいで、神によって成り、神に帰する」（ローマ人への手紙一一章三六節口語訳）
と記されている。神は初めであり、すべてのものが帰するところのものである。初めであり、終わりである実在を信じること、それが本当の宗教である。神社の宗教——日本神道も、本来の形ではその実在者を信じていた。

祇園祭と古代イスラエルの祭は同じものである

七月一七日はノアの箱舟の漂着日

今も夏には、全国各地で「祇園祭《ぎおんまつり》」(夏祭、天王祭)が行なわれる。その発祥の地は、京都・祇園にある八坂《やさか》神社である。八坂神社で行なわれる祇園祭が、全国の祇園祭の中心である。

祇園祭は、古代イスラエルの祭にじつによく似ている。

京都の祇園祭の最大のイベントは、七月一七日に行なわれてきた。祭の中心は七月一七日からの八日間であり、そのほか七月一日や一〇日にも、重要な催しがある。

じつは七月一七日というのは、かつてノアの箱舟がアララテ山上に漂着した日である。

「箱舟は、第七の月の一七日に、アララテの山の上にとどまった」(創世記八・四)

以来、ヘブル人(イスラエル人)はこの日に謝恩祭を行なっていた、と考えられる。これはモーセ以後は、七月一日、一〇日、また一五日から八日間にわたって行なわれる「仮庵《かりいお》の祭」(スコット）に取って替わられた。しかし、七月一七日がノアの箱舟の漂着日であることは、イスラエル人に深く覚えられていた。その日付は聖書に記されているからである。

四国剣《つるぎ》山とイスラエル伝説

七月一七日は、たとえば四国の剣山《つるぎさん》の祭においても、たいへん重要な日である。剣山といえば、昔からイスラエル関係の様々な伝説のあるところとして有名だが、地元の人たちは毎年七月一七日に、御輿《みこし》を剣山の頂上にかつぎ上げる。

今日のユダヤ人の間では、七月一七日は、特別な意味を持っていない。しかし古代イスラエルの一〇部族の間では、特別な意味を持っていたとも考えられる。

というのは、たとえばインドに「ベネ・イスラエル」と呼ばれる古代イスラエル人の末裔《まつえい》が住んでいるが、彼らの間では、もはや他のユダヤ人が守っていないような古代の祭が守られていたことが、知られている。日本の祇園祭も、そうなのだろう。

京都の祇園祭は、もともと民の間に伝染病が起こらないようにとの願いから始まったものである。これは昔イスラエルで、ソロモン王が神殿完成の際、国に伝染病が起こらないようにと祈り、祭を催したのと同じである。

ソロモン王はその祭を、ユダヤ暦第七の月の一五日から八日間（最後の「きよめの集会」の日も入れて）にわたって行なった（歴代誌下七章八〜一〇節）。ソロモンのこの祭と、京都の祇園祭とは二

[マクレオドの注釈]
ラクダに乗って来た女王から贈り物を受ける王
シバの女王から贈り物を受け取るソロモン王を描いたものか。京都の祇園祭《ぎおんまつり》の山車《だし》に飾られた絵より——同じ山車の別の絵には、ソロモン王が贈り物のお返しをする場面が描かれている。

日間のずれがあるが、それでもほぼ同じ時期に、同じ由来から八日間の祭が行なわれていたのである。

スコットランドの実業家N・マクレオドは、明治時代の日本にやって来て、この京都の祇園祭を見た。彼は、祇園祭で見られる様々な様子が、まさにユダヤの祭を思い起こさせるものだったと書いている。

また祇園祭の山鉾《やまほこ》には、一六世紀など昔の時代に、ペルシャやインドからシルクロードを通じて伝来したという、重要文化財の絨毯《じゅうたん》等が今も装飾に使われている。

日本の歴史家は、それ以前の時代にも、また非常に古い時代から、京都は多くの帰化人たちの住む大国際都市だったと述べている。シルクロードを通って日本にやって来て、祇園祭に参加したり、見物して楽しんだユダヤ人たちも少なくなかったはずである。

「エンヤラヤー」は「私はヤハウェ（神）を賛美します」

祇園祭はいつも「エンヤラヤー」のかけ声と共に始まる。日本人にその意味を聞いても、「わかりません。伝統的にそう言うのです」の答えしか返ってこない。しかしユダヤ人には、それはヘブル語で「私はヤハウェ（神）を賛美します」を意味するエァニ・アーレル・ヤー（אני אהלל יה）とも聞こえる。

祇園祭は、平安遷都《せんと》後、まもなく始まった。平安遷都で活躍したのは、あの秦《はた》氏一族である。秦

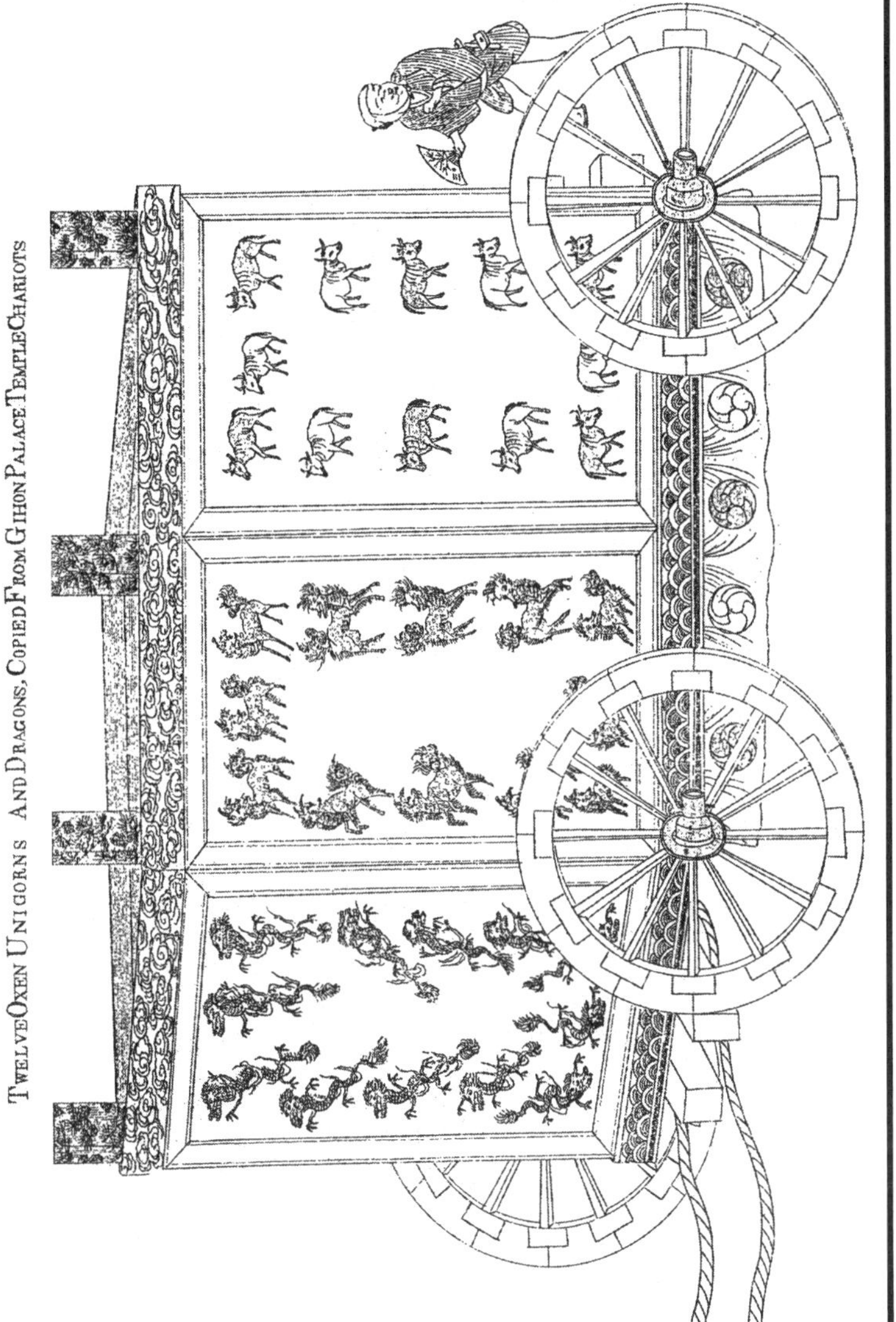

[マクレオドの注釈]
雄牛、ユニコーン、竜が12頭ずつ描かれた京都・祇園神社の山車。山車は、このようなタペストリーで飾られている。バアル宗教の絵柄も少なくない。幾つかはユダヤや、聖書関連である。ユダヤの祭壇、太陽の馬車、ロバに乗った王子たちなどもある。ラクダ、ロバ、羊などは日本にいなかった。日本人は動物を分類しない。
[訳者注] マクレオドは、12がイスラエル民族に特徴的な数であることに注目している。

氏と呼ばれる氏族は、四世紀に日本にやって来た渡来系の人々で、日本の文化・伝統のかなりの部分をつくった。祇園祭も秦氏が始めたものである。秦氏は、じつは様々なユダヤ的特徴を持っていた氏族であった。

「秦氏はユダヤ人だった」

という説もあるくらいである。

実際、なぜ京都を「平安京」と呼んだのか。

じつは「エルサレム」という聖都の名は、ヘブル語で「平安京」の意味である。

またエルサレムは、「シオン」という別称、愛称をも持っている。

だからラビ・トケイヤーなどは、「ギオン」(祇園)と聞くと、シオンを連想してしまうと著書の中に書いている。

この章のイラストは、京都の祇園祭に関するものである。三五ページのイラストは、祭の山車に飾られたタペストリーの絵だが、ラクダに乗って遠くからやってきた女王が、王に贈り物を捧げている光景が描かれている。じつは旧約聖書には、古代イスラエルの王ソロモンの名声と知恵を伝え聞いた「シバの女王」が、はるばるラクダに乗ってイスラエルまでやって来て、ソロモンに贈り物を捧げた、という話が載っている。これはその絵ではないか、とマクレオドは解説している。

また次ページのイラストも、やはり祇園祭の山車に飾られた絵だが、「ユダヤの羊飼いか」とマクレオドは解説している。

SHEPHERD AND SHEEP TAKEN FROM PICTURE
ON GION PALACE SUN CHARIOT KIYOTO

[マクレオドの注釈]
羊飼いと羊（京都の祇園祭の山車《だし》に飾られた絵）——ユダヤの羊飼いか。

GION MATSURI

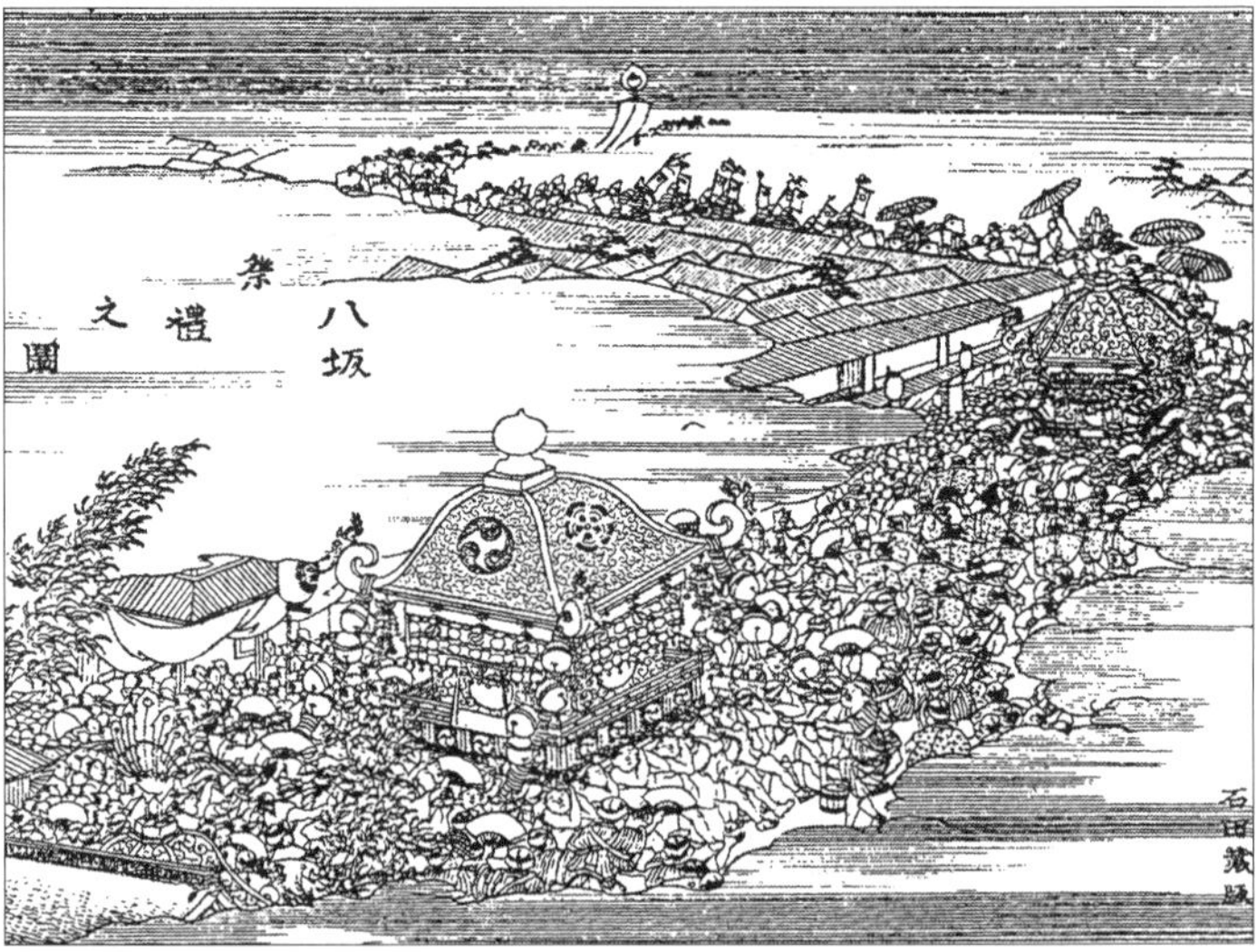

GION MATSURI

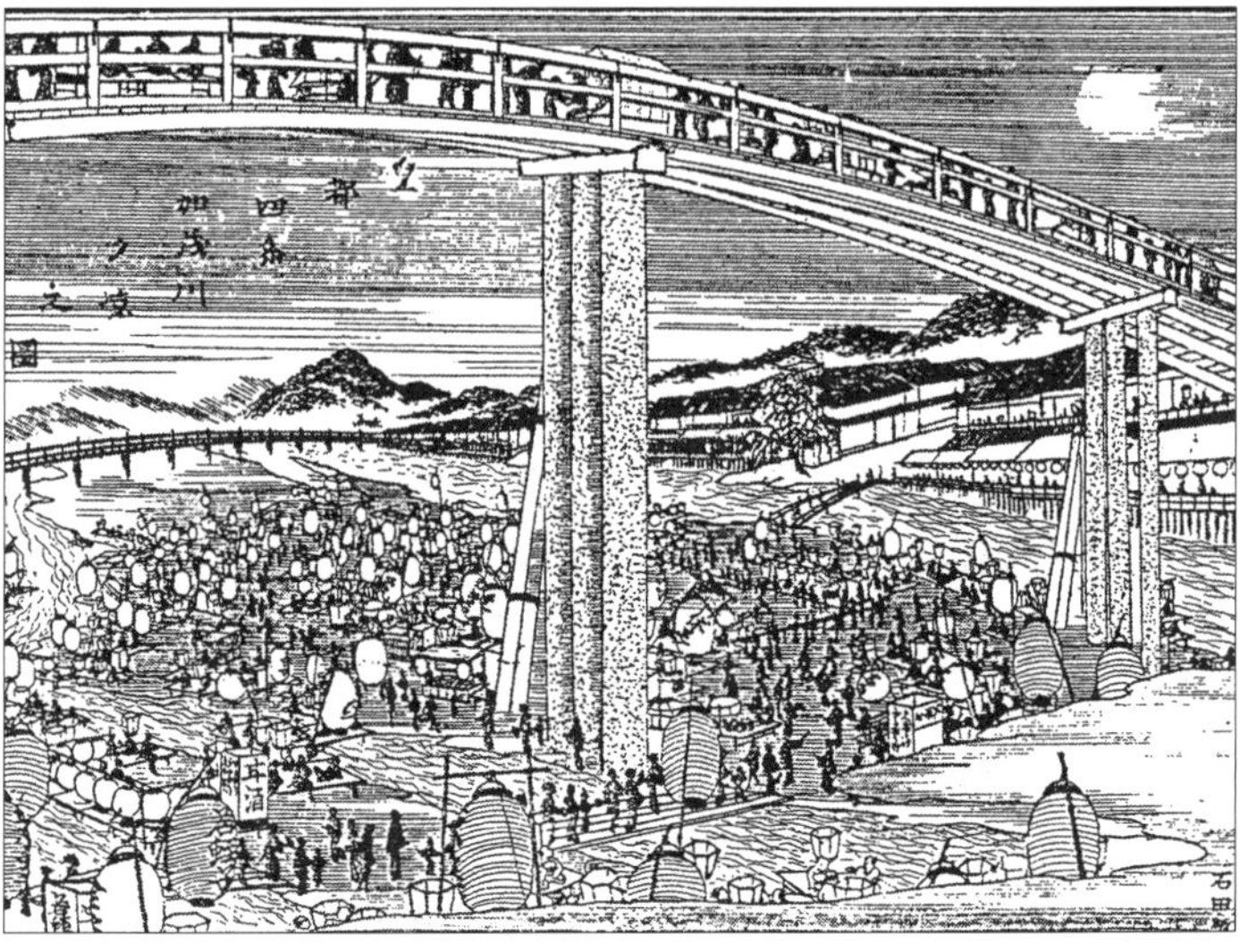

祇園祭。かつてソロモン王は、疫病が国に起こらないよう祈願して祭を行なったが、祇園祭も、疫病が国に起こらないようにとの祈願によって始まった。

GION MATSURI

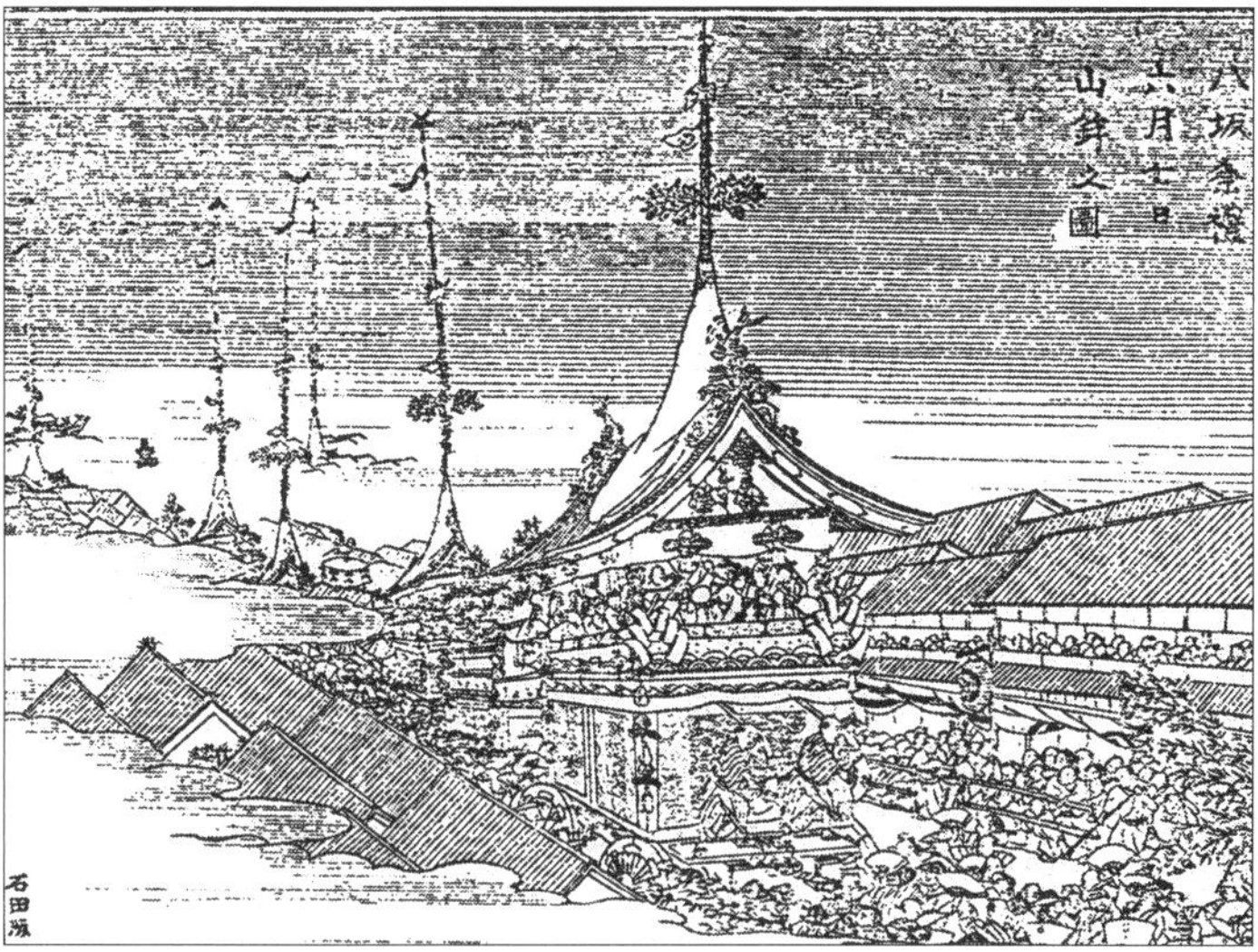

GION MATSURI

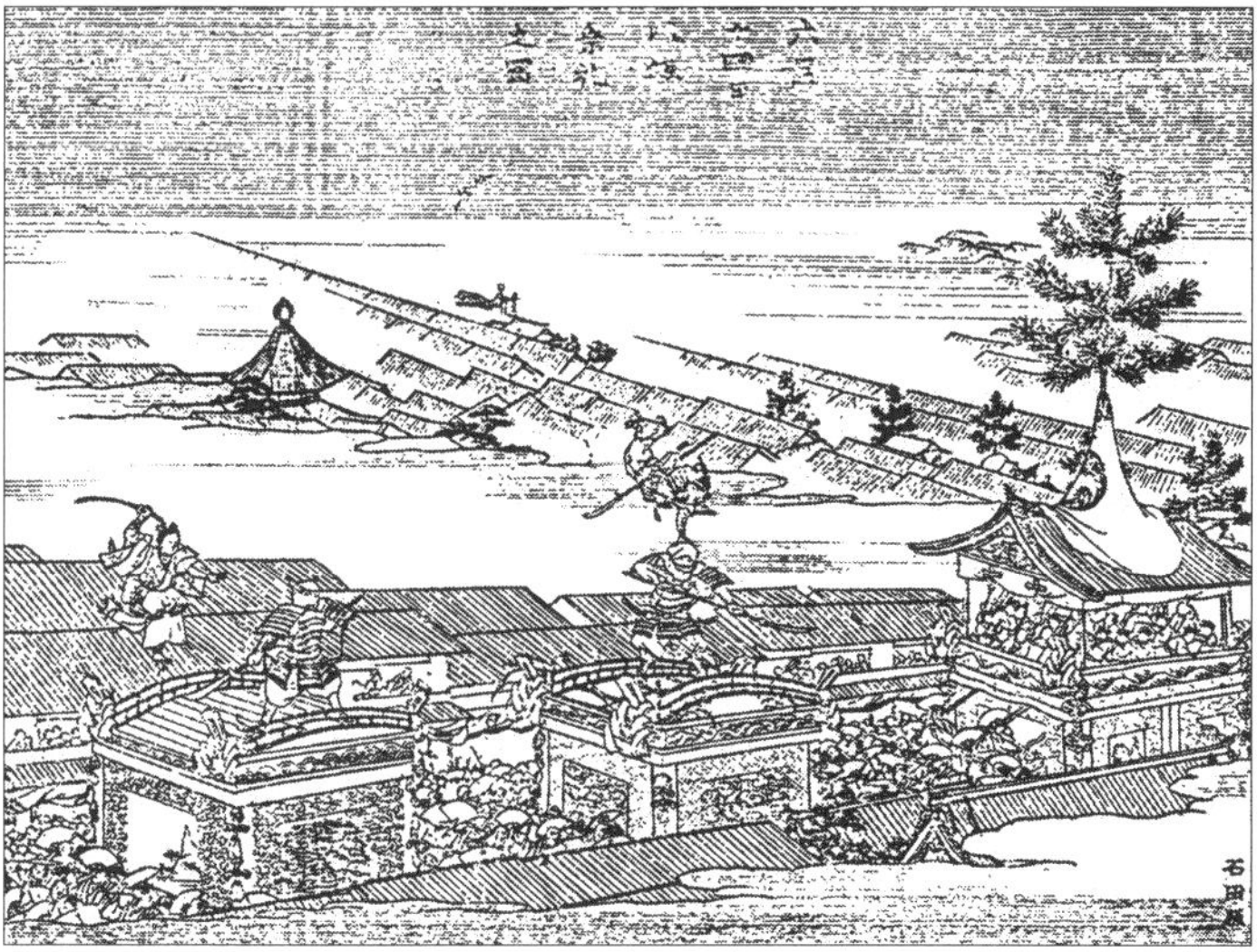

祇園祭。マクレオドはこの祭に、数多くの〝ユダヤ的なもの〟を感じ取った。

JIN MU TENO SMATSURI ON REBUILDING OF GIHON TEMPLE

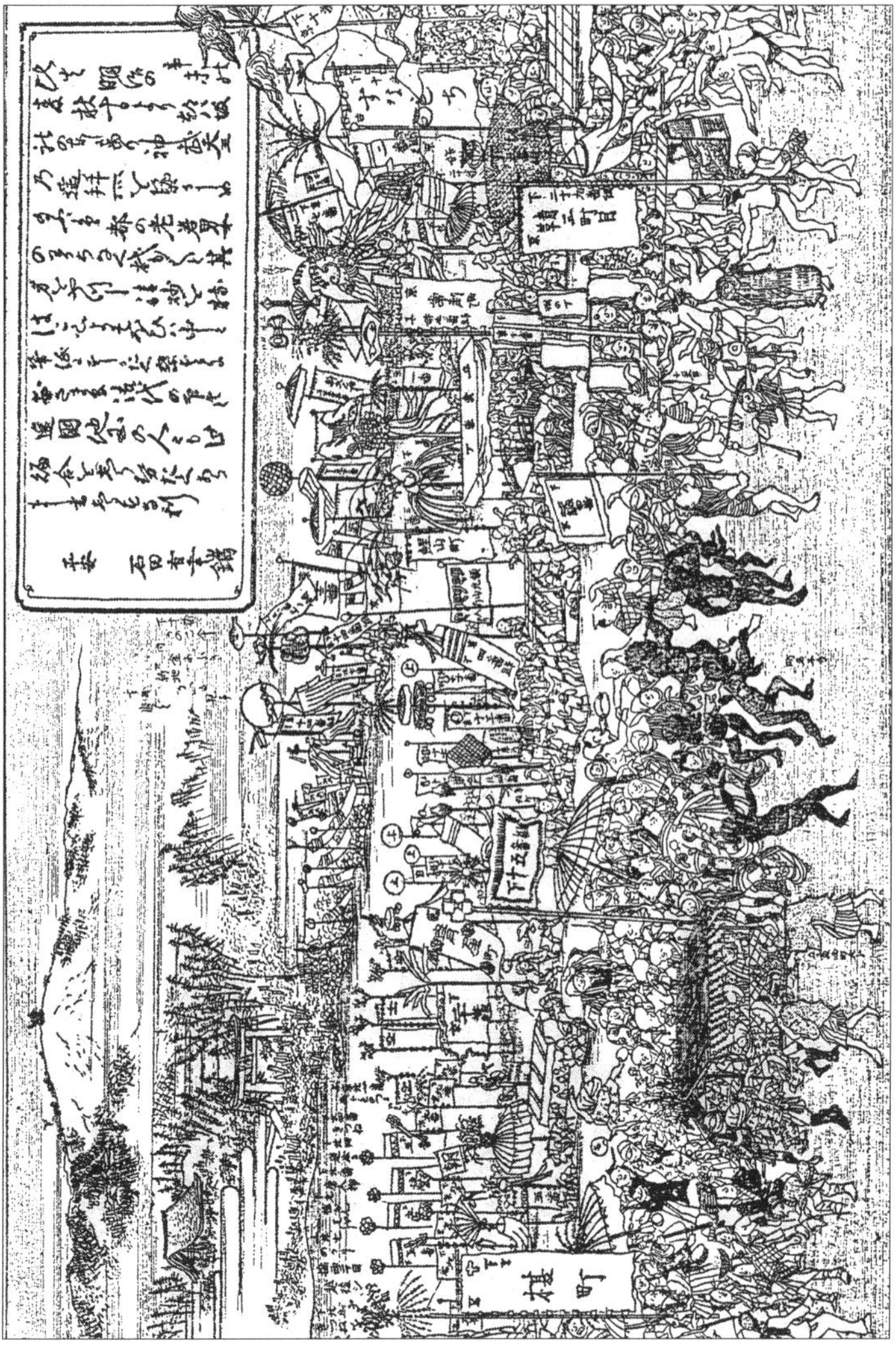

祇園神社（八坂神社）再建で神武天皇の祭

YASAKA NO YASHIROST

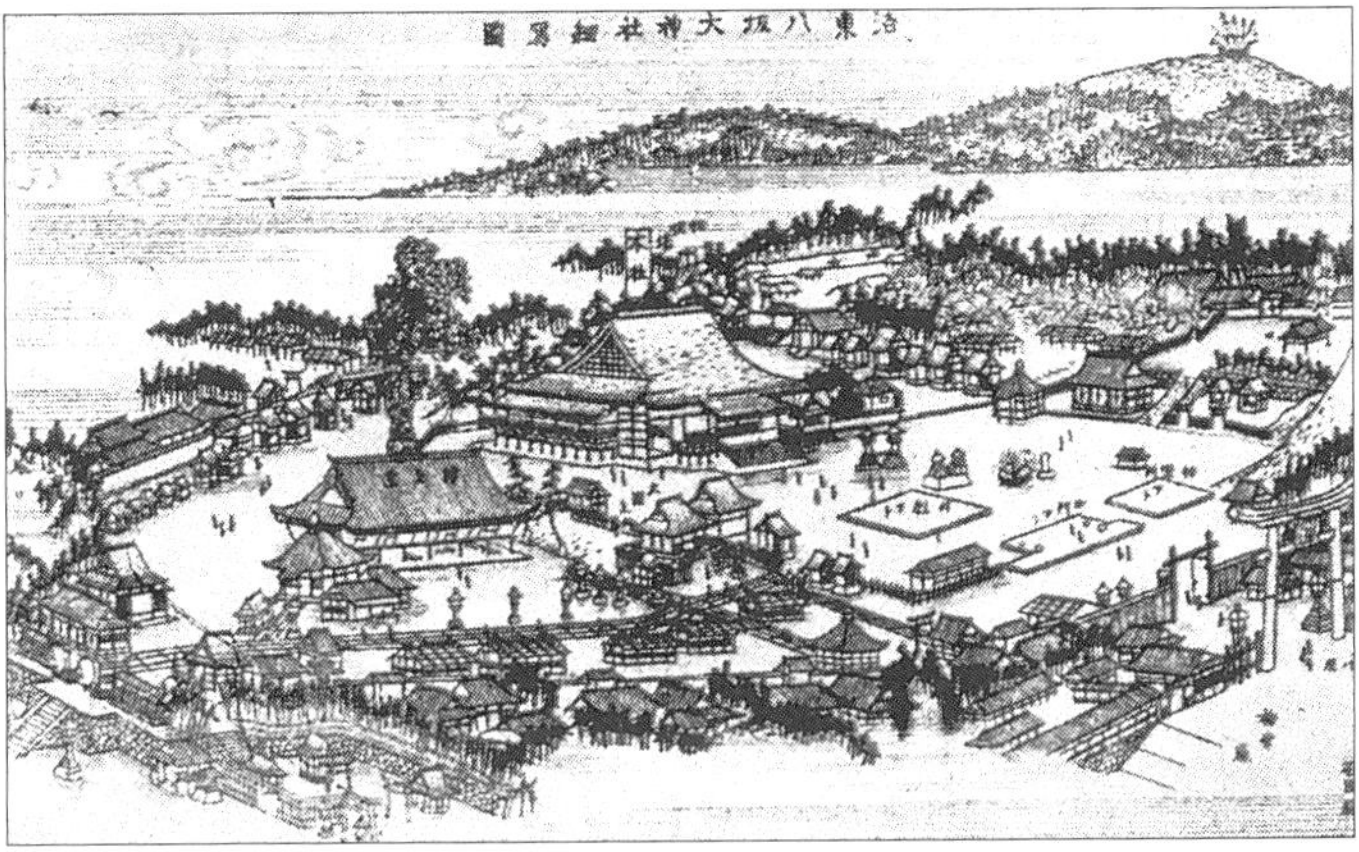

八坂神社（京都市東山区）。祇園神社とも呼ばれ、祇園祭の中心である。

GION NO GAKO

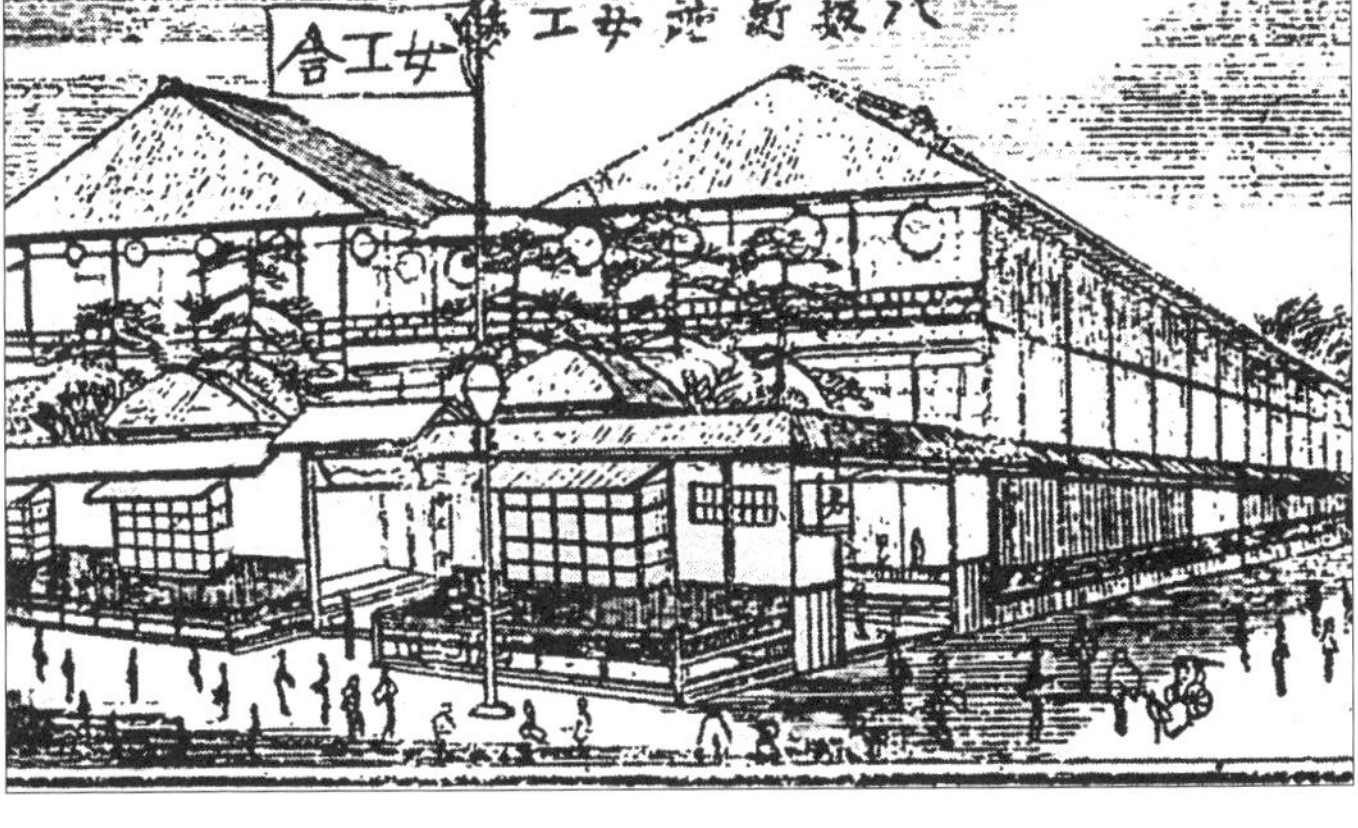

祇園の女工舎（京都）

時代をさかのぼるほど顕著「ユダヤ人タイプ」の日本人とは

日本の主要民族は、朝鮮・中国系ではなく、バビロニアから直接やって来た!

よくアジアを旅してきた人が、日本に来ると、

「一口に日本人といっても、いろいろな顔がある」

と言う。ふだん日本で暮らしている私たち日本人は、あまりこのことに気がつかない。しかし日本人というのは、アジア諸国の中では、顔つきの上でかなりバラエティに富んだ人々であるらしい。

以前、シルクロードの旅をしたある人が、旅の最後に日本に着いて、

「日本にはいろいろな顔の人がいるね。シルクロードでも、ふつう同じ民族はだいたい同じような顔つきをしている。けれども日本人はそうじゃない。様々だ」

と言っていた。私もときおり、

「ああ、この人は南方系だな。この人は北方系。あの人は弥生系で、この人は縄文系かな。なかに

JEWISH TYPE

[マクレオドの注釈] ユダヤ人タイプの人々（男性）
マクレオドは、日本人は基本的に3つの異なった民族に起源を持つ、と考えていた。それらは、
1、アイヌ民族――北方ユーラシアの原住民
2、小人族――南方オーストロネシアの原住民（マレー・ポリネシアン）
3、古代イスラエル人（ユダヤ人）である。

は、白人タイプの人もいるな」

などと思うことがある。たとえばアイヌの人などは、混血度の低い人ほど、彫《ほ》りが深く白人のような顔つきをしている。青い目をした人も多い。私は、アイヌの人々を撮影した明治時代の写真を見たことがあるが、ほとんどの人が欧米人のような白人系の顔をしていた。

しかし今日では、アイヌの間でも混血が進み、他の日本人とは変わらない顔つきの人が多い。いわゆる普通のモンゴロイド系の顔である。アイヌ以外でも、今日の日本人は、身分制度はなく一応みな平等だから、誰とでも好きな人と結婚できて混血が進んでいる。

これは皇室でもそうである。じつは昔、皇室の人は皇族の間でしか結婚しなかった。が、今の明《あき》仁《ひと》天皇が、皇太子時代に初めて民間人と結婚された。それが美智子皇后である。これは天皇家の歴史からいえば、前代未聞の出来事だった。こうして初めて、民間人の血が天皇家にも入った。しかし、昔はそうではなかったわけである。

民間人の間でも、士農工商とか賤民といった身分制度のあった江戸時代や、明治時代の初めくらいまでは、異なる身分間での混血はあまり進んでいなかった。だから当時の日本人の顔つきは、今よりもずっとバラエティに富んでいた。

そうしたことを、一七世紀の日本に来たエンゲルベルト・ケンペルという人が書いている。彼は、一六九〇〜一六九三年の江戸時代に長崎の出島に滞在した、ドイツ人医師である。

ケンペルは、世界の様々な国々を見てから日本に来た。非常に博学な人物であるが、彼はヨーロ

ASHKENISM OR ISRAELITISH TYPE

[マクレオドの注釈]
ユダヤ人タイプの人々（女性）。アシュケナージ・ユダヤ人、またはイスラエル人タイプの人々

ッパに帰ってから、日本での体験を本にまとめて出版した。

本の中でケンペルは、日本人の言語や風習、宗教は、中国や韓国のものとは様々な点で大きく異なっていると述べている。そして、日本人の主要民族は中国人や韓国人から分かれ出た人々ではない、むしろ、バビロニア地方から直接やって来た民族が日本の主要民族となったに違いない、と述べているのだ。

「日本人は、バビロニア地方にいた民族の一つが、直接この島国に移住してきたものに違いない」

バビロニア地方とは、中近東地域のことである。それはイスラエル一〇部族の捕囚地となったアッシリヤ帝国のあった所でもある。ケンペルはまた、彼が見た江戸時代の日本についてこう述べる。

「日本人の形態は、国内の場所によって、私たちの目にもはっきりわかるほど著しい違いがある。これは、日本人がもともと一個の主要民族のもとに、様々の他の民族が次第に加わって形成されたことを確かに実証するものである……

最も貴く最も古い家系の人々や、大名、高官等の人々は、一般に才力敏捷で、容姿は他のものより美しく、威厳があり、鼻も少し高くてヨーロッパ人に似ている。薩摩《さつま》、大隅《おおすみ》、日向《ひゅうが》の人々は、身長は中くらいだが、強厚で、言語、資質ともに男性的である……」

そのほか、日本の各地の人々の形態や性質に、大きな違いがあると述べている。そして、「日本人の根本、および最初の起源について言えば、日本人は一個独立の民族であると思われる。その由来については中国人から分かれ出たものではないと、認めなければならない」

Anglo Saxon Or Israelitish Type

Higashi Fushimi No Miya

東伏見宮

Minami Fushimi No Miya

南伏見宮

Uyno No Miya

上野宮

Prince Of Tosa

土佐の親王

Prince Of Tchikuzen

筑前の親王

Prince Of Sendai

仙台の親王

[マクレオドの注釈]
アングロサクソンまたはイスラエル人タイプの人々
(マクレオドは『日本古代史の縮図』の中で、こう述べている。「若い伏見宮殿下は、お写真を拝見した限りでは、皇族の中でも一番イスラエル的な顔立ちをしておられた。」と)

NORTHERN ABORIGINES AND THEIR DESCENDENTS

アイヌ

副島種臣《そえじまたねおみ》（明治時代の政治家）

水戸民部公子（水戸家）

徳川亀之助（田安家）

松本良順《りようじゆん》博士
（陸軍軍医制度確立者）

横綱力士

北方原住民とその子孫

EPP10
SOUTHERN ABORIGINES

南方原住民

平《たいらの》 重盛《しげもり》。平安末期の武将（12世紀）。温厚かつ沈着な人物だったと言われる。

EPP56
ANGLOSAXON AND JEWISH TYPE
ANCIENT NOBLES
PART AUTHORS OF HIYAUNIN ISHIU
TAKEN FROM SANJU ROKU KASEUN

GON CHIUNAGON
ATSU TADA

権中納言敦忠《あつただ》

CHIUNAGON
YAKAMOCHI

中納言家持《やかもち》

FUSIWARA
KIYO TADA

藤原清忠《きよただ》（坊門《ぼうもん》清忠）

SOSEI

草聖《そうせい》（空海）

FUSIWARA
MOTO SANE

藤原基実《もとざね》（近衛《このえ》基実）

SARU MARU TAIU

猿丸大夫《さるまるだゆう》

［マクレオドの注釈］アングロサクソンまたユダヤ人タイプの貴人。
一部は百人一首の作者でもある（三十六歌仙絵より）

HOJO

北条時宗

JIMMU TENNO

神武天皇

NOBUNAGA

織田信長

ASHIKAGA

足利尊氏

TYKO SAMA

豊臣秀吉

IYEYASU

徳川家康

PRINCE

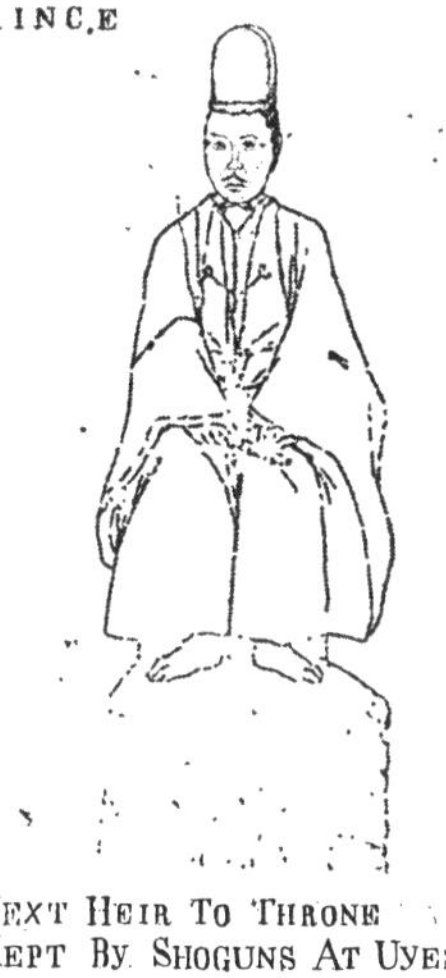

NEXT HEIR TO THRONE
KEPT BY SHOGUNS AT UYENO

皇太子　将軍のもと上野に居住

HITOTSUBASHI

LAST SHOGUN

最後の将軍・徳川慶喜《よしのぶ》
(徳川斉昭の七男で一橋家を継いだ)

MIDAI

将軍の妻

SHOGUN

将軍

SAMURAI

侍

NOBLE

貴人

大工

農夫

官吏

商人

アイヌ

南方原住民

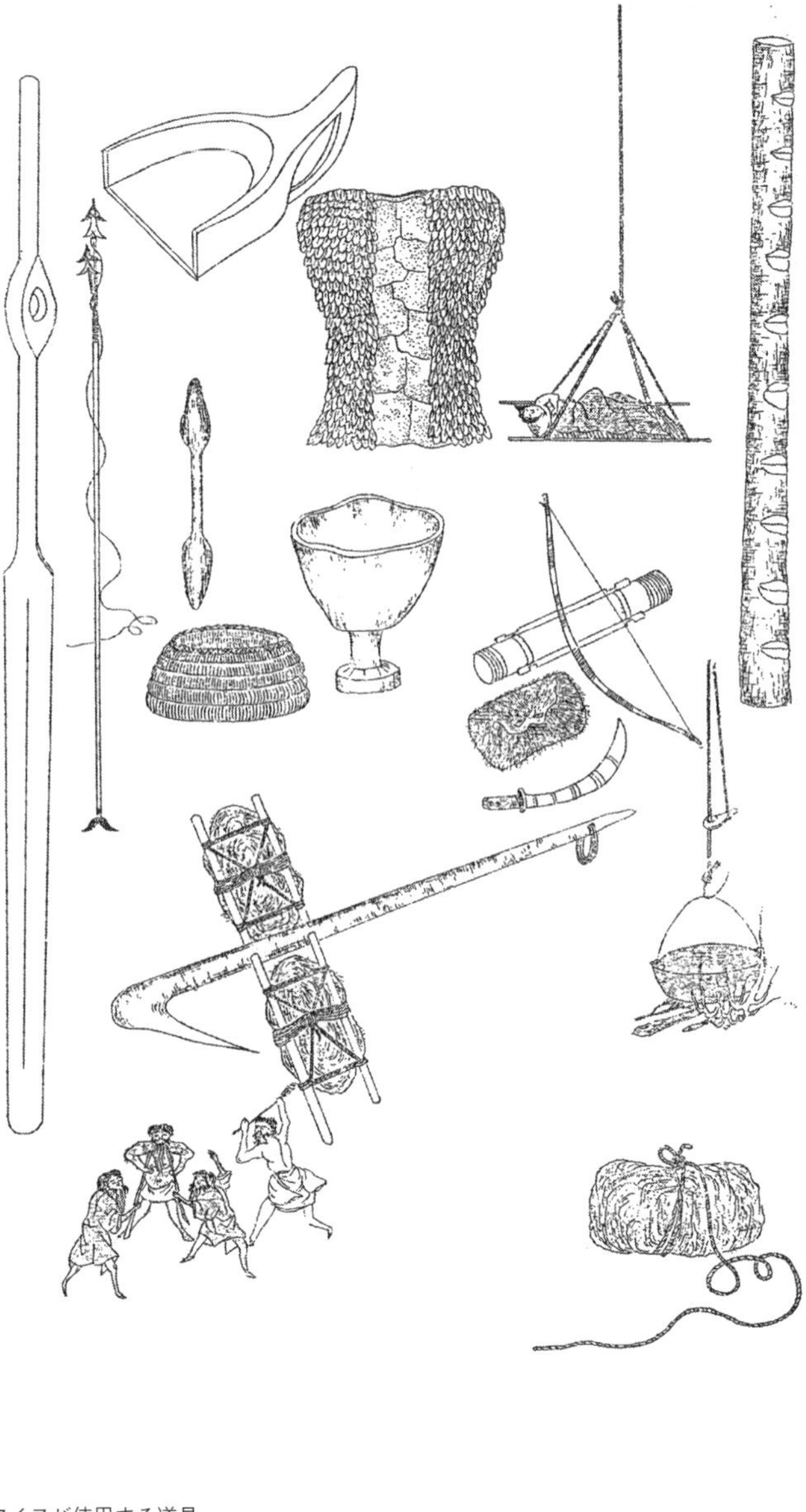

E.P.P 5.
PRIMITAVE BELONGINGS OF AINOS OR NORTHERN ABORIGINES

北方原住民アイヌが使用する道具。
マクレオドは、これもイスラエル人のものに似ているという。

JAPANESEGIRL

日本の乙女。日本女性のしとやかさは、日本に来た西欧人の目には、たいへん魅力的なものに映った。

と書いているのである。

ユダヤ的顔だちは、とくに皇室と公家に顕著だった

また、ケンペル来日から二〇〇年ほどたって、一九世紀にスコットランドから、ノーマン・マクレオドが日本にやって来た。マクレオドは日本に来る前、ヨーロッパにいたとき、ユダヤ人たちと暮らしていた。だからユダヤ人の顔つきなどには詳しかった。

マクレオドは日本に来て、とくに皇族や公家《くげ》の人々は、ユダヤ的な顔だちをしていると思ったという。一八七二年の第一回京都博覧会で、明治天皇と皇族方の姿を見る機会を持った彼は、こう書いている。

「その会場で、私はユダヤ系の顔をした人をたくさん見かけた。彼らの顔立ちはかつて私がヨーロッパで見たユダヤ人の顔とそっくりだった。……明治天皇の随行員は、全員がユダヤ人の顔つきをしていた。天皇陛下の顔立ちは、ワルシャワとセント・ペテルスブルグの裕福なユダヤ人銀行家、エプシュタイン家の人々によく似ていた。若い伏見宮《ふしみのみや》殿下は、お写真を拝見した限りでは、皇族の中でも一番イスラエル的な顔立ちをしておられた」

マクレオドは、挿し絵集の中で、日本人の様々な顔つきを紹介している。この項で紹介した絵がそうだが、マクレオドは日本人の中に「ユダヤ人タイプの人々」「アシュケナージユダヤ人タイプ」「イスラエル人タイプ」などの顔つきを見ていた。あなたは、どのタイプに属する顔だろうか。

神道の神事「日本の相撲」の起源は聖書にある

相撲は最も古い格闘技

日本で最も人気のある格闘技の一つは、相撲《すもう》だ。

相撲に似た格闘技は世界中にみられるが、日本の相撲は古代風俗のふんどしを唯一の装具とし、また神道に深いかかわりを持っている点で大きな特色がある。

相撲に類する格闘技は、大昔から世界中の民族が、ほとんど人間の本能として行なってきた。前三〇〇〇年ころの古代メソポタミア初期王朝時代の遺跡テル・アグラブで発掘された青銅製の「闘技像脚付双壺」には、二人の男が右四つに取り組んでいる姿が描かれており、日本の相撲にそっくりである。

またエジプト中王国時代（前二〇〇〇—前一八〇〇）のバニハサンの壁画に、レスリングのような形をした裸体の男が、さまざまの姿態で描かれている。インドでは釈迦がまだ太子のころ、相撲のような競技によって力くらべをし、美しい姫を妻としたという。

日本でも、太古のころから相撲と同様の競技が行われていたことは、一四〇〇～一五〇〇年前の古墳文化時代の遺跡から発掘された埴輪《はにわ》や土偶《どぐう》などで立証される。また日本神話にも相撲が登場する。

ヤコブの相撲

じつは相撲に関する世界で最も古い記述は、聖書にある。イスラエル民族の父祖ヤコブが、カナンの地に帰るとき、

「何者かが夜明けまでヤコブと格闘した」（創世記三二章二五節）

「何者か」とはじつは天使であった（ホセア書一二章四節）。この「格闘」は、ヤコブの生涯にとって非常に大きな出来事だった。何としてでも自分を祝福してくださいと言って、神を離さない、熱烈な祈りと信仰の格闘だったのである。だから、それは彼の子孫にとっても、非常に大きな意味のあることとだった。

ヤコブの相撲が「神」とかかわっていたのと同様に、日本の相撲は、単なる格闘技ではなく、古くから、れっきとした神道の神事である。神社の中には、境内に相撲の土俵があるところも少なくない。また、横綱の綱とは「注連縄《しめなわ》」であって、力士の体は一種のご神体、神の力が降臨する依代《よりしろ》（媒体）なのである。

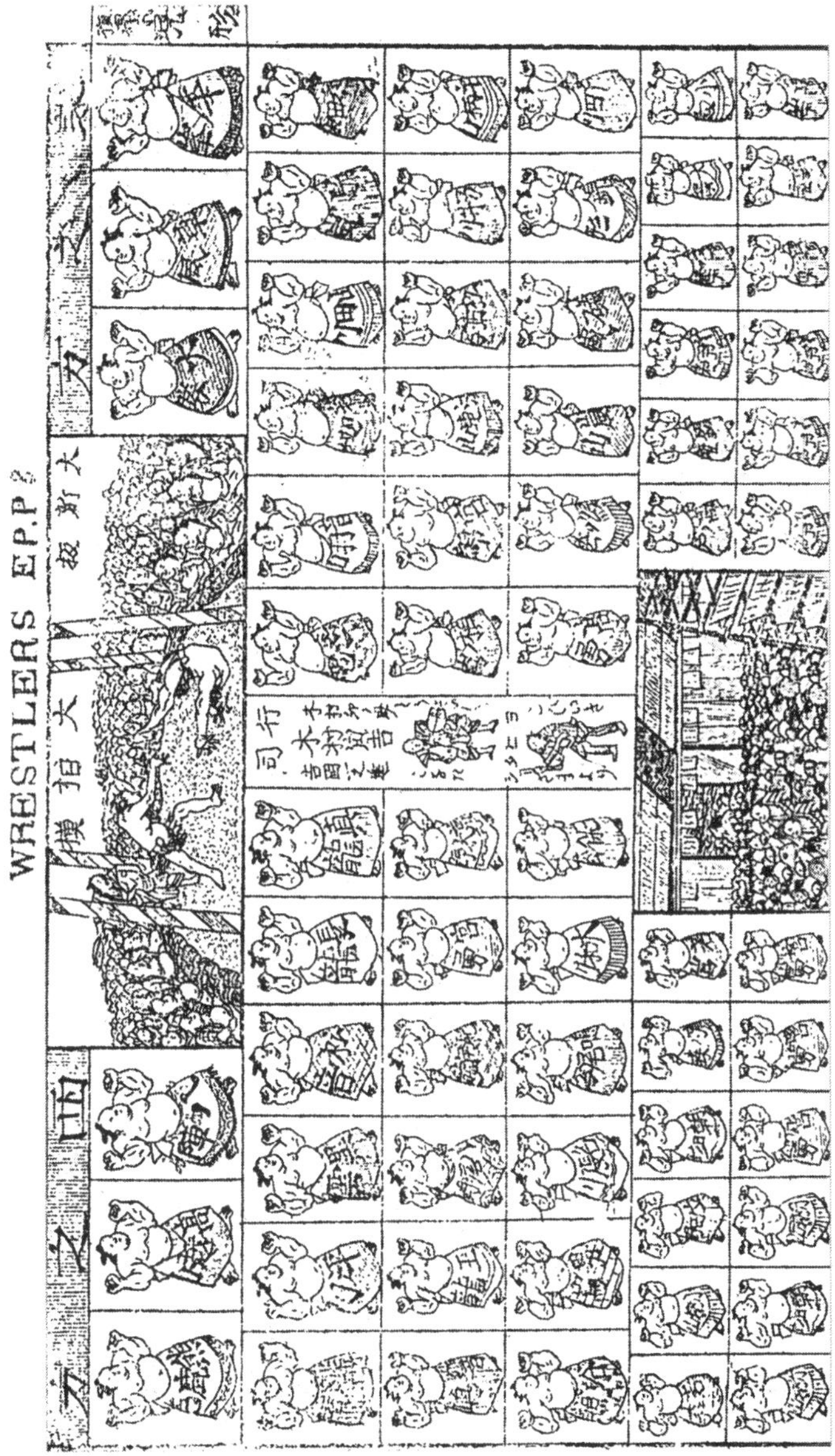

相撲力士たち。聖書の創世記にも、相撲が登場する。

ユダヤ人は清めの塩を理解する

相撲力士は、土俵に塩をまく。これは土俵を清めるためである。塩をもって物を清める風習は、古くからの神道の風習である。

欧米人は、「なぜ塩をまくのか」と不思議がる。しかしユダヤ人なら、「ああ、清めるためだな」とすぐ理解する。ユダヤ人には聖書時代から、塩をもって物を清める習慣があったからである。

旧暦の五月五日、瀬戸内海の大三島にある大山祇《おおやまずみ》神社で御田植祭《おたうえさい》が持たれるが、そのとき境内の土俵で「一人角力《ひとりずもう》」という神事が行なわれる。相撲はふつう二人で行なう格闘技だが、それをひとりで行なう。というより、相手は神様だという。

土俵の中に行司と、ひとりの力士が立ち、力士は見えない「相手」と戦って迫真の演技を見せる。その「相手」に実際に投げられたかのように、力士は空中を投げられて見せる。じつは、目に見えないその「相手」とは「神様」だという。

目に見えない神様を相手に相撲をとるから、一人相撲である。これは、ヤコブと天使の相撲を思い起こさせる。さらに興味深いことに、大山祇神社の神――大山祇命《おおやまつみのみこと》は、海の向こう（百済）からやって来た神、つまり渡来系の神だという（伊予風土記）。

神社では、相手の神様は「稲の神様」（稲の精霊）だとしているが、その霊と三番勝負をする。あるときは二勝一敗、あるときは三勝〇敗といった具合である。

蛇信仰

蛇をご神体とするのは、古代イスラエルに発する

日本の神社では、蛇信仰が盛んである。蛇の嫌いな筆者には、これは理解できないことなのだが、多くの神社で蛇がご神体となって祭られている。

じつは、蛇をご神体として祭る風習の起源は、どうも古代イスラエルにある。

聖書に次のような記事がある。出エジプトをして、エジプトでの四〇〇年に及ぶ奴隷生活から解放されたイスラエル民族は、シナイ半島の荒野を放浪していた。彼らは、長年の奴隷根性がなかなか抜けきれず、荒野でつぶやいて神の前に罪を犯していた。

それで神は彼らに裁きを下した。数多くの毒蛇が現われ、人々をかんだので、多くの者が死んだ。すると民は悔い改めた。モーセが神に祈ると、神は民が救われる道を示した。それは青銅製の蛇の像を作り、それを旗ざおの上にかかげ、「かまれた者がそれを見上げれば、命を得る」というもの

であった。
「モーセは青銅で一つの蛇を造り、旗竿《はたざお》の先に掲げた。蛇が人をかんでも、その人が青銅の蛇を仰ぐと、命を得た」（民数記二一章九節）

こうして民は救われたのだが、そののち、この青銅の蛇は、民の間で保管されていた。民の信仰が健全である限り、そのことに問題はなかった。

しかし、民は他国の偶像崇拝の影響を受けていく。目に見える像を拝む風習を身につけた彼らは、やがて青銅の蛇をも偶像崇拝的に拝むようになった。そのため紀元前八世紀に南王国ユダの王ヒゼキヤは、この青銅の蛇を打ち壊した。

「（ヒゼキヤは）モーセの造った青銅の蛇を打ち砕いた。イスラエルの人々は、このころまでこれをネフシュタンと呼んで、これに香をたいていたからである」（列王記下一八章四節）

青銅の蛇崇拝の風習は、こうしてヒゼキヤ王の改革により、南王国ユダにおいては一応の終止符が打たれた。しかし、アッシリアに捕囚になっていった北王国イスラエルの一〇部族の間では、その後も根強く存続していくのである。

モーセの青銅の蛇が伊勢神宮に安置されている!?

これに関し、飛鳥昭雄氏は、その著書の中に興味深いことを書いている。じつは日本の神道界には、天皇家の祭儀を仕切ってきたあるグループが存在する（ヤタガラス）。飛鳥氏は、そのグループ

EP.P114

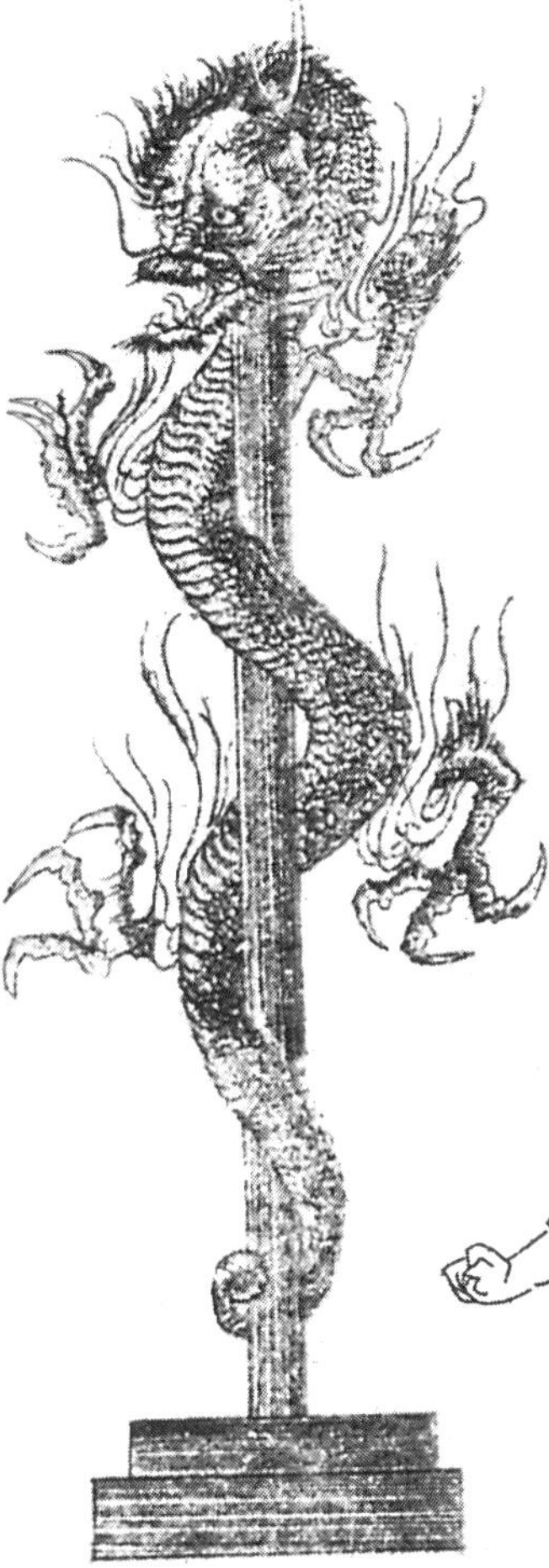

真鍮《しんちゅう》製の火の蛇

アッシリアの神ニシュロク

の幹部と、コンタクトをとることに成功した。

彼の名は匿名とされているが、彼は伊勢神宮内部のこともよく知っている。伊勢神宮は、天皇家のための神社である。彼の言うところによれば、伊勢神宮の外宮《げくう》正殿の下に地下殿があり、そこに古来「青銅の蛇」が安置されているという。

『外宮の地下殿には、青銅のみいさん（蛇）が、そのままハタザオにかかっておる』

と彼は言った。青銅の蛇は「みいさん」（巳さん）と呼ばれていて、T字形の旗竿（天御量柱《あめのみはかりのはしら》）に三回半、からみつく形になっているという。そして台の上に安置されているという（『失われたキリストの聖十字架「心御柱」の謎』学研刊）。

旗竿に青銅の蛇がからまっているとは、まさにモーセの青銅の蛇と同じ形である。その蛇信仰の風習が、なぜ古くから日本に存在してきたのか。日本では他の神社でも、広く蛇信仰が見られるが、それら蛇信仰の起源はここにある。

一方、蛇といえば、「八岐大蛇」（やまたのおろち）伝説も有名だ。怪物大蛇が村の娘を食べようとするが、スサノオが退治して娘を救い、彼はそののちその娘と結婚する。じつはこの話は、ギリシャ神話の怪物、大蛇メドゥーサの話によく似ている。この大蛇は、ある娘を食べようとするが、英雄ペルセウスに退治される。ペルセウスはそののち、その娘と結婚するのだ。

ギリシャはかつてアレクサンダー大王の時代に、シルクロードのかなりの部分を支配したことがある。それでギリシャ神話はシルクロード全体に影響を与え、日本神話にさえ入り込んだ。

SOSANO KILLS THE EIGHT HEADED DRAGON
AND SAVES INADA HIME

EP.P127

八頭の竜（八岐大蛇）を退治し、奇稲《くしな》田《だ》姫《ひめ》を救うスサノオ。竜の尾から、三種の神器の一つ「草薙剣」を得る。この物語はギリシャ神話と同型である。

EPP128

ORIGIN OF THE EMPERORS DESCENT FROM DRAGON. FIRST REAL ANCESTOR OF JAPANESE EMPEROR IS CALLED OSEE, OROSHI. SAME NAME GIVEN IN OLD VERSIONS OF BIBLE TO LAST KING OF ISRAEL DATE ALSO AGREES. REST OF TITLES HOMIMI NO MIKOTO ARE HONORIFICA ARE TO BE TRACED TO DRAGON. EPHRAIM AND MANASSEH DIALECTS ARE ALSO IN JAPAN.

NAGASAKI SI IN SINTO KIYOTO DIALECT SHINTO

竜の子孫としての天皇家（豊玉姫《とよたまひめ》は、竜の姿になって苦しみながら子を産むところを、のぞき見された。生まれた子がウガヤフキアエズで、神武天皇の父。）

竜は、日本神話にも何度か登場する。

赤穂四十七士はユダヤ人の精神と酷似している

赤穂は秦氏の地だった

「忠臣蔵」で有名な赤穂《あこう》四十七士は、赤穂藩の武士たちである。

赤穂藩は、今の兵庫県赤穂市のあたりにあった。高楠順次郎《たかくすじゅんじろう》博士の研究によれば、赤穂は、秦氏と呼ばれる渡来人一族が日本に最初に上陸したところだった。この辺は、台風のときでも最も被害が少ない海岸だという。私も行ったことがあるが、じつに風光明媚な所だ。

赤穂の港は、瀬戸内海に面した所にある。秦氏はそこに上陸し、その後もその地域には秦氏が多く住んでいた。赤穂藩の人々の多くは秦氏だった。

秦氏は、しばしばユダヤとの関係が言われる一族である。赤穂（アコー）の名も、古代イスラエルの港町アコー（アッコー）にちなんで秦氏がつけたのではないか、とさえ思われる。

また、主君にあれほど忠実に仕え、最後は切腹をして果てた赤穂浪士たちの心情は、非常にユダヤ的でさえある。ユダヤには「マサダの砦《とりで》」と呼ばれる史跡がある。これは一世紀にローマ帝国に対するユダヤ人の反乱軍が籠城《ろうじょう》したところだが、彼らは最後に、主君である神に忠実であるために九六〇人全員が自害して果てるのである。

大避神社がこだわる「一二」の数

秦氏は、現在の赤穂市坂越の地に、「大避《おおさけ》神社」を建てた。この周辺には、「大避神社」と名のつく神社が幾つもあるが、中心は坂越湾に面する大避神社である。この神社前方の坂越湾には、「生《いき》島《しま》」という小島がある。全体が古墳のような形と大きさで、そこに秦河勝の墓がある。

秦河勝は昔、聖徳太子のもとで、側近中の側近として仕えた人だ。彼が持ってきたという雅楽の面が、大避神社に保管されている。それを見ると、中近東の人の顔である。また大避神社では、昔から「一二」という数に、深いこだわりがあった。境内に昔からある井戸の中をのぞくと、一二個の長い石を縦に並べて井戸の壁面がつくられている。

また、お賽銭《さいせん》をするにしても、土地の人は昔から、一二〇円とか、一二〇〇円とか、一二の倍数でしてきた。神官の方は「一万二〇〇〇円にしてくれるといいのですが……」と言っていた。ともかく、ほかにも何かにつけ一二という数を使う。一二は、イスラエル人にとっても大切な数だった。イスラエル民族は一二部族から成るからである。彼らは、石の柱を立てるのにも、一二立てるとか、つねに一二という数にこだわった。

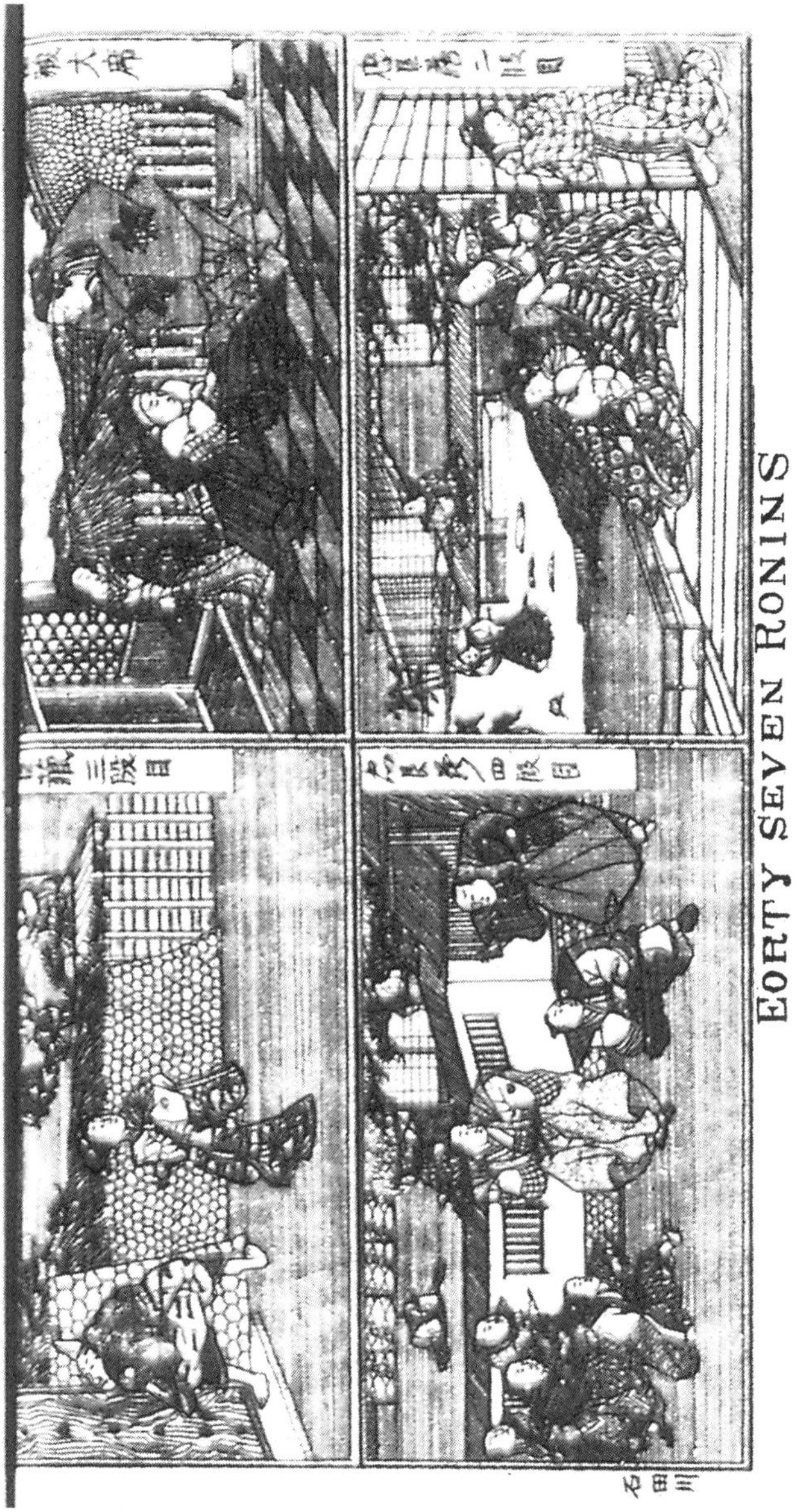

赤《あ》穂《こう》四《し》十《じゅう》七《しち》士《し》

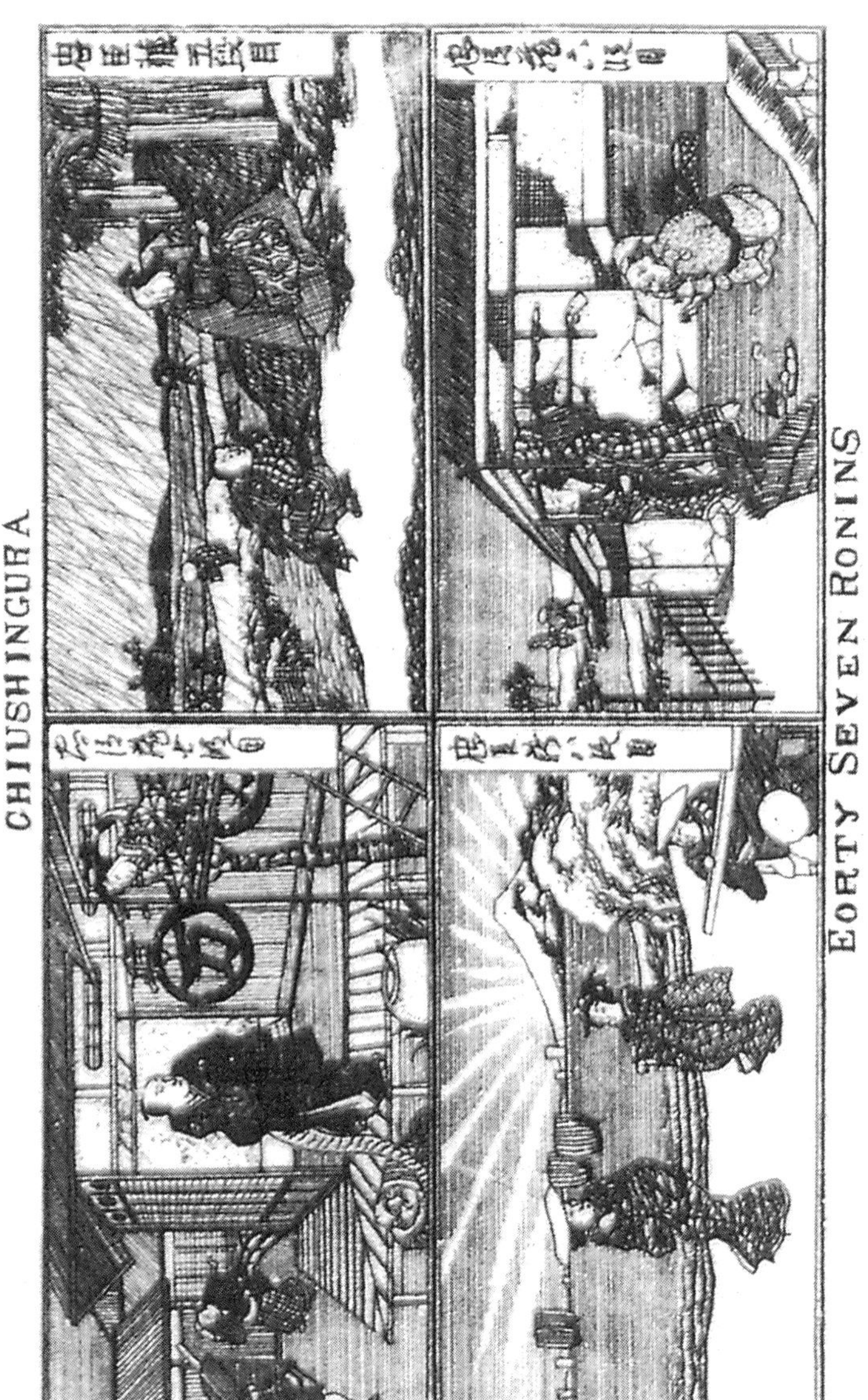

忠臣蔵。四十七人の浪人たち

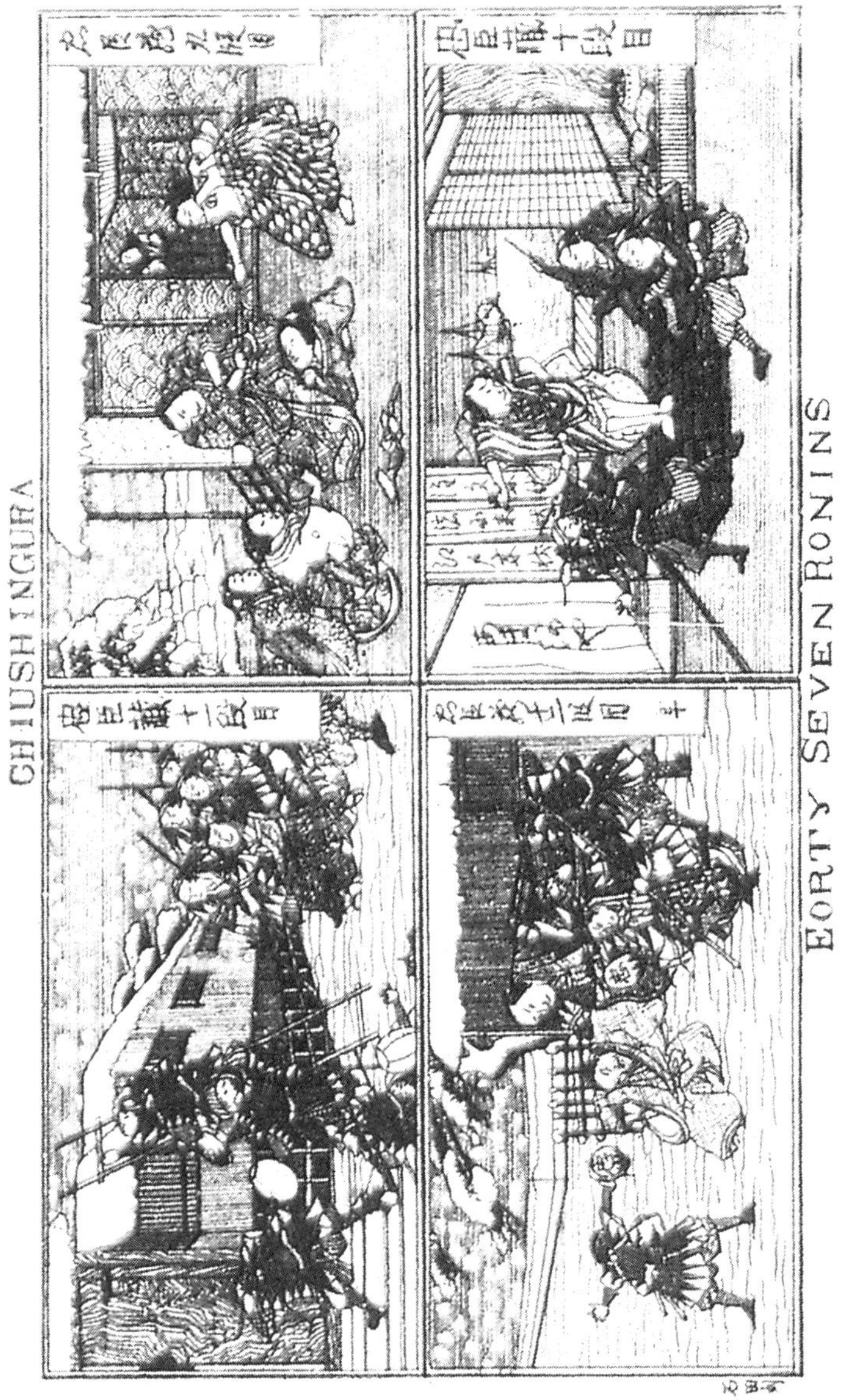

忠臣蔵。赤穂浪士の忠節心は非常にユダヤ的である。

結婚式にも日ユ共通点あり

神道の結婚式とユダヤの伝統的な結婚式

日本の神道式の結婚式と、ユダヤの伝統的な結婚式は似たところが少なくない。

神道式の結婚式では、花婿と花嫁に清酒（ライスワイン）が酌《く》み交わされ、両者は同じ盃から飲む。ユダヤ教式の結婚式では、ぶどう酒（ワイン）が用いられるが、花婿と花嫁の間に酒が酌み交わされ、やはり同じグラスから飲む。

日本の神道式の結婚式においては、花嫁は頭にかぶり物をしていて、顔の上半分を隠している（角隠《つのかく》し）。このかぶり物は、現在は目の高さくらいまでしかないが、昔は顔全体を覆い隠すものだった。かぶり物は、昔は日本の婦人が宮参りなどをするときなどにもかぶられた（被衣《かずき》という）。

女性が頭にかぶり物をする風習は、古代イスラエルにもあった。聖書には、イスラエル民族の父祖ヤコブが結婚式でラケルという女性と契《ちぎ》りを交わしたつもりが、じつはそれはラケルではなく、

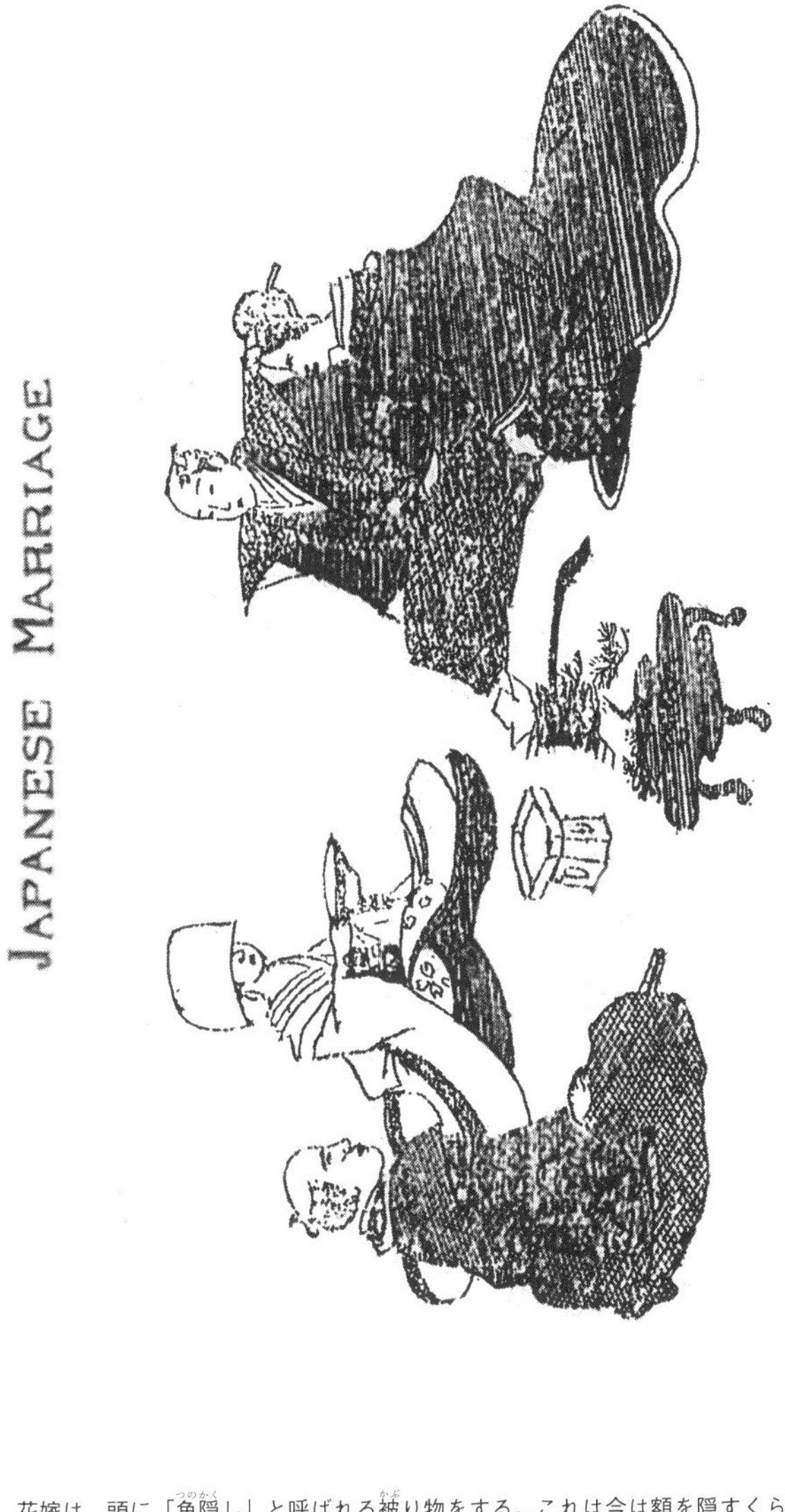

結婚式。花嫁は、頭に「角隠《つのかく》し」と呼ばれる被《かぶ》り物をする。これは今は額を隠すくらいの長さしかないが、昔は顔全体をおおうものだった（被衣《かずき》、綿帽子《わたぼうし》）。ユダヤの花嫁も、顔を布（ベール）でおおった。

彼女の姉のレアであったという話が出てくる。どうして別人とわからなかったかと言えば、それは顔のかぶり物と暗さのためなのである。

今もユダヤ人の女性は、結婚式のときにかぶり物（ベール）をする。外出のときなども、スカーフを頭におおい、顔を覆う風習が古代イスラエルにあった。シナゴーグなどに来るときは、女性は必ず頭にかぶり物をしなければならなかった。

弟が亡き兄に代わり妻を引き継ぐ風習（レビレート）も同じ

また、ヴァンミーター美子《よしこ》氏は、その著『幻の橋』（レムナント出版）において、自分の伯母の結婚に関し次のようなことを語っている。美子氏はある日、母から、伯母《おば》（母の兄の妻）の結婚について聞かされた。伯母は、自分の夫がまだ子のないうちに戦死したので、そののち亡き夫の弟（当時は未婚だった）に嫁いだという。この結婚について母は、

「これは日本の慣《なら》わしよ」

と教えてくれた。しかし現代は恋愛時代であり、好きな人と結婚して当たり前だから、この母の言葉は当時どうしても飲み込めなかった。けれども、そののちこれがユダヤの風習と同じだと知って、美子氏は驚いたという。たしかに、これは旧約聖書『申命記』の、

「兄弟がいっしょに住んでいて、そのうちのひとりが死に、彼に子がない場合、死んだ者の妻は、家族以外のよそ者にとついではならない。その夫の兄弟がその女のところに入り、これをめとって

FAMILY

家族。日本人の家族のきずなは強い。

妻とし、夫の兄弟としての義務を果たさなければならない」（二五章五節）

とある風習と同じである。「レビレート（levirate）結婚」と呼ばれるもので、弟が亡き兄の代わりとなって妻を引き継ぐものだ。現代の日本ではほとんど見られなくなった。だが、つい最近まで広く見られた風習である。この風習もまた、古代イスラエルと共通する。

古代の結婚式にユダヤの面影

日本の古代の結婚式をみてみると、古事記の中に、男神イザナギと女神イザナミが天の柱のまわりを回って結婚した、という話が載っている。ひとりは右に、ひとりは左に回った。そして出会ったところで結婚した。これをユダヤ人に話すと、

「へえ、ユダヤ人も、よく似た結婚式をするよ。まず二人は天蓋《てんがい》の下に入る。それから、花婿《はなむこ》がそこに柱のように立ち、彼のまわりを花嫁がまわる。そうやって結婚するんだ」

と言っていた。また古事記によると、イザナギとイザナミは、天の柱のまわりを回って出会ったとき、互いに「アナニヤシ」と言ったという。ふつう古文の学者は、これは「ああ、何とまあ」という意味だと解説する。

しかし、ヨセフ・アイデルバーグというユダヤ人は、「アナニヤシ」はむしろ、「私は結婚する」を意味するヘブル・アラム語「アナ・ニャサ」から来たのではないか、という。アイデルバーグは他にも、日本語にはヘブル語起源のものがたいへん多いと述べている。

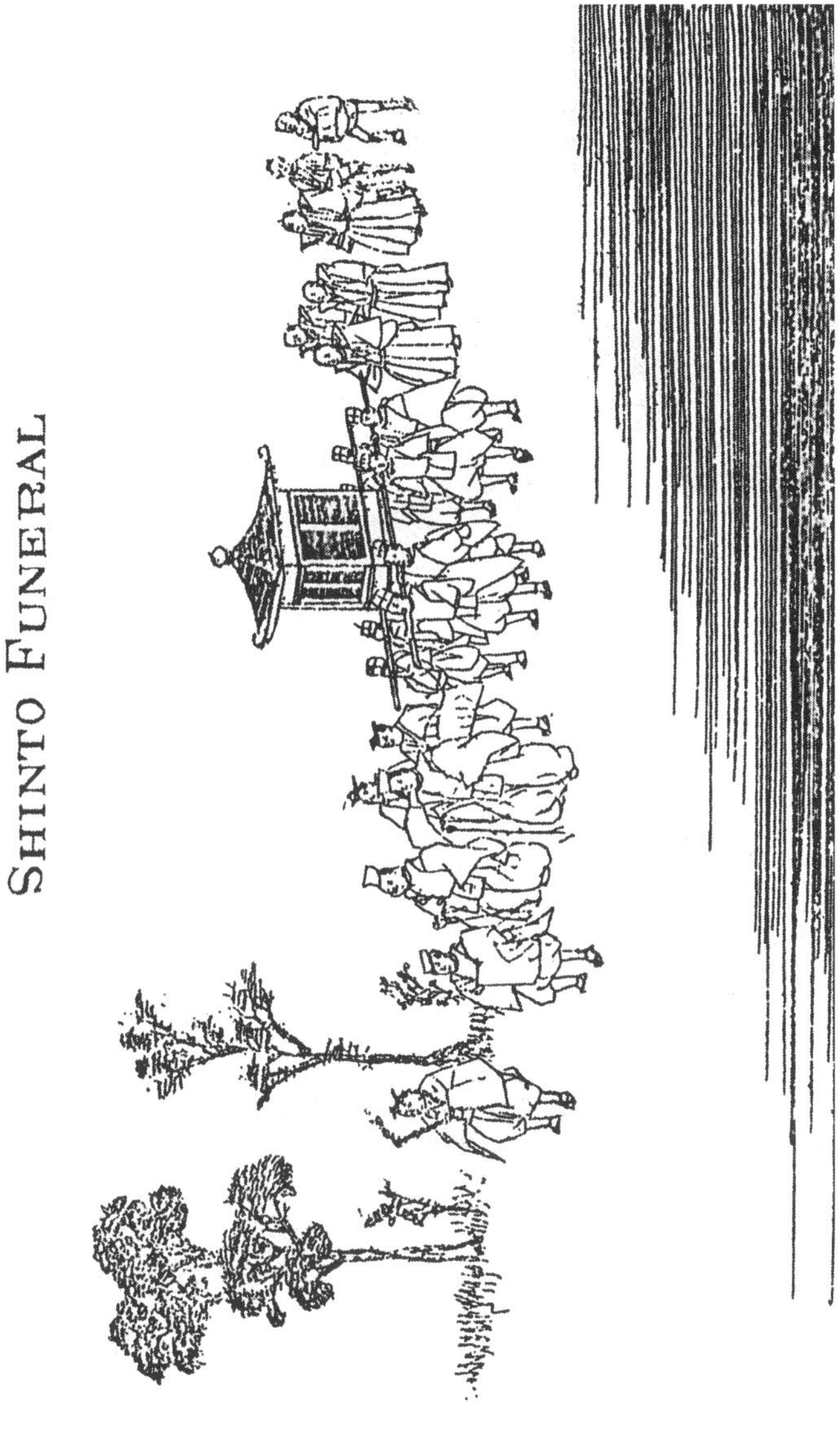

神道の葬式。ユダヤと同じく、葬儀は決して神殿内（神社内）では行なわれず、他の場所で行なわれる。

京都御所での罪の贖《あがな》いの儀式

大祓い「麻の衣」とレビ記「アザゼルのやぎ」

京都市にある京都御所は、旧皇居である。明治新政府が皇居を東京に移す以前は、皇居は京都にあった。

京都御所には、紫宸殿《ししんでん》や、清涼殿、その他の建物がある。紫宸殿では、即位や、大嘗会《だいじょうえ》、大祓《おおはら》い、朝賀《ちょうが》等の重要な儀式が行なわれた。清涼殿には、天皇の日常の御座所があり、四方拝、小朝拝、叙位、除目《じもく》等の公事が行なわれた。

たとえば大祓いの儀式の時、天皇は麻の衣を着て紫宸殿《ししんでん》に来られる。大祓いとは、日本の国の一切の罪汚《つみけが》れを払いやる儀式である。天皇が卑しい姿になって、大祓いのお祭りをなさる。

それが終われば、その衣は小さな舟に乗せて、当時都のあった京都から加茂川に流された。そして大阪の浪波洲《なにわ》まで流れ、波の中に消えるまで見届けたのである。

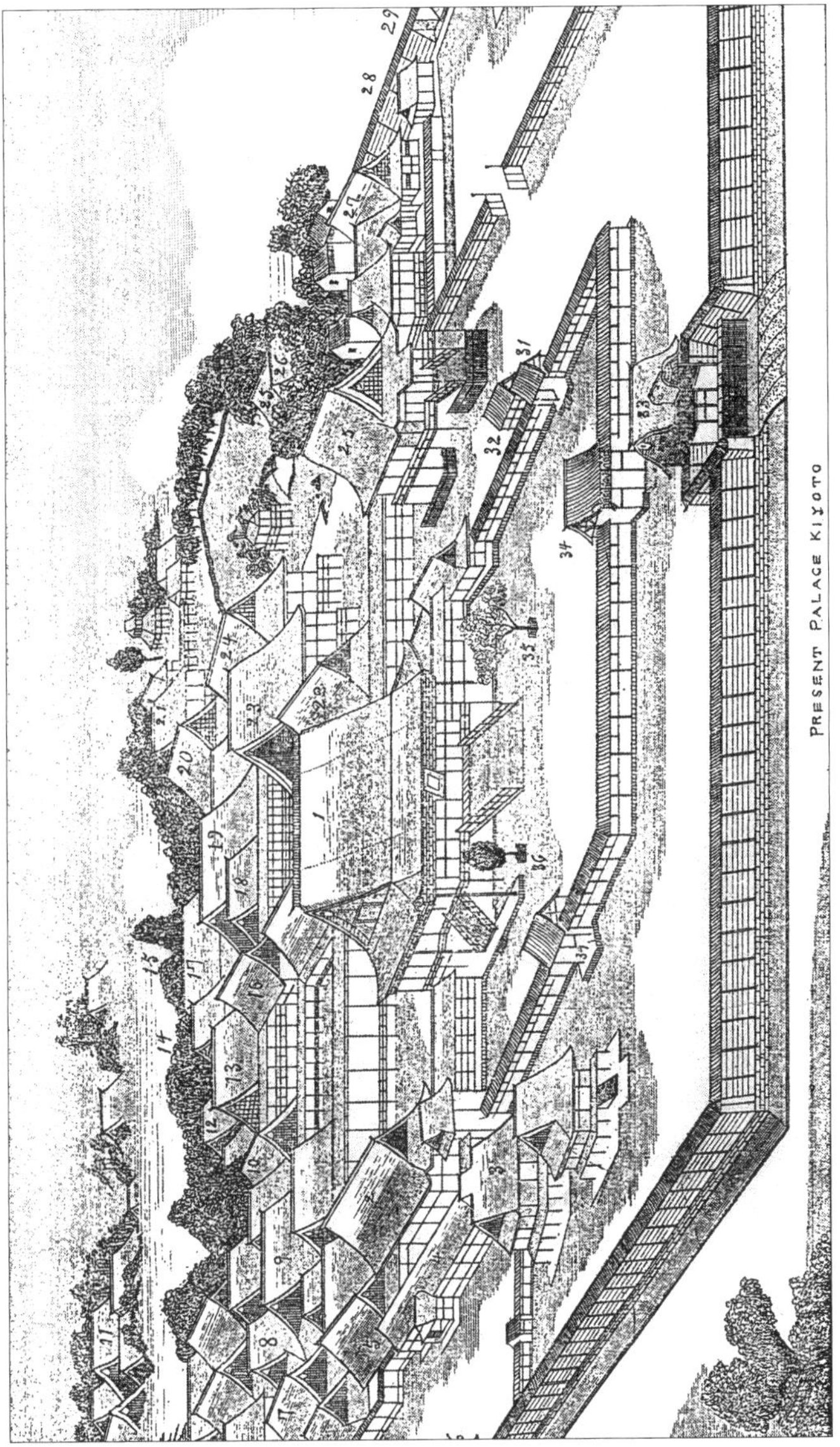

京都御所（京都市上京区）。旧皇居である。

この大祓いが、旧約聖書に記された「罪の贖《あがな》い」の儀式に似ているということを、キリスト教活動家でイスラエルでもよく知られた手島郁郎《てしまいくろう》氏が書いている。

大祓いのとき、ある祝詞《のりと》（祈禱文）が唱えられる。それは、天皇家は高天原《たかまがはら》から天降って豊葦原《とよあしはら》の瑞穂《みずほ》の国、日本列島を治めることになったけれども、国中にいろいろの罪が起きてくる。これはどうしても処分しなければならない。ところが、この罪というものは、ひどくしぶといもので、なかなか処分できるものではない。

だから、ちゃんと日を決めて、天皇が国民のために大祭司となって贖いの儀式をする。そして国民の一切の罪汚《つみけが》れをその麻の衣に託して、川に流して捨てるということをするのである。古代の日本人は、罪の処分をきちんとしなければ新しい年を迎え得ないと思った。

これは旧約聖書にある思想と同じである。レビ記に書かれてあるアザゼルのやぎの風習によく似ている。これは、イスラエルの大祭司が神殿において行なった儀式である。やぎの頭に手を置いて祈り、そのやぎにイスラエルの人々の罪を託して、荒野に連れていき、地平線のかなたにそのやぎが消えていくのを見届けた。

このとき、そのやぎと共に民の罪も見えない所に運び込まれ、神ももはや私たちの罪をご覧にならないと感謝したのである。そういう儀式を毎年行なった（レビ記一六章）。日本の大祓いの思想は、何かに人々の罪を託して遠くに追いやるというこの考え方において、アザゼルのやぎの思想に類似しているのである。

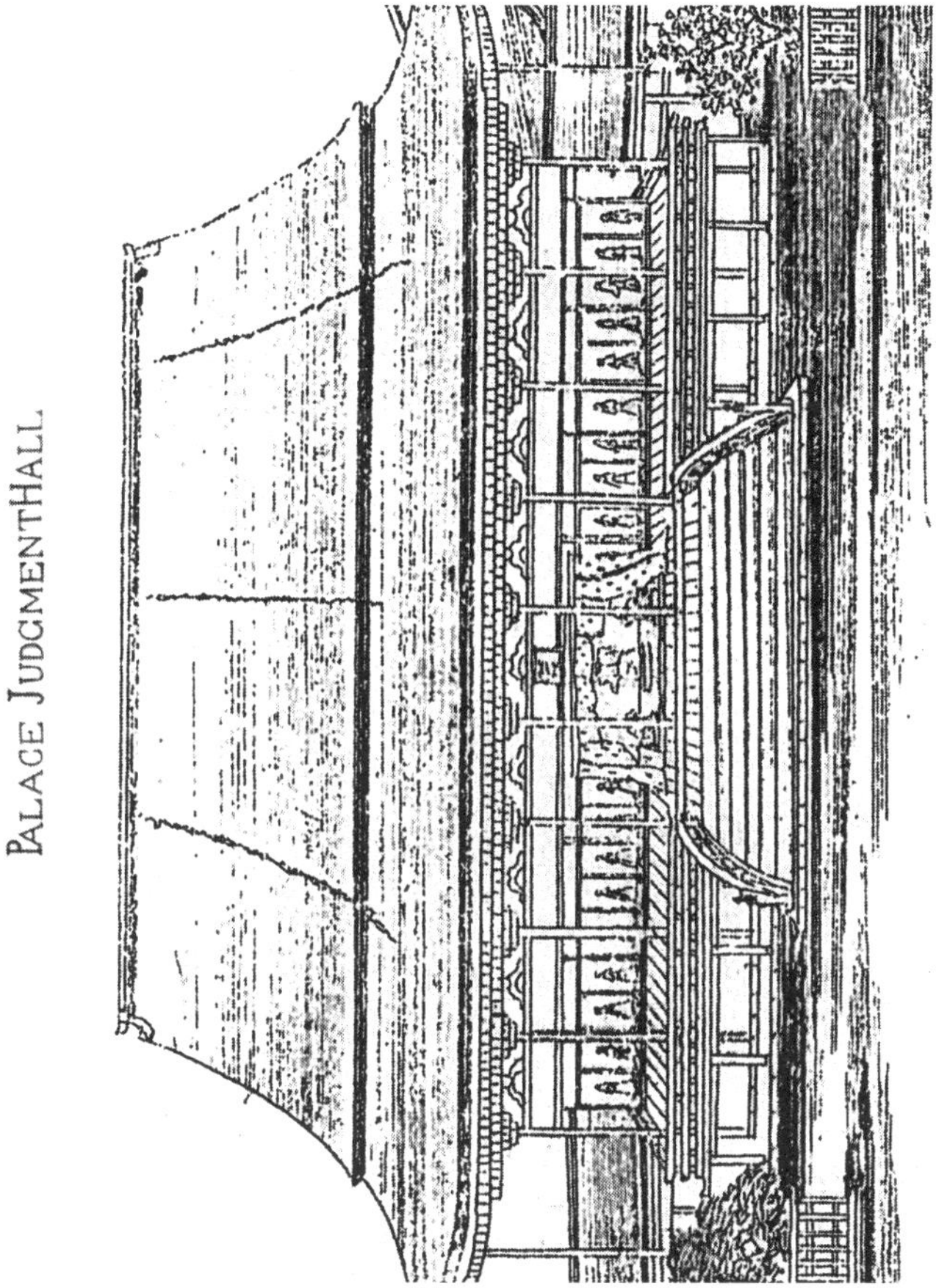

京都御所（旧皇居）の紫《し》宸殿《しんでん》。ここで天皇による大祓いの儀式が行なわれたが、それはユダヤのものにきわめて似ていた。

祝詞《のりと》の罪の種類は旧約聖書と同じ

またある神道家は、大祓いの時に唱えられる祝詞に述べられている「罪」の種類が、聖書のレビ記に述べられている「罪」の種類に酷似していると、指摘している。たとえば大祓いの祝詞において、地上的な罪として、

「生きている人を傷つけること（生膚断《いきはだたち》）、死人を傷つけること（死膚断《しにはだたち》）、らい病（白人《しらひと》）、せむし（こくみ）、母と姦通する罪、自分の子を犯す罪、母と子を犯す罪、……獣姦、また呪術」

などが挙げられている。これらの罪は、レビ記に述べられているものにたいへんよく似ている。

古代イスラエルにおいては、人の体でも自分の体でも、傷つけることは禁じられた（レビ記一九・二八）。死体を冒瀆《ぼうとく》することも禁じられた。らい病人や（一三・一〇～一一）、せむし（二一・二〇）、そのほか体に欠陥のある者は、神殿で仕えることはできなかった（二一・一七～二三）。母との姦通、娘との姦通、獣姦なども、もちろん禁じられていた（一八・六～二三）。そして呪術、魔法の類も禁じられていた（申命記一八・一一）。

このように日本の大祓いの祝詞で言及されている「罪」は、旧約聖書で言われているものと、驚くほどよく似ているのである。

また私の知人で、神官の家庭に育ったかたがいる。そのかたは小さい頃から神道の祝詞を聞いて育ったが、その祝詞の内容は、とくに旧約聖書の詩篇五一篇（罪からの清めを求める）によく似ていた、と述べている。

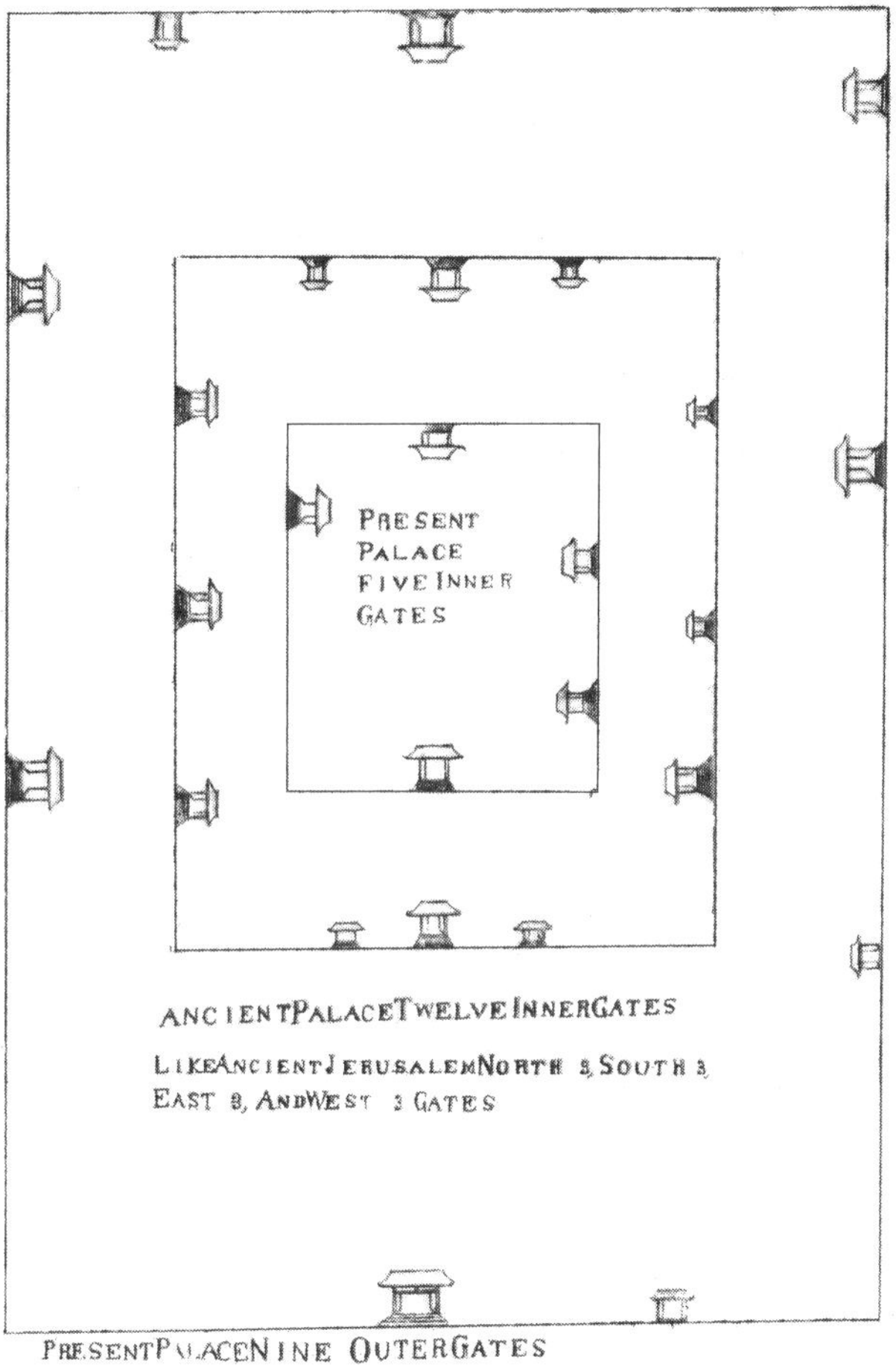

マクレオド来日当時、京都御所（旧皇居）には５つの内門があった。
だが、かつてその門の数は12だった。古代のエルサレムも、門の数は北側に３つ、南側に３つ、東側に３つ、西側に３つ、計12であった。またマクレオド来日当時、京都御所には９つの外門があった。

日本の神社の大半は秦氏が創建していた

三柱鳥居と古代キリスト教の三位一体

日本全国の神社の数は約一一万、中でも最も多いのが「八幡神社」で、五万社近くある。次に多いのが「稲荷神社」で約四万社。これらだけで全体の八割を占める。そして八幡神社も稲荷神社も、秦氏《はたし》が創建したものである。

そのほかにも秦氏創建の神社は多い。松尾《まつのお》神社の総本山である「松尾大社」を創建したのは、秦都理《とり》だった。松尾大明神を主祭神とするのは、「日吉《ひよし》大社」である。同じく京都にある「月読《つくよみ》神社」も秦氏の創建による。コンピラさんで有名な「金刀比羅宮《ことひらぐう》」は、元の名を「旗宮《はたのみや》」すなわち「秦宮」といった。

全国の「白山《はくさん》神社」や「愛宕《あたご》神社」の信仰の対象である白山や愛宕山を開いたのは、秦泰澄《たいちょう》である。伊勢神宮の「元伊勢」と呼ばれる神社の大半は、秦氏の神社である。さらに伊勢神宮の神官で

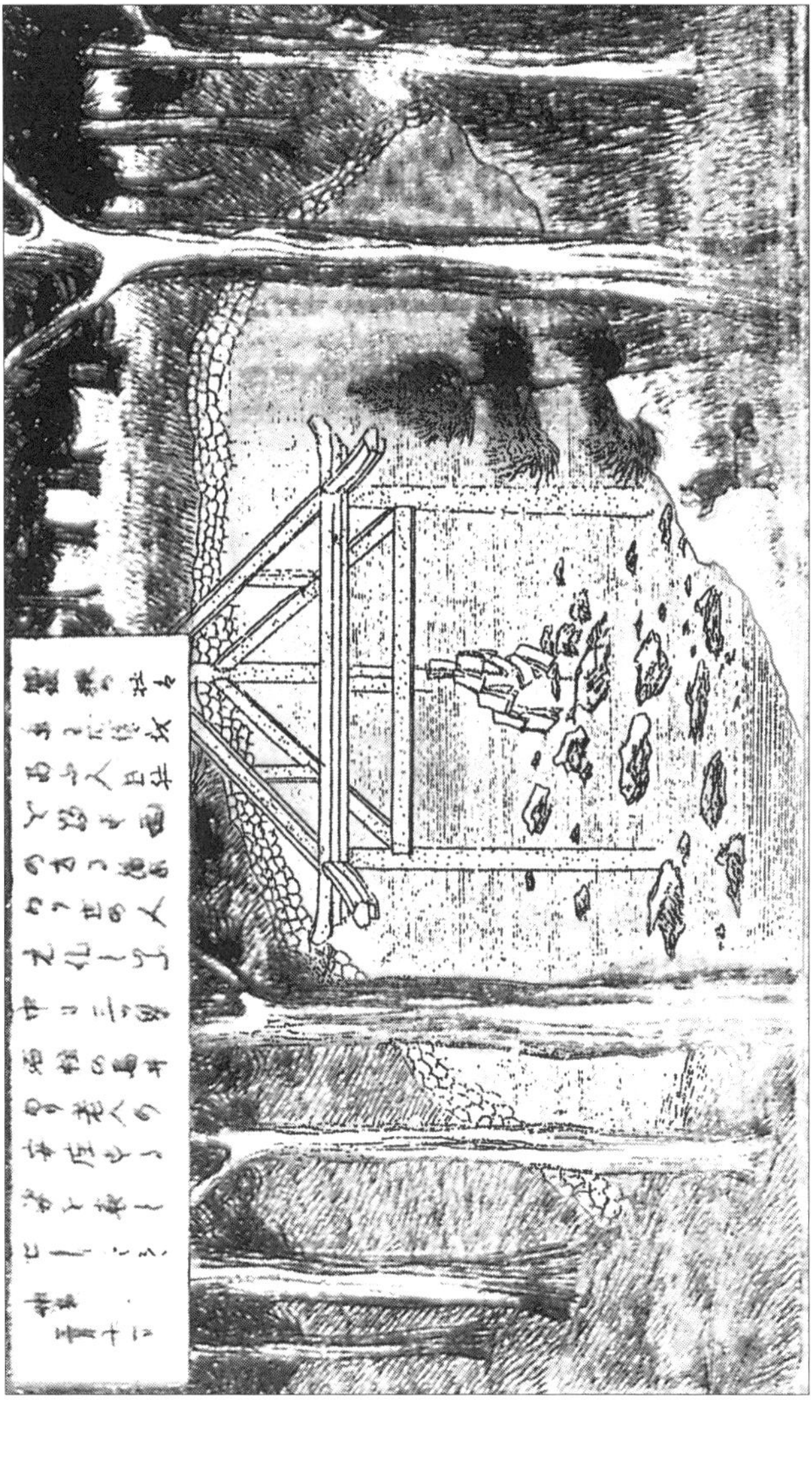

蚕《かいこ》の社《やしろ》（京都市右京区太秦《うずまさ》）秦氏の神社。三位一体神信仰のシンボルである「三《み》柱《はしら》鳥《とり》居《い》」がある。

あった度会《わたらい》氏の祖は「大若子命《おおわくごのみこと》」（大幡主命《おおはたぬしのみこと》）とされ、やはり秦氏である。

要するに、日本の神社の大半は、その創建に秦氏が深く関与していたのである。秦氏が日本に渡来する前にも、神道は日本にあったが、その神道をさらに発展させたのが秦氏であった。

秦氏については、しばしばユダヤとの関連も言われるが、さらに古代キリスト教との関係もある。秦氏の神社である京都・太秦《うずまさ》の「蚕の社《かいこ やしろ》」（木島坐天照御魂神社《このしまにますあまてるみ たま》）」に、「三柱鳥居《み はしらとり い》」と呼ばれる、鳥居を三つ重ねた形の聖なる三脚がある。これは古代キリスト教徒の三位一体神信仰のシンボルである。蚕の社の由緒書きには、

「ここは景教《けいきょう》（ネストリウス派キリスト教）が渡来し、秦氏と関連があったことの名残りをとどめる遺跡として伝えられる」

と記されている。この三柱鳥居と同じものが、じつは奈良の大神《おおみわ》神社にもある。大神神社も秦氏に深くかかわっているが、大神神社の参道わきの「大三輪崇敬会本部」に、蚕の社と全く同じ形の聖なる三脚がある。それ自体は最近造られたものだが、大神神社古来の信仰を表すものという。私がそこを訪ねると、その説明書きに、

「造化三神《ぞう か さんしん》の三位一体を表すシンボルである」

とあった。なんとキリスト教用語を使って説明していたのである。その説明が最もピッタリするからだろうが、「三位一体」はキリスト教用語である。それればかりか「造化」（創造の意）も、じつはもともとキリスト教用語なのである。

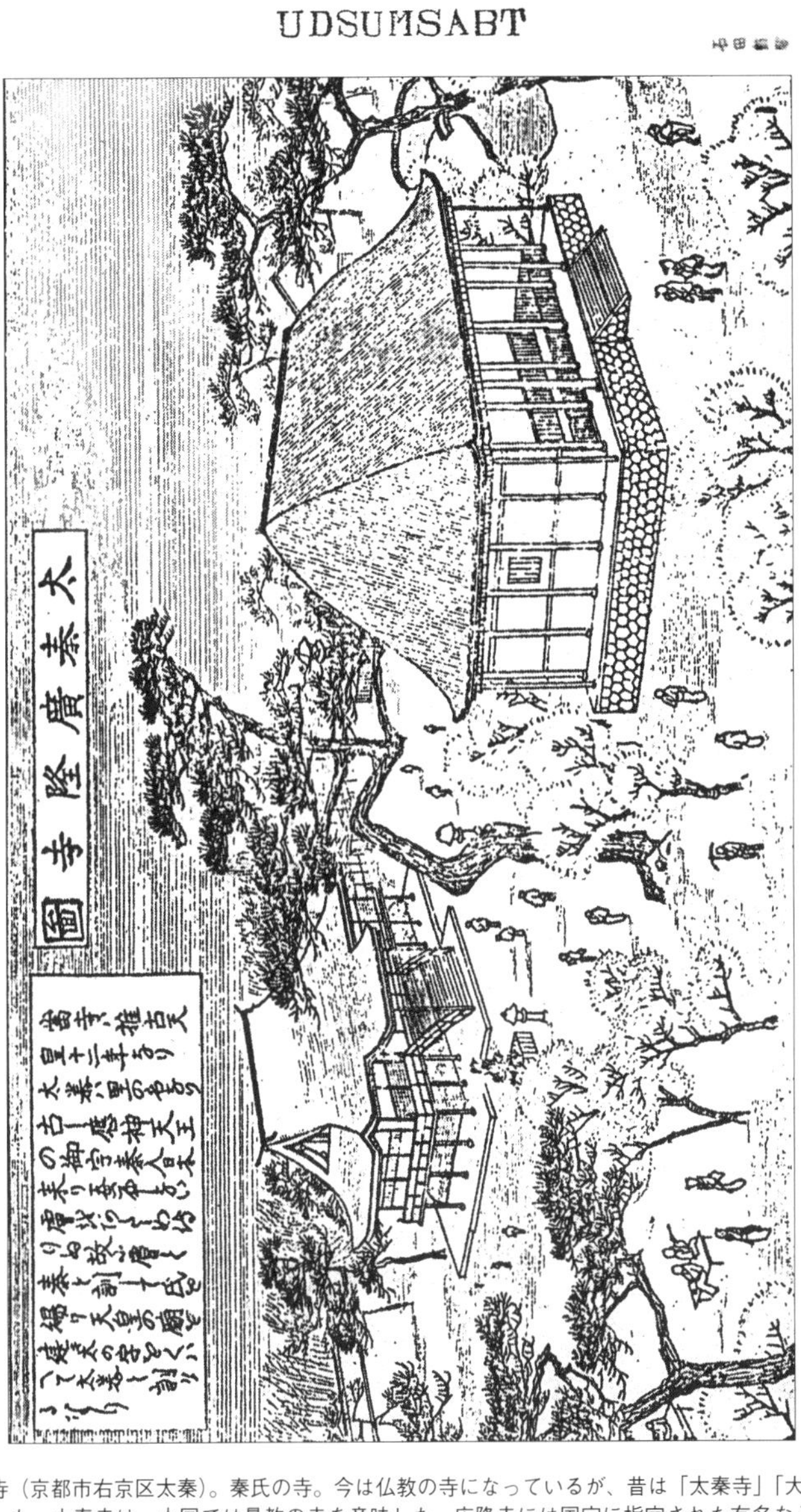

広隆寺（京都市右京区太秦）。秦氏の寺。今は仏教の寺になっているが、昔は「太秦寺」「大秦寺」といった。大秦寺は、中国では景教の寺を意味した。広隆寺には国宝に指定された有名なミロク像が保管されているが、その右手の形は独特で、中国の景教徒たちが使った三位一体信仰のシンボルと同じである。

「造化」は、有名な「景教碑《けいきょうひ》」（大秦景教流行中国碑）にも刻まれた景教用語である。「とこしえまでも存在する元尊（神）、この方は真理をもって造化し……」と景教碑に記されている。

景教とは中国の唐や、モンゴル帝国内で大きな勢力を持った古代東方キリスト教の一派である。景教徒たちは六三五年に中国（唐）の皇帝を公式訪問している。景教碑は七八一年の建立だが、それ以前から景教徒たちは、神の天地創造のわざを表すために「造化」の言葉や、三位一体なる造化三神の概念を用いていた。

秦氏の大集団は中央アジアから日本へやって来た

この「造化」が、日本の『古事記』（七一二年）の文中にも使われている。古事記の序に、「参神《さんしん》造化《ぞうか》の首《はじめ》と作《な》り」、すなわち「三神が造化の初めとなった」と記されている。また「造化三神」の〝三位一体〟という概念は、江戸時代後期の神道《しんとう》学者・平田篤胤《ひらたあつたね》以来、広く言われるようになった。しかしこれは、もともと景教徒たち、また古代東方キリスト教徒だった秦氏の人々が説いていた概念である。

秦氏は、もともと中央アジアにいた人々である。中央アジアは二世紀頃までには、かなりの地域がキリスト教国になっていた。東京文理大学の学長だった佐伯好郎《さえきよしろう》博士によれば、秦氏がいた「弓月《ゆづき》」（中国読みはクンユエ）の国も、キリスト教国だった。

彼らは、万里の長城建設の苦役に駆り出されるが、そののち朝鮮半島にのがれる。そこでも彼らは苦境に追い込まれるが、そののち彼らを快く迎え入れてくれたのが日本の天皇だった。こうして秦氏は、大集団を率いて日本に渡来してきたのである。

彼らの信奉していたキリスト教は、今日私たちが見聞きするカトリックやプロテスタントのキリスト教とは、かなり違うものだった。それは古代東方キリスト教だった。

西洋的なキリスト教ではなく、むしろユダヤ的なキリスト教だったのである。だから、ユダヤの幕屋の形態に似ている日本の神社は、そのまま彼ら自身の宗教の礼拝所となった。

また彼らは、植民地主義とは全く関係のない人々であった。彼らは自由と安住の地を求めて日本にやって来て、日本に自分の骨を埋めた。また天皇が下さった恩義に深く感謝し、心をこめて天皇に仕えた。さらに高度な文明を持っていた彼らは、それを惜しみなく用い、日本の文化や産業の発展に多大な貢献をした。今日「日本の伝統」と私たちが思っているもののうち非常に多くのものが、じつは秦氏のもたらしたものなのである。

秦氏の信奉していた古代キリスト教は、そののち日本の歴史における仏教の国教化や、キリシタン迫害、国家神道の時代などを通らされる中で、しだいに変質し、あるいは消失していった。しかし注意深く観察してみると、今もその名残《なごり》は随所にみられる。

神道、天皇制の確立にも、秦氏が貢献している。日本人の清潔好き、風呂好き、忠義、勤勉はもともと秦氏の特長だったし、雅楽、和紙、日本酒（清酒）、絹織物業も秦氏がもたらしたものだったのだ。

神道の元は一神教

アメノミナカヌシの神は、古代イスラエルの神ヤハウェか!?

前項で述べた秦氏の神社でいう「造化三神《ぞうかさんしん》」の三位一体とは、どういうものだろうか。

キリスト教でいう「三位一体」とは、「御父《みちち》ヤハウェ（エホバ）」、「御子《みこ》イエス」、「御霊《みたま》」（聖霊、神の霊）の三者が一体であるという教えである。三つのご人格《ペルソナ》があり、三つの神格があるが、存在や本質において一体で、唯一の神となっているという信仰である。

これはたとえば「光の三原色」にも似ている。光の三原色は赤・青・緑であり、光はそれら三色に分かれるが、それら三色は一つの光である。カラーテレビはこの原理を応用し、それら三つの色を様々に組み合わせて、いろいろな色の光をつくり出している。

神は光のようなかたである。神は御父、御子、御霊の三者だが、三者は一体であり、唯一の神なのだとキリスト教では教える。つまり「三位一体」は三神論ではなく、唯一神教である。

一方、日本神道でいう造化三神は、

アメノミナカヌシの神（天御中主神）

タカミムスヒの神（高皇産霊神）

カムムスヒの神（神皇産霊神）

である。古事記には、これら三神に関して詳しいことは記されていない。しかし宇宙を主宰《しゅさい》し、宇宙の根源力として存在し、姿形なく、死ぬことなく、永遠に生きていると言われる。それは多分にキリスト教の三位一体神に似ている。というより、もとは古代東方キリスト教の三位一体神信仰から来たのである。

神道家・平田篤胤《ひらたあつたね》の弟子、渡辺重石丸《わたなべいかりまる》（一八三七～一九一五年）は、アメノミナカヌシは聖書のいう神ヤハウェであると唱えた（彼はまたキリストは天孫だと唱えた）。つまり神道家からみても、アメノミナカヌシは、主なる神ヤハウェに似ているのである。

彼の師であった平田篤胤も、天地万物に大元高祖神が存在し、その名を天御中主神《あめのみなかぬしのかみ》と称すといい、その神ははじめなく終わりもなく、天上にあって天地万物を生じる徳を持ち、万有《ばんゆう》を主宰《しゅさい》しているると説いた（三橋健『国史大辞典』「神蕃習合神道」の項）。この神の性格は、聖書のいう主なる神ヤハウェに非常に近い。神道家にさえ、そう見えたというのである。

とはいえ、

「聖書のいう唯一神信仰と、日本神道の多神教と、いったい何の関係があろう」

と、いぶかる方もたくさんいることだろう。ところが、現在の日本神道は多神教だが、昔はそうではなかった。むしろ「一神教」だったのである。

京都府宮津《みやづ》市に、「籠《この》神社」という古式ゆかしい神社がある。籠《この》神社には、日本最古の系図として国宝に指定された「海部氏勘注系図」があり、そこにこう記されている。

「豊受《トヨウケ》大神のまたの名は、アメノミナカヌシ、クニノトコタチで、その顕現の神をウカノミタマ（稲荷大神）という。アメノミナカヌシは、宇宙根源の大元霊神《だいげんれいしん》である」

トヨウケ（豊受大神）とは、伊勢神宮の外宮で祭られている神である。アメノミナカヌシは、先ほどみた一番最初に現われ出た神。古事記でアメノミナカヌシと呼ばれた神は、日本書紀ではクニノトコタチと呼ばれている。一方、ウカノミタマとは稲荷神社の神の正式名である。日本最古の系図には、これらの神は名前が違うが、じつは同じ神なのだと書いてある。

こうしたことから、籠神社の先代宮司、海部殼定《あまべよしさだ》氏は、記紀が編纂される以前、日本には元初《げんしよ》の最高神＝大元霊神を崇拝する「一神教」が存在したと、その著書に述べている。

「日本の過去の神道に、相当古い時代から『大元神』『大元霊神』という字句が用いられている。この『大元神』（大元霊神）は、一面、一神教の『神』に該当せられる御神格を有せられる。現代的字句では、これを最高神とも呼んでいる」（海部殼定著『元初の神と大和朝廷の始元』桜楓社、242頁）

「和銅養老年中、記紀撰進に至るまでの上古《じようこ》に、すでに元初《げんしよ》の神、すなわち、大元霊神の信仰があり、その御名《みな》は、天御中主神《あまのみなかぬしのかみ》、天常立尊《あめのとこたちのみこと》、ウマシアシカビヒコヂノ尊、国常立尊《くにのとこたちのみこと》、豊受大神《とようけのおおかみ》、天照大神《あまてらすおおかみ》など、様々に申し上げていた」(同565頁)

つまり、元初の神を崇拝する「一神教」が存在した、というのである。右にあげられた様々な神の名は、同じ最高神の別名であって、じつはおひとりの神だという。ほかにも、ウカノミタマはトヨウケの別名である。この最高神は、古書では「大元神」「大元霊神」とも呼ばれ、もともと「一神教」の神であった。

神道の奥では、多神即一神

現代的神道理解からすれば、それは多神教における「最高神」に対する信仰だったと理解されるが、元来は、むしろ「一神教」の神への信仰だったのである。これについて古代史研究家・宇野正美氏も、その著書の中で次のように書いている。

「籠神社のある責任ある立場の人が明言した。『籠神社で祭られていた豊受大神は古代イスラエルの神である』」(『古代ユダヤは日本に封印された』日本文芸社、38頁)。

つまりその最高神、いや、一神教の神とは「古代イスラエルの神」であったというのだ。

これはどういうことか。考えてみれば、決して不自然なことではない。いろいろ名前がついていても、たとえばアメノミナカヌシとは単に、天の中心に住んでおられる神様という意味である。

それは固有名詞というよりは、普通名詞あるいは称号的な呼び名にすぎない。

一方ウカノミタマの「ウカ」は、神道事典を調べると、日本の古い言葉で食物を意味するという。「ミタマ」は御霊だから、それは食物を与えてくださる霊なる神様、という意味である。

またトヨウケの「ウケ」は、ウカと同じで、やはり食物の意味。これは日本の古い言葉だというのだが、じつはヘブル語（ヘブライ語）でも食物はウケという（אכל　ヘブル語は右から読む――ここでは下から）。同じなのである。それはともかく、トヨウケとは食物を豊かに与えてくださる神様、という意味になる。

またクニノトコタチとは、国の中心に永遠に立っておられる神様、という意味である。つまり、これらの名はどれも固有名詞ではない。つまり太郎とか花子といった固有名とは違う。むしろ普通名詞、あるいはタイトル、称号のようなものだ。

これは、クリスチャンにはよくわかるだろう。クリスチャンも、「ああ、天の中心に座しておられる神様！」と祈る。これはアメノミナカヌシの神である。また、「日々の糧《かて》を豊かに与えて下さる神様！」と祈る。これはトヨウケの神、またウカノミタマである。

また「国の中心で永遠に支配される神様！」と祈る。クニノトコタチの神である。また「すべてのおおもととなる神様！」と祈る。これは大元神、大元霊神である。つまり、それらは同じ神なのだが、単に別の言い方で呼んでいるに過ぎない。その神とはもともと、古代イスラエルの神ヤハウェであった。日本神道は、もともと古代イスラエルの神ヤハウェを信奉する宗教だったのである。

日本神道はもともと唯一の神を信じていた

シュメールの五千の神々

このように籠神《この》社に伝わる日本最古の系図は、トヨウケ、アメノミナカヌシ、クニノトコタチ、ウカノミタマは、同じ神の別名だと述べている。八世紀以前の日本神道——古事記や日本書紀が書かれる前の神道は、「一神教」だったのだ。そしてこれらの神で、日本の大部分の神社を網羅する。

秦氏は、京都の「蚕の社」で、アメノミナカヌシを祭った。それはもともと聖書のいう神ヤハウェだったわけである。神ヤハウェを、日本式に「アメノミナカヌシの神」と呼んだにすぎなかった。彼らはその名を用いて、聖書のいう神ヤハウェを拝んでいた。

「ヤハウェ」は、人間でいえば太郎や花子といった固有名と同じく、神の固有名である。それに対し、トヨウケ、アメノミナカヌシ、クニノトコタチ、ウカノミタマなどは、その神を表す様々な呼び名、称号にほかならなかったのである。

日本神道は、もともと一神教的だった。しかしのちに、多神教になった。

多くの人は、はじめに精霊《せいれい》信仰や多神教があり、のちにそれが発展して拝一《はいいつ》神教（多くの神々の中から一つだけ拝む）や、唯一神教（ただひとりの神のみ認める）が生まれたという、進化論的な考えをしている。しかし、これは考古学的事実に反している。

実際は逆だったのだ。たとえば考古学上、最も古い民族の一つであるシュメール人は、その文化の終わりに五千の神々を持っていた。しかし文化のはじめには、ただ一つ「空の神」がいただけだった。「空の神」とは「天の神」と同じである。原初の宗教は一神教だった。

有名なエジプトの考古学者フリンダース・ペトリー卿は、エジプトの宗教も初めは「一神教」だった、と言っている。

オクスフォード大学のスティーブン・ラングドン博士は、バビロニアで碑文を発見し、その研究から、世界最古の宗教が何であったかについて言及している。それによるとその碑文は、人類最初の宗教は唯一神の信仰であって、そこから急速に多神教と偶像崇拝に傾いていったことを示していた（ラングドン著『セム族の神話』）

W・シュミット、W・コッペルスなどの有力な学者たちも、豊富な資料にもとづき、一神教こそはあらゆる原始的宗教の基本となるもので、これが後に堕落変形して、他の様々な宗教形態が生じたことを明らかにしている。

KAMIGAMO ST

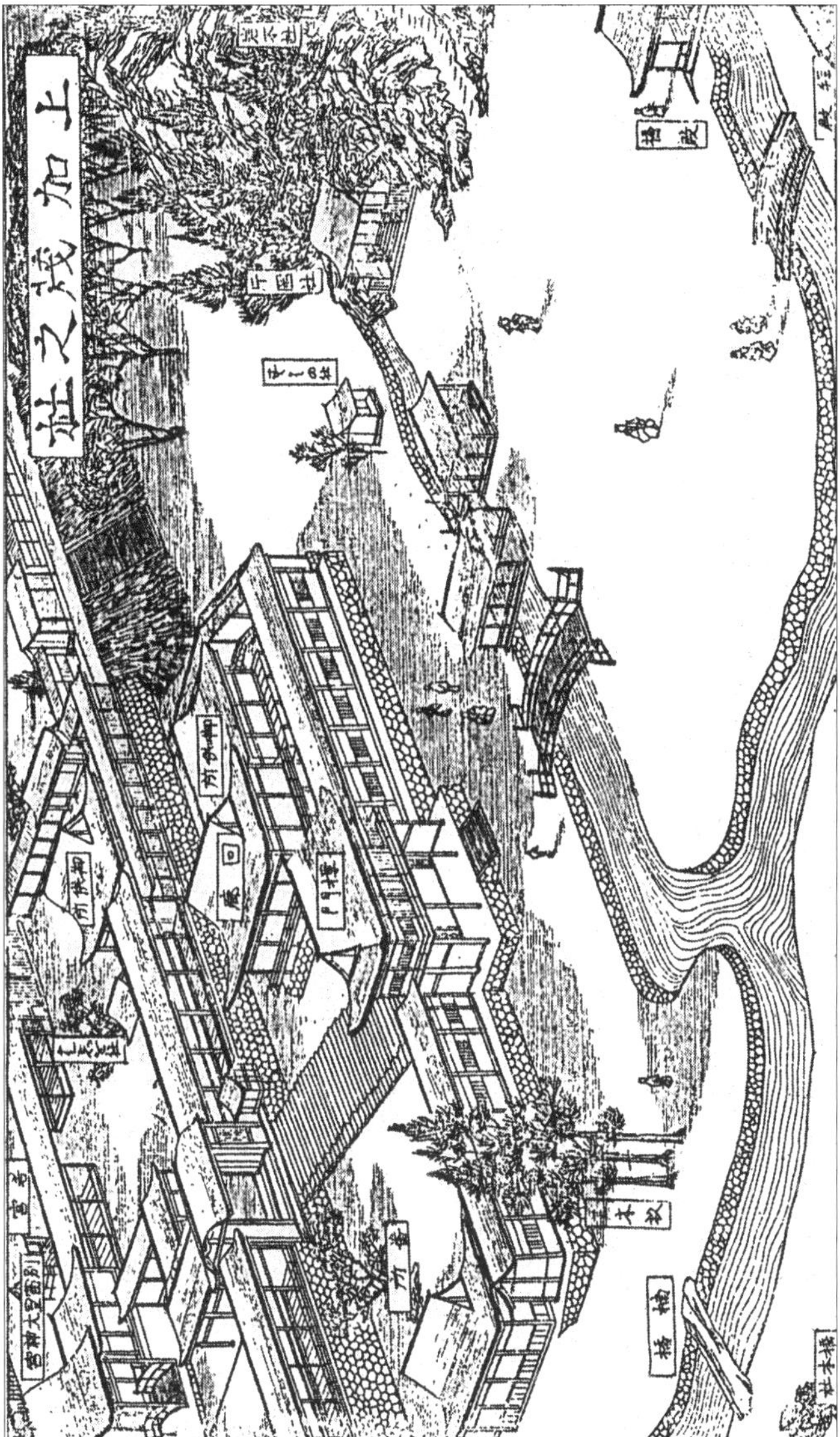

上賀茂《かみがも》神社（京都市北区）。やはり秦氏の神社である。

トヨウケ・クニノトコタチ・アメノミナカヌシは同神異名

日本でも同様なことが起こった。すなわち、日本神道は元来おひとりの神を拝んでいたが、のちにそれが様々な名前で呼ばれるようになり、諸種の神話と結びついて別々の神々のようになってしまったのである。

実際、今から五〇〇年ほど前、吉田《よしだ》兼倶《かねとも》が唱えた「吉田神道」という宗派がある。神道の歴史の中でもかなり中心的役割を果たしたものだが、吉田神道は、神道には「古来の純粋な神道」と「仏教と習合《しゅうごう》した神道」の二種があるとした。そして、古来の純粋な神道は天地の根元なる神、すなわち無始無終《むしむじゅう》、常住恒存《じょうじゅうこうぞん》、また絶対なる唯一神に発し、それを伝えるものとしたのである。

日本の八百万《やおよろず》の神々は唯一神の顕現にほかならない、とも主張した。その唯一神は「大元尊神《だいげんそんしん》」と呼ばれ、豊受大神《トヨウケ》や国常立尊《クニノトコタチ》、天御中主神《アメノミナカヌシ》は同神異名であるという。八百万の神々は大元尊神に帰一《きいつ》するとしたのである。そのため吉田神道は、「唯一神道」「唯一宗源《そうげん》神道」などとも呼ばれた。それは唯一神教の神道だったのである。この「大元尊神」とは、先に述べた「大元霊神」（＝ヤハウェ）と同じである。単に呼び名が違うだけだ。

吉田神道＝唯一神道は、戦国大名の中にも受け入れる者が多く、近世においても全国の神官のほとんどを傘下《さんか》におさめるようになったほどだった。絶大な力を持ったが、その権威づけの仕方には強引さがあり、その権力志向の強さに対しては批判がある。しかし、このように神道家の中にも、神道は本来は唯一神教だったと考える者たちが多かったわけである。

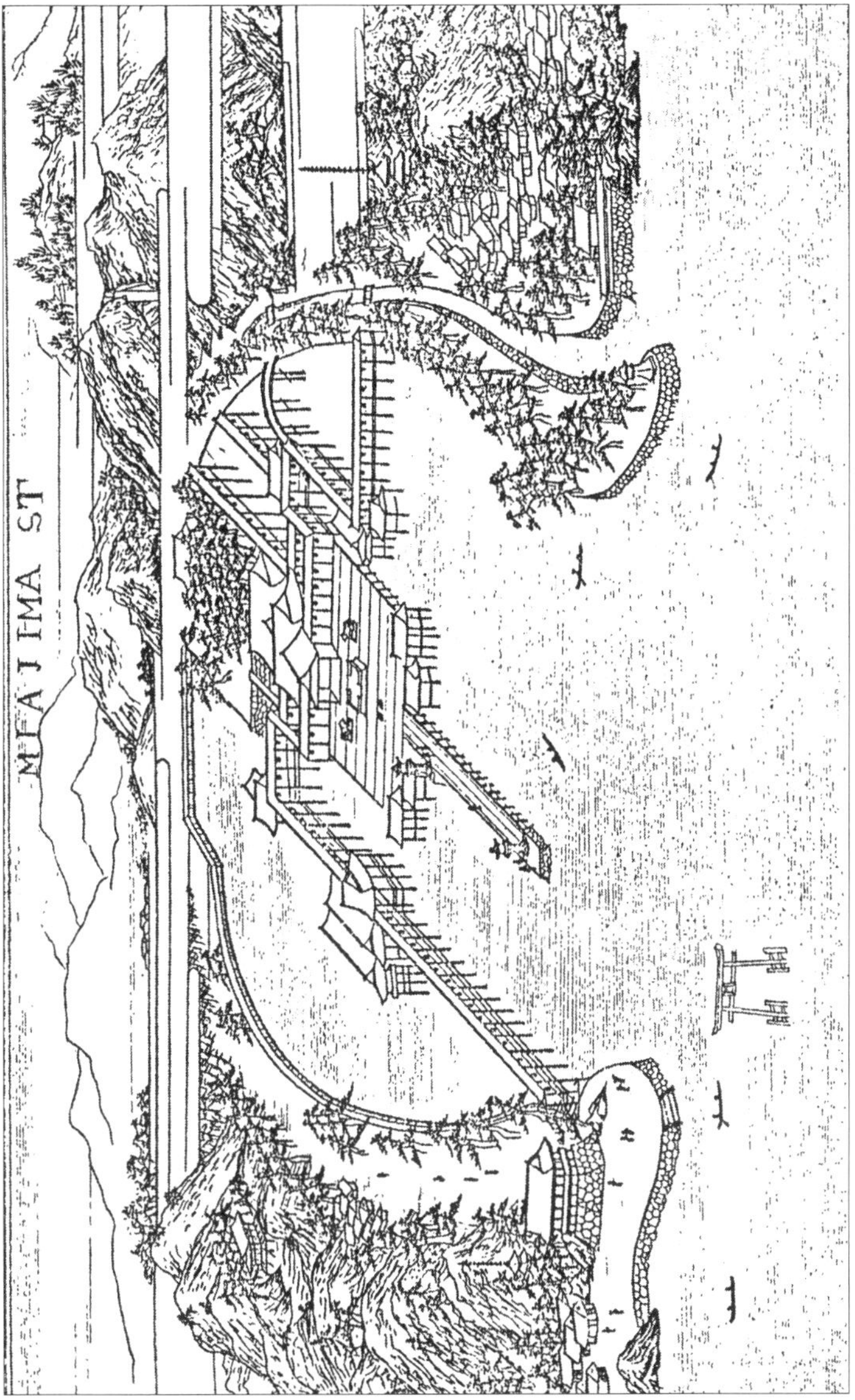

厳島神社（瀬戸内海・宮島）。平家の尊崇を集めた神社だった。

唯一神道の創始者・吉田兼倶《よしだかねとも》は、別名「卜部兼倶《うらべ》」ともいう。彼の出身は卜部氏であった。卜部氏は、中臣《なかとみ》氏に率いられて、古代から神道祭祀《さいし》の中枢《ちゅうすう》にいた氏族である。それは古《こ》神道の姿を伝える氏族であった。その卜部氏に属する彼が、唯一神教の神道こそが本来の神道だと主張したことには、重要な意味がある。

唯一神道の純粋性と言行不一致

ただし、唯一神道は、きわめて不完全なものだった。もともと唯一神道は、それ以前の「両部神道《りょうぶ》」（仏教と習合した神道）に対抗するものとして出てきたものである。唯一神道は神道の純粋性を追求し、神社に寺を設けず、社僧を置かなかった。その点では純粋性を追求しているが、他の点では言行不一致の点が多かった。

というのは唯一神道といいながら、あちこちに仏教や儒教の教えを混ぜ合わせ、そこには両部神道の影響と思われる部分も多分に残っていたのである。また一六〇〇年代などになると、唯一神道は一変して専《もっぱ》ら儒教に傾いたり、あるいは朱子学《しゅしがく》の衣装をまとい、あるいは陰陽五行の思想で飾られたりした。

しかしその後、本居宣長《もとおりのりなが》や、平田篤胤《ひらたあつたね》などの大学者が現われた。彼らは両部神道や、唯一神道の誤りを正そうとした。二人の説は互いに多少の違いはあったが大要は同じで、明治維新の前後には非常に盛んになった。各藩の中には仏を捨て、寺を廃する所さえあり、仏法もほとんど危うく見えたほどだった。

本居宣長や平田篤胤の働きも、古来の日本固有の神道に回帰しようとした運動であった。彼らの求めたのは純粋な神道、日本固有の神道の回復であった。しかし、たびたび文字にとらわれて意味内容を取りそこない、彼らが明らかにしたいと思った日本固有の神道は顕示されることなく、かえって間違った説を生い茂らせてしまうこととなった。

古代日本人の神＝造化三神とは!?

いずれにしても、神道の歴史をみると、古来の日本固有の純粋な神道に立ち帰ろうとする動きが、たびたび起こったことがわかる。いずれも不完全ではあったが、そのたびに見えてきたのは、古来の日本固有の神道はじつは一神教だった、ということである。

ところで、幕末の志士で松山高吉《まつやまたかよし》という人がいる。彼は平田篤胤の子・銕胤《かねたね》に師事し、京都の由緒ある白川家学館で学んだ国学者である。彼はその著『神道起源』（明治二六年）において、次のことを述べている。

古事記が書かれる以前の時代に、「日本固有の宗教」があった。それは古神道、あるいは本来の神道と言ってもよいが、その古代日本神道は、古事記が書かれた頃にはすでに変質してしまっていた。なぜならその時すでに、日本に仏教が浸透して久しかったからである。

それで神道も、すでに習合思想的になっていた。では、仏教や儒教が入る前の日本固有の本来の神道は、どのようなものだったか。松山高吉は、かつての古代日本人が礼拝対象とした神は「造化三神」だけだったとし、次のように述べる。

「『神』という言葉は、もともと霊妙の意から出て、異霊と思うものを『神』と称した。だから『神』といっても、真の神もあれば人もあり、木石禽獣《ぼくせききんじゅう》もあった。……上古の歴史をひもとけば、その大半は『神』の字でうめられているが、上代の人はその区別をよく知っていたから、惑うことはなかった。崇拝する所の神は、天地の主宰者なる造化の神に限っていたのである。……造化三神は、功徳《くどく》を分けて呼んだだけであって、その実《じつ》は一神《いっしん》である」（現代語訳）。

すなわち、「神」と呼ばれるものはいろいろあるが、初期の神道信者が本当に崇拝したところの神は、造化三神だけであった。そして造化三神は一体であり、三位一体神だったのである。つまりそれは、いわばキリスト教的な三位一体神でもあった。

神道はもともと、古代イスラエル人が日本にもたらしたものである。しかし、後に秦氏などの東方キリスト教徒が日本に来て、神道にキリスト教的要素を加えた。キリスト教では三位一体神を信じる。古代神道において、造化三神という三位一体神が信じられた背景に、そうしたことがある。

つまり日本神道は、もともと古代イスラエル宗教であり、古代ユダヤ教の一種であった。それに、そののち古代キリスト教的要素も多少加わり、キリスト教的神道になっていった。多くの人はユダヤ教、キリスト教、また日本神道は、互いにかけ離れたもののように思っているが、じつは親戚同士のようなところがあるわけである。

日本固有「造化三神」とユダヤ・キリスト教「三位一体神」

タカミムスヒはイエス・キリストか

さて、キリスト教の「三位一体神」と、日本神道の「造化三神」すなわち、

アメノミナカヌシの神（天御中主神）
タカミムスヒの神　（高皇産霊神）
カムムスヒの神　（神皇産霊神）

との類似について、もう少し詳しく見てみよう。すでにみたが、アメノミナカヌシはユダヤ・キリスト教でいう父なる神ヤハウェである。

では他の二神――タカミムスヒ、カムムスヒとは何なのか。

一般に、神道家の間では「ムスヒ」は「霊力を生ずる」の意味であると言われているが、その語源は不明である。しかし、「霊（油）を注ぐ」の意味のヘブル・アラム語「ムシュハ」（משחה）が

語源ではないか。またはその関連語の「マシャハ」（משיח）ならば、それは「メシヤ（メシア）」（霊を注がれた者、救い主）の意味である。

神道家の間では、タカミムスヒは、アメノミナカヌシの「御子《みこ》」と理解されている。

「天御中主神と高皇産霊尊とは……歴史的には親子の御関係にあらせられることは、古事記、その他古典の内容によって察せられるところである。……元初の神の御子としての高皇産霊尊の神を祭る古社が、式神名帳に見えている」

と海部殻定宮司は書いている。すなわちタカミムスヒは、アメノミナカヌシの御子である。これはキリスト教でいえば、神の御子イエス・キリストに相当する。

また「タカミ（ムスヒ）」の意味に関し、古事記には特にこれといった説明はない。しかし、もしタカミムスヒ（タカムスヒともいう）が、ヘブル・アラム語の「タカン・マシャハ」（כהן משיח）から来たものなら、それは「メシアなる仲介者」の意味である。それは神と人の間の仲介者、救い主なるイエス・キリストを意味する（新約聖書テモテへの第一の手紙二章五節）。イエス・キリストを表す呼び名として、これ以上ピッタリした言葉はないであろう。

一方、三番目のカムムスヒについて、平凡社『世界大百科事典』はこう述べる。

「タカミムスヒが支配者側に属するのに対して、この神は地上の神々の中に息づいている」

すなわちカムムスヒは、キリスト教でいえば聖霊に性格が似ている。聖霊も、父なる神から地上の信者たちに遣《つか》わされた霊なのである。聖霊は信者に霊を注ぐ。またカムムスヒが、もしヘブル・

アラム語の「カム・ムシュハ」（קום משחה）から来たものなら、それは「霊を注ぐ始源者」を意味する。すなわち聖霊である。

したがって、造化三神のそれぞれは、キリスト教の三位一体神のそれぞれによく似ていることがわかる。アメノミナカヌシは父なる神ヤハウェ、タカミムスヒは御子イエス、カムムスヒは聖霊に相当する。

日本語の「神」（カミ）は、ヘブル・アラム語の「カム」（קום）から来た言葉とすれば、「始源者」の意味である。また、「アメノミナカヌシ」の「ヌシ」（主）も、ヘブル・アラム語の「ナシ」（נשיא　主人、首長）に発音と意味がよく似ている。

出雲大社、伊勢神宮も元々は三位一体の唯一神

じつは日本の神社は昔、どこも三位一体神を拝んでいた。たとえば、二〇〇〇年四月、出雲《いずも》大社（島根県）の境内から古代神殿の跡が確認された。そのご神体は「心御柱《しんのみはしら》」と呼ばれる聖なる柱で、三本一束の構造になっていた。

柱は、神道では神を表すシンボルである。神を数えるとき「一柱《ひとはしら》の神、二柱《ふたはしら》の神……」と神道では数える。三本一束の心御柱は、三位一体の神を表しているのである。出雲大社では、三位一体神である造化三神を拝んでいたのである。

また私たちは先に、「三柱鳥居」についてみた。これも三本の柱を立てて一つのオブジェとし、

三位一体なる造化三神を拝むものであって、思想的に三本一束の心御柱と同じものである。神社はじつはどこも、昔は三位一体の唯一神を拝んでいたのである。

日本の神社の頂点に立つあの伊勢神宮にも、「心御柱」がある。一般の人には公開されていないが、それも、三本一束の柱であるに違いない「『先代旧事本紀大成経』（後述）にはそう記されている」。伊勢神宮の創建にも、秦氏が深くかかわっている。伊勢神宮でも、三位一体の神が拝まれていたのである。これは秦氏のキリスト教信仰から来ていた。

ただし、秦氏が日本に来る前から、神道や天皇制が日本に存在した。この古代神道は、秦氏よりも前に日本に来た古代イスラエル人がもたらしたもの、と考えられる。秦氏は、その古代イスラエル人がもたらした「ユダヤ的神道」をさらに発展させ、それを「ユダヤ・キリスト教的神道」にしていったのである。

しかし、この「ユダヤ・キリスト教的神道」は、その後の神道の変質によって、その特長を失っていった。神道が仏教と結びついたり、道教と結びついたりすると、その変質はさらに強くなった。またキリシタン迫害時代にも、神道のユダヤ・キリスト教的側面は、薄められていった。

じつは、こうしたことを踏まえた上ではないと思うが、かつて高松宮宣仁《たかまつのみやのぶひと》殿下が、「神道とキリスト教の提携論」を唱えられたことがある。戦後まもない昭和二二年、高松宮は「神社新報」のインタビュー記事で、「神道には教理や教学的な面が希薄だが、この欠けている部分を、キリスト教とタイ・アップすることで学ぶべきではなかろうか」と発言された。

FUSHIMI INARI ST

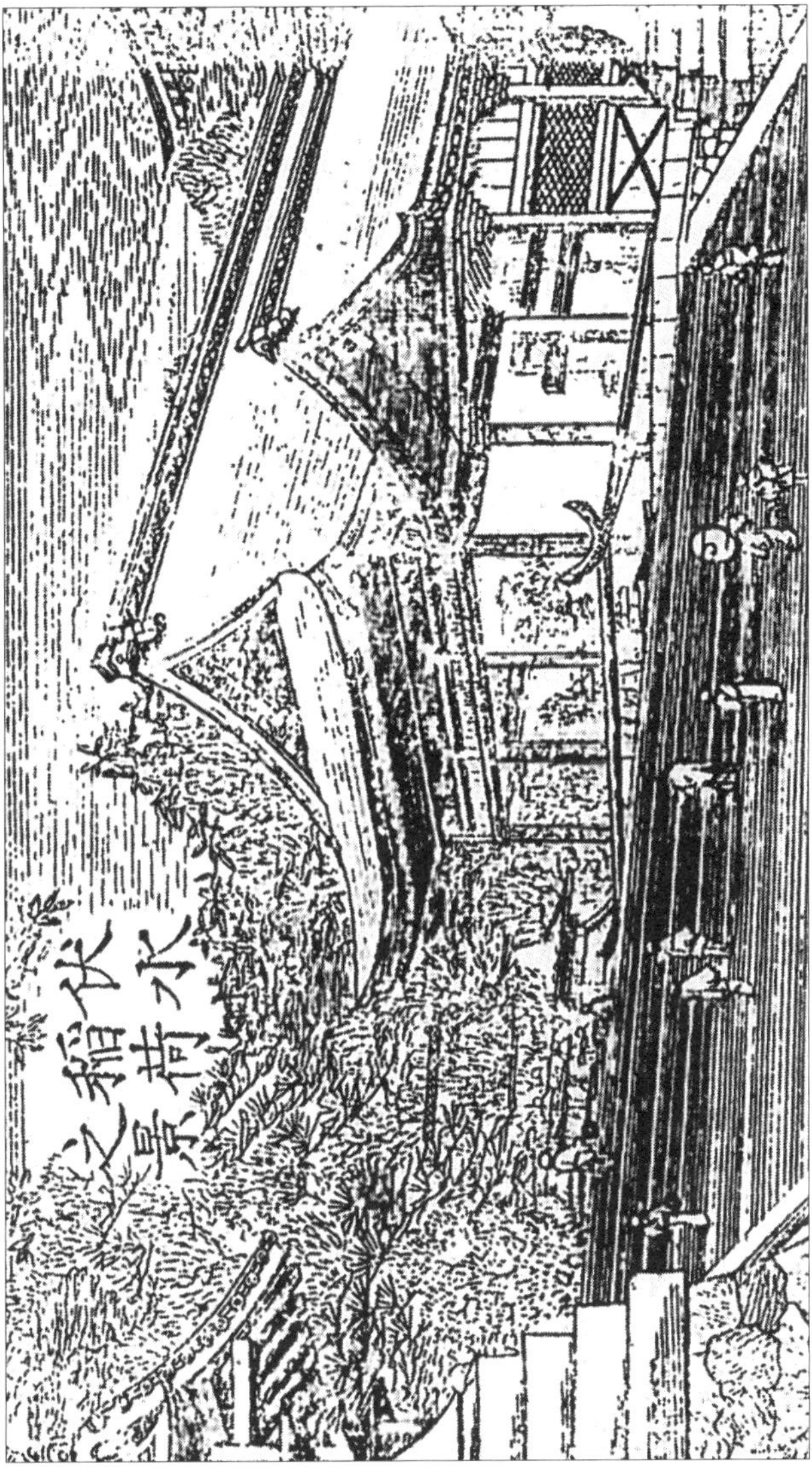

伏見稲荷大社（京都）。秦氏の創建。「イナリ」を「稲荷」と書くが、これは後世の当て字で、もとは外来語だった。「イナリ」は「INRI《インリ》」（ユダヤ人の王ナザレのイエス）から来た、という説もある。イナリ神社はもともとは〝イエス・キリスト神社〟だったと思われる。

「古代イスラエル宗教」が「神道」と最もよく似ている

ユダヤ教と神道だけが偶像を造らない

日本神道は、古代イスラエル宗教に非常によく似ている。こう言うと驚く人もいるが、事実である。世界のどの宗教よりも、古代イスラエル宗教によく似ている。

たとえば神道は、死を穢《けが》れとし、葬式などの場合でも「忌《い》み」の期間というものがある。女性については、月経の穢れ、出産の穢れなどの観念がある。これらは全くといっていいほど、ユダヤ教と同じである。

神道の死後の世界である「黄泉《よみ》」も、旧約聖書でいう死後の世界（よみ。ヘブル語シェオル）によく似ている。禊《みそ》ぎの風習、水や塩で清める風習などは、古代イスラエルの風習そのままである。

神社は、拝殿と本殿から成り、これは古代イスラエルの幕屋が聖所と至聖所《しせいじょ》から成っていたのと同じである。幕屋の至聖所に偶像がないように、神社の本殿にも偶像はない。拝殿内に置かれるも

MATSUNO ST

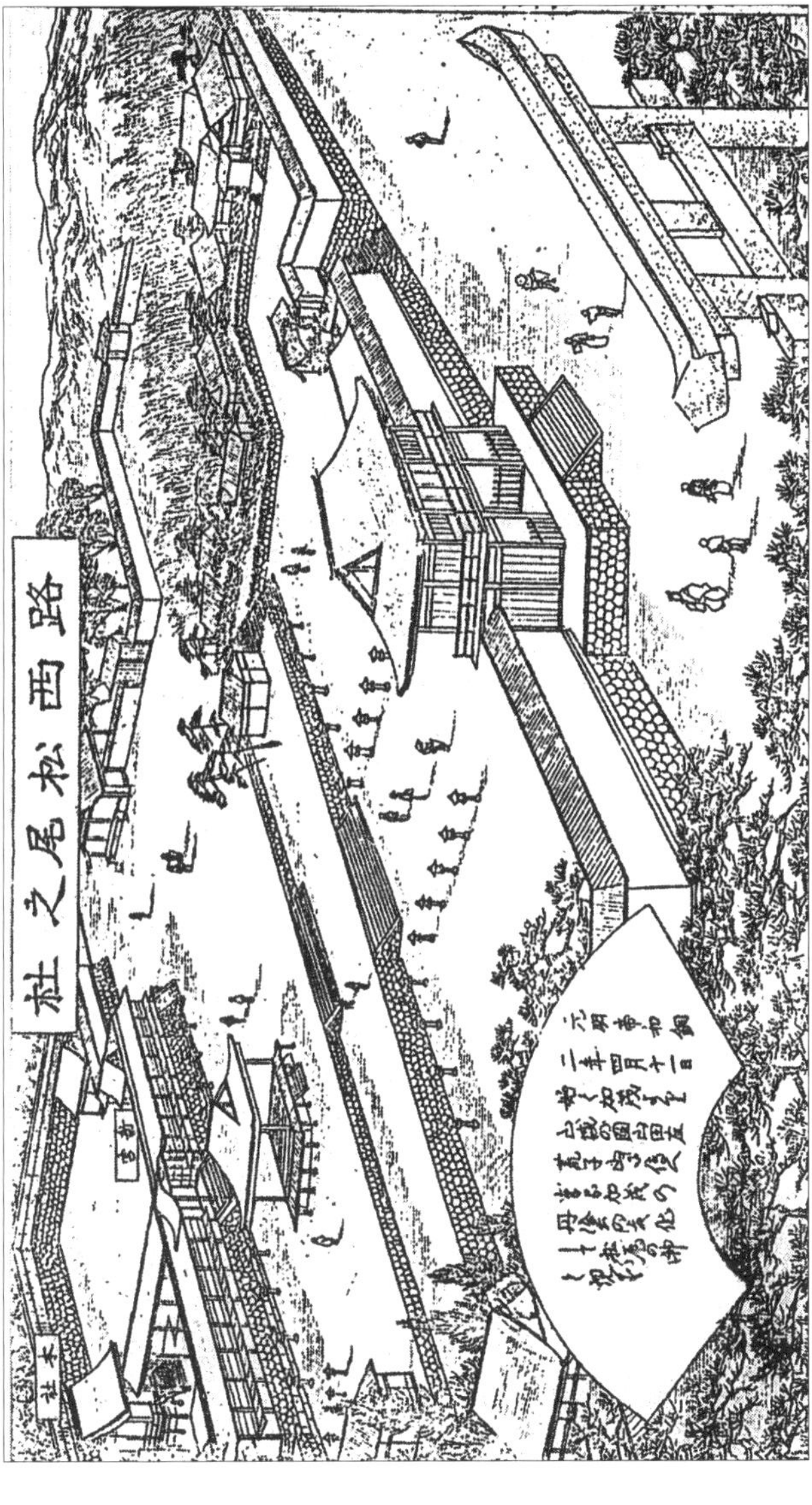

松《まつの》尾《お》大社（京都市西京区）。秦氏創建の松尾大社は、昔から酒造りにかかわる信仰を集めてきた。日本酒の基礎をつくったのは、秦氏である。神社では酒が欠かせないが、ユダヤの神殿でも酒は欠かせなかった。

のも、よく似ている。

仏教の寺では、お葬式が持たれるが、神社では境内の中ではお葬式をしない。神社に死人の穢れを持ち込まないためである。別の場所でする。古代イスラエルの神殿や幕屋でも、決してお葬式はしなかった。

ユダヤ教で神は「目に見えないもの」と考えているように、神道でも神は「目に見えない」と考えられている。世界のほとんどの宗教は、金や銀や青銅などにより偶像の神をつくる。しかしユダヤ教と神道だけは、偶像を造らない。

神道には、神聖な所には石を置いて注連縄《しめなわ》を張ったり、御幣《ごへい》を置いたり、鏡を置いたりする。しかしこれは偶像ではない。「依代《よりしろ》」といって、目に見えない神が降臨される聖なる場所だ、ということを示すために置かれるのである。

これは古代イスラエルで、幕屋の至聖所に置かれた「契約の箱」の中の十戒の石の板、マナの壺、アロンの杖が、偶像でなかったのと同じである。それらは、目に見えない神が降臨する聖なる場所であることを示すための「依代」だったのである。同様に、日本神道では「依代」はあっても偶像はない。しかしこう言うと、

「松尾大社に行けば豊玉姫《とよたまひめ》の像があるし、出雲大社には大国主尊《おおくにぬしのみこと》の像があるではないか。これらは偶像ではないのか」

との声もあがるかもしれない。だが、日本で神々の偶像化が始まったのは九世紀初頭からである。

神道の神官と巫女《みこ》。神楽《かぐら》を踊っている

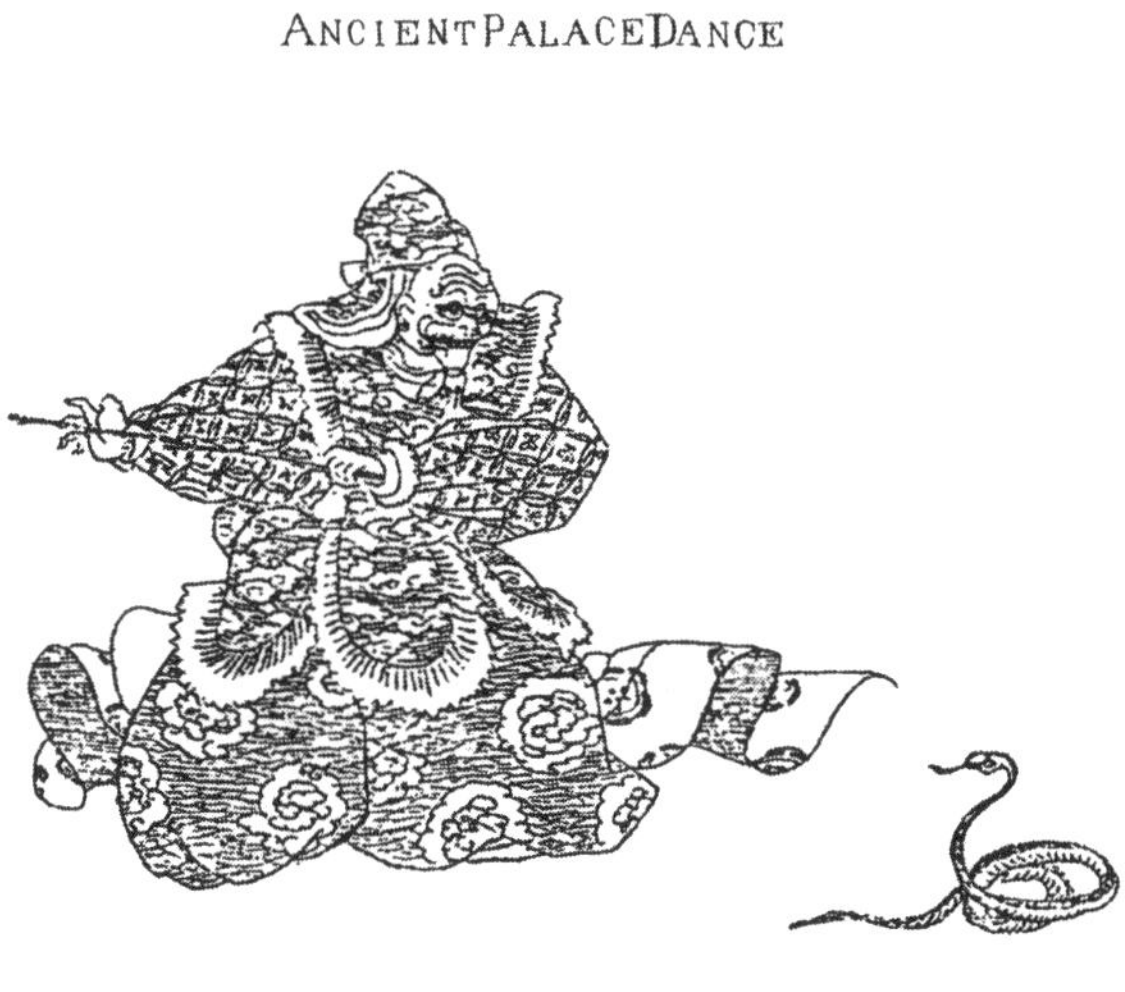

宮中の古代舞踊
雅楽《ががく》の「還城楽《けんじょうらく》」（見蛇楽《けんじゃらく》）の舞。蛇を捕るストーリーになっている。「夜多良拍子《やたらびょうし》」という独特な拍子が使われる。これは秦氏が古くから伝えてきた拍子である。

それは当時、神仏の図像化を推し進めた弘法《こうぼう》大師・空海の影響によるものである。

また、筑波大学名誉教授・竹本忠雄氏は、フランスの作家アンドレ・マルローと共に速玉《はやたま》神社に行ったときの思い出を、こう語っている。

「一九七四年五月、アンドレ・マルローに随行して熊野に行ったときのことです。速玉神社に、名高い男女一対の神像があり、その『特別開帳』を受けることとなって、狭い急な朱塗りの階段を我々は昇らされました。宮司がもったいなげに御簾《みす》を上げ、懐中電灯で一瞬だけ照らし出して、すぐさま御簾を下ろすその間に見てとったものは、マルローに言わせると、こうでした。

『あの異形の貌《かたち》は儒教的だ。ご神体と聞かされたが、そんなはずはない』

天下のマルローのこの評価はただちに神社界を走り、速玉神社は動揺したということです……」

このように神社に、儒教や仏教の影響による神像はある。しかし本来の日本神道には、偶像はなかったのである。この点で、神道はユダヤ教によく似ている。

「契約の箱」は神道の「お神輿《みこし》」

また古代ユダヤの契約の箱は、日本神道のお神輿《みこし》によく似ている。大きさも、形も、目的も、意味も、その周辺の風習も、じつによく似ている。

古代イスラエルに三種の神器《じんぎ》（十戒の石板、壺、杖）があったように、日本神道にも三種の神器（鏡、勾玉、剣）がある。古代イスラエルに大祭司がいたように、日本神道では天皇が大祭司である。

神道の供え物――種なしパン（餅）、米ワイン（酒）、初物。（種なしパン、ワイン、初物は古代イスラエル人の供え物と同じ。イスラエル人が正月に種なしパンを７日間食べるように、日本人も餅を正月に７日間食べる。またイスラエルの供え物には必ず塩が付されたように、神道の供え物にも必ず塩が付される。）

供え物や、神楽《かぐら》、結婚式、そのほか様々な風習において、古代イスラエル宗教と日本神道はよく似ている。

大きな違いといえば、古代イスラエル宗教には羊や牛などの動物犠牲があったが、神道にはない、という点だろう。しかし、じつはこれは「違い」とは言えない。なぜなら、正統的なユダヤ教は、エルサレム以外の場所では決して動物犠牲をしないからである。

聖書の中で、モーセは、カナンの地の決められた場所以外で全焼のいけにえを捧げてはならない、と命じている（申命記一二章一三節）。今日も、ユダヤ教徒が動物犠牲をしないのは、エルサレム神殿以外の場所で動物犠牲をしてはいけないからである。

したがって日本神道において一般的に動

物犠牲をしないのは、この基準からみれば、きわめて正統的なことなのである。

また、現在の日本神道は多神教である。様々な「神」を信じる。ところが日本神道の神々や神話は、ある意味では古代イスラエル宗教に非常によく似ている。というのは古代イスラエル人は、唯一の神ヤハウェのみを信じるべきであったが、しばしば異教の多神教の神――アシュラ、バアル、モレクなどを信じたからである。

イスラエル一〇部族は多神教だった！

古代イスラエル宗教は、実質的には必ずしも唯一神教ではなく、多神教だったと言っても過言ではないくらいだ。とくに北王国イスラエルの一〇部族の人々が信じていた宗教は、そうだった。

古代イスラエル人が信じた異教「バアル宗教」では、最高神エルに妻アシェラがおり、彼らからその子バアルが生まれた、という構図になっていた。そのバアルの妻が、アシュタロテである（アシェラとアシュタロテは、同一視されることもあった）。最高神からこのように神々の子孫が生まれていく、というバアル神話の構図は、日本神道の神話と全く同型である。

一方、日本神話に登場するスサノオは、バアルによく似ている。ラス・シャムラ土板という古代資料によると、バアルは嵐の神であり、牛の角のついたかぶとをかぶり、鎚鉾《つちほこ》と電光を放って武装し、雷鳴と電光の中に現れ、秋と冬の雨をもたらす。

バアルは人身牛頭の神であり、嵐の神なのである。一方、スサノオは牛頭《ごず》天王とも呼ばれ、天上界で乱暴狼藉を働いたとされる荒ぶる神である。

つまり日本神話は、古代イスラエル人が信じたバアル宗教に、非常によく似ているのである。

先に、日本神話の八岐大蛇伝説は、ギリシア神話が基盤にあると書いたが、日本神話には、朝鮮や中国の神話だけでなく、中近東の神話やギリシア神話まで、西方世界のものも多分に含まれている。また、旧約聖書の物語の痕跡と思われるものも非常に多い。

日本人は日本書紀や古事記を読んでも、なかなかこれに気づかないが、ヨセフ・アイデルバーグというユダヤ人が、形を変えた聖書物語が日本書紀や古事記にかなり含まれている、と書いている。

日本神話は、シルクロードをやって来た渡来人たちの伝説の集合体なのだ。

「ひい、ふう、みい……」はヘブル語

天の岩屋戸に隠れたアマテラスにかけられた祝詞の意味

ヨセフ・アイデルバーグというユダヤ人が、日本語にはヘブル語（ヘブライ語）起源の言葉が非常に多い、という内容の本を書いている。

アイデルバーグは日本に来て、京都の護王神社で神官の見習いを務めるかたわら、日本語を勉強し、日本語にはヘブル語起源のものが数多くあることに気づいたという。たとえば彼は、

「ひい、ふう、みい、よお、いつ、むう、なな、やあ、ここの、とうぉ」

はヘブル語だと主張する。私たちはこの言葉を、昔から数を数えるときの言葉として、なにげなく使っているが、ではその意味は何か、といったらわからない。ただ、昔からそう言うから、この言葉を使っている。ところがアイデルバーグは、なんとそれは古代イスラエル人の使ったヘブル語だ、と言うのである。

EPP128　LC769

IN KOAN TENNOS TIME, AT TWELVE OCLOCK MID DAY, IT BECAME AS
DARK AS MIDNIGHT WHEN THE GODS DIVINE TO BRING THE SIX GODDESS FOHTH,

天岩《あめのいわ》屋《や》戸《ど》に隠れたアマテラス。ウズメが前で踊り、女祭司コヤネが祈禱文を唱えている。その祈禱文が「ひい、ふう、みい……」だったと言われる。日本語としては何のことかわからないが、ヘブル語として解釈すると、この情景にぴったりの言葉になる。

『記紀』(古事記と日本書紀)には、天の女神であるアマテラスが「天の岩屋戸」に隠れ、そのために世の中が真っ暗になった、という話がのっている。このとき、女神にそこから出てもらおうと、ウズメ(アメノウズメノミコト)がその前で踊り、一方、女祭司コヤネ(アメノコヤネノミコト)は、他の神々の見守る中「祝詞《のりと》」すなわち祈禱文を唱えた。

記紀には、その祈禱文がどのようなものだったかは記されていない。しかし古い伝承によると、それが、この「ひい、ふう、みい……」であった。実際「ひい、ふう、みい……」は、今も古神道の鎮魂法《ちんこんほう》の祓詞《はらえことば》としても用いられている。

この言葉は、日本語としてみると、とくにこれといった意味はない。ところがヘブル語としてみると、非常によく意味の通る言葉として理解されるのである。これは少しの訛《なま》りを修正すれば、ヘブル語では、

「ひぁ、ふぁ、み、よっ、つぃぁ、ま、なーね、やぁ、かへな、たうぉ」

となり、

「ヒァファ　ミ　ヨツィア　マ　ナーネ　ヤカヘナ　タウォ」

(Hifa mi yotzia ma naane ykakhena tavo היפה. מי יוציא: מה נענה יככנה תבוא)

と発音される。意訳すれば、

「誰がその美しいかた(女神)を連れ出すのでしょう。彼女が出て来るために、誘いにいかなる言葉をかけるのでしょう」

ということである。あるいは、

「たが、そのうるわしめを出すのやら。いざないに、いかなる言葉をかけるやら」

という美しい詩文となる。つまり、コヤネが女神アマテラスを岩屋戸から出そうとした言葉として、ピッタリ当てはまっているのである。

（各語の意味は次の通りである。「ヒァファ」――「その美しいかた」の意味（ヒァファは「ハ」＋「ヤファ」で、「ハ」は定冠詞、「ヤファァ」は美しいの意味）。「ミ」――「誰が」。「ヨツィア」――「彼女を出すだろう」。「マ」――「何と」。「ナーネ」――「答える」。「ヤカヘナ」――「誘って連れ出す」。「タウォ」――「彼女が来る（のに）」。）

それだけではない。

日本人はふつう、「ひい、ふう、みい……」と言うだけでなく、「ひとつ、ふたつ、みっつ、よっつ、いつつ、むっつ、ななつ、やっつ、ここのつ、とうお」とも言う。これは先の「ひい、ふう、みい……」に、接尾語「とつ」または「つ」をつけたものである。一～九には「とつ」または「つ」がつけられ、最後の「とうぉ」は、そのままになっている。

「とつ」はヘブル語では「テツェ」、「ツ」はヘブル語では「ツェ」であろう。「テツェ」は「彼女は出てくる」（「出る」を意味するヤーツァーの三人称単数女性形）、「ツェ」は「出て来て下さい」（ヤーツァーの命令形）の意味である。

祭司コヤネが、アマテラスに出てもらおうと祈禱文を唱えたとき、周囲にいた神々は、コヤネの唱える祈禱文の一語一語に応答して、連禱《れんとう》をしたに違いない。

たとえばコヤネが「ヒァ」と言うと、まわりの神々が「テツェ」といい、「ファ」と言うと、またまわりの神々が「テツェ」と言う、といった具合である。こうして「ヒァ・テツェ」（ひとつ）、「ファ・テツェ」（ふたつ）、「ミ・ツェ」（みっつ）……となった。

そして最後の言葉「タウォ」（とうぉ）を唱える時には、一同一斉に唱和した。「タウォ」とは、ヘブル語で「彼女は来る」の意味なのである（「来る」を意味するボーの三人称単数女性形）。こうしてアマテラスは、天の岩屋戸から出てきた。

このように、「ひい、ふう、みい……」「ひとつ、ふたつ、みっつ……」をヘブル語と考えると、あまりにピタリと状況にあてはまる。祈禱文を唱えた女祭司の名「コヤネ」も、「祭司」を意味するヘブル語コヘン（כהן）に似ている。

「ひい、ふう、みい……」や「ひとつ、ふたつ、みっつ……」は、日本において非常に古い時代から使われていた言い方である。それはもともとはヘブル語だった。

いつしか日本人は、神話とこうした言い方との関係を忘れ、ただ数をかぞえるときの言葉としてこれらを用いるようになった。これは古代の日本にヘブル語を解する人々がいた証拠だと、アイデルバーグは考えたのである。

神道用語になったヘブル語

「ハレ」「ケ」「ミソギ」「ハラウ」みんなヘブル語で意味をなす

そのほか、神道用語には、ヘブル語起源と思われるものが多い。

たとえば神道では、「ハレ」と「ケ」ということをいう。「ハレ」（晴れ）とは、めでたい状況、あらたまった特別な状態を意味する。「ハレ着」（晴れ着）、「ハレの日」「ハレの門出」「ハレの場」などの言葉は、それに由来する。またハレは、神聖性を意味することもある。

一方、「ケ」（褻）は、生活の日常態を意味する。たとえば、「ハレ着」に対し「ケ着」（褻着）は、普段の衣服をいう。つまりハレは、めでたき非日常、ケは日常である。ハレは聖、ケは俗でもある。

ハレ、ケの語源は定かではない。しかしハレが、もしヘブル・アラム語の「ハレ」（הלה）から来たとすれば、それは「栄光」の意味である。またケが、ヘブル・アラム語の「ケ」（חל）から来たとすれば、それは「俗」（世俗）の意味である。

また先に「ヨリシロ」（依代《よりしろ》）、すなわち神の霊が降臨する際の媒体となるものについて述べた。ヨリシロは神道では鏡や御幣《ごへい》、刀などであり、一方、古代イスラエルの幕屋においては、十戒の石の板、マナの壺、アロンの杖などがそうであった。ヨリシロ（依代）の「シロ」は、ヘブル・アラム語で「彼（神）の器（乗物）」を意味する「シロ」（שירו）から来たものと思われる。またヘブル・アラム語の「ヤラ」（ירו）には「降臨する」の意味があり、「ヤラ・シロ」（ヨリシロ）で、「降臨のための器（乗物）」の意味になる。

一方、神社のことを古くから「ヤシロ」（社）という。古くは「屋代」と書いたというが、これがもともとヘブル・アラム語の「ヤハ・シロ」（יה שירו）から来たものなら、それは「ヤハウェの器」「ヤハウェの斎場《さいじょう》」の意味である。

神道にはまた「ナオライ」（直会）という言葉がある。これは一般には、神前に供えた捧げ物（酒や食物）を祭のあとに下げ、祭に関わった者たちで共にいただく宴会と同一視されている。しかし厳密には直会とは、祭が終わったあと、その宴会の前に、座をかえて神をまつり直すことをいう。祭の際の種々のあやまちを「直し」、「正す」のである。この「ナオライ」また「ナオル」という言葉は、「光を受ける」を意味するヘブル・アラム語「ナオル」（נאור）によく似ている。

神道にはまた「忌《い》み」という言葉がある。「忌み嫌う」の「忌み」、つまり「忌む」ことである。これがもしヘブル・アラム語の「イム」（אים）から来たとするなら、それは「ひどい」の意味である。

神道では、神職名として「神主（かんぬし）」「禰宜（ねぎ）」「祝（はふり）」などの語が使われている。これらもヘブル語によく似ている。カンヌシは「カム・ナシ」（קום-נשיא 長）、ネギは「ナギ」（נגיד 司《つかさ》）、ハフリは「カフリ」（כפרע 贖いをする者）から来たと解せられる。

一方、神道でいう「ミソギ」（禊ぎ）は、ヘブル・アラム語の「ミソグ」（מסוג 分別・聖別）から来たように思える。「ハラウ」（祓う）は、「ハーラー」（הלא 遠くへ捨てる）に由来するものであろう。そのほか、日本の「大和《やまと》言葉」（倭語）、すなわち本来の日本語には、ヘブル語起源と思われるものが多い。

日本語は、漢字と、ひらがな、カタカナで記される。現代の日本では、近世以降の外来語をカタカナで記す習慣がある。たとえば、ソースは英語のsauce、ライスは英語のriceから来ている。

また、漢字には「音読み」と「訓読み」がある。音読みは中国語から来たものだ。一方、訓読みは日本古来のものである。たとえば漢字の「肩」は、カタが訓読みで、ケンが音読みである。この訓読みのほう――すなわち日本古来の言い方は、ヘブル語のカタフ（כתף）にきわめて似ている。

さらに、漢字の訓読みと、ひらがなを合わせた言葉も、日本古来の大和言葉である。大和言葉には、ヘブル語と意味も発音も同じ、あるいは非常に似通っている言葉が多い。たとえば大和言葉の「住む」は、ヘブル語のスム（שום 住む）と意味も発音も同じだし、「匂い」も、ヘブル語のニホヒ（ניחוחי 匂い）とほとんど同じである。

そのほか、大和言葉とヘブル語の類似の例を表に示す。

日本語（大和言葉）とヘブル語の類似表

日本語		ヘブル語		
発音	意味	発音	表記	意味
■名詞				
アタリ	辺り	アタリ	אתר	辺り
ヤケド	火傷	ヤケド	יקד	火傷
ニオイ	匂い	ニホヒ	ניחוחי	匂い
イト	糸	フト	חוט	糸
ヌサ	幣	ネス	נס	旗
ウデ	腕	ヤド	יד	手
カタ	肩	カタフ	כתף	肩
コトバ	言葉	キタバ	כתב	書き物
オワリ	終わり	アハリ	אחרית	終わり
キョウ	今日	カヨム	כיום	今日
サムライ	侍	シャムライ	שמרי	守る者
アガタ	県	アグダ	אגודה	集団
ヌシ	主	ナシ	נסיא	長
ツチ	土	ツィトゥ	טיט	土
カネ	金	カネー	קנייה	買う
カワ	皮	カファ	חיפוי	おおう
コドモ	子供	コタン	קטן	小さい
ワラベ	童	ワラッベン	ולד בן	男の子
コエ	声	コル	קול	声
クサ	草	クシュ	קש	わら
ミズ	水	ミツ	מיץ	ジュース
クサリ	鎖	ケセリ	קשר	つながり
サラ	皿	セイル	סיר	丸い入れ物
ヤリ	槍	ヤリ	ירי	射る
アシタ、アサッテ	明日、明後日	アティド	עתיד	未来
ハズカシメ	辱め	ハデカシェム	הדך השם	名を踏みにじる

日本語		ヘブル語		
発音	意味	発音	表記	意味
ミカド	帝	ミガドル	מגדול	高貴なお方
ミコト	尊	マクト	מלכות	王、王国
ネギ	禰宜(神職)	ナギッド	נגיד	長、つかさ
ハフリ	祝(神職)	カフリ	כפר	贖いをする者
ミササギ	陵(墓)	ムトゥサガ	מות שגר	死者を閉ざす
アスカ	飛鳥(昔、天皇の住居があった)	ハスカ	השוכה	ご住居
ウケ、ウカ	(古代日本語:食物)	ウケ	אכל	食物
ミソギ	禊ぎ	ミソグ	מסוג	分別・聖別
■動詞				
アルク	歩く	ハラク	הלך	歩く
ハカル	測る	ハカル	חקר	調べる、測る
ホロブ	滅ぶ	ホレブ	חרב	荒れる、滅びる
テル	照る	テウラー	תאורה	照明
マガル	曲がる	マガル	מעגל	円
トル	取る	トル	טול	取る
カマウ	構う	カマル	חמל	同情を寄せる
ダマル	黙る	ダマム	דמם	黙る
ハシル	走る	ハシ	חוש	急ぐ
ネムル	眠る	ヌム	נום	まどろむ、居眠り
カル	刈る	カラー	קרע	刈る
ユルス	許す	ユルス	ירש	取らせる
ノボル	登る	ノボー	נבה	登る
ニクム	憎む	ニクム	נקם	復讐する
アキナウ	商う	アキナフ	אקנה	買う
カブル	被る	カブル	קבר	うずくまる
カク	書く	カク	קח	書く
スム	住む	スム	שום	住む
ナマル	訛る	ナマル	נמר	訛る

日本語		ヘブル語		
発音	意味	発音	表記	意味
カバウ	庇う	カバァ	חבא	隠す
コマル	困る	コマル	חמר	困る
ツモル	積もる	ツボル	צבר	積もる
コオル	凍る	コール	קור	寒さ、冷たさ
アブル	焙る	ボエラ	בעירה	焼く
ホシク	欲しく(なる)	ホシェク	חשק	欲する
キル	切る	キリアー	קריעה	やぶる
ナク	泣く	アナカー	אנחה	うめく
シヌ	死ぬ	シナー	שינה	眠る
スワル	座る	スワル	שאר	休む
ヤスム	休む	ヤスブ	ישב	座る
イム	忌む	イム	אים	ひどい
ハラウ	祓う	ハーラー	הלא	遠くへ捨てる
■形容詞・他				
ツライ	辛い	ツァラー	צרה	悩み、災難
カルイ	軽い	カル	קל	軽い
ダメ	駄目	タメ	טמא	ダメ、汚れている
イツ	何時	イツ	עת	いつ
エッサ	(力を入れるときのかけ声)	エッサ	אשא	持ち上げるぞ
エンエラヤー	(祭のかけ声)	エァニ・アハレ・ヤー	אני אהלל יה	我はヤハウェを讃美する
コウ	こう(このように)	コウ	כך	こう(このように)
アリガトウ	ありがとう	アリ・ガド	אלי גד	私にとって幸運です
ハレ	晴れ	ハレ	הלה	栄光
ケ	褻	ケ	חל	俗

八咫鏡《やたのかがみ》のヘブル語

伊勢神宮にある「八咫鏡」に皇室の真実が書かれている

日本の神社界の頂点に立つ伊勢神宮は、多くの秘密を持っている。

その一つは「八咫鏡《やたのかがみ》」だ。その本物は伊勢神宮に祭られ、皇室にはそのレプリカ（模造品）がある。八咫鏡は日本神道の聖なる「三種の神器《じんぎ》」の一つである。三種の神器は、鏡（八咫鏡）、剣（草《くさ》薙剣《なぎのつるぎ》）、勾玉《まがたま》（八尺瓊勾玉《やさかにのまがたま》）の三つである。古代イスラエルにも「三種の神器」があった（十戒の石の板、アロンの杖、マナの壺）。

八咫鏡は聖なるものなので、一般の人が見ることはできない。いや、伊勢神宮の神官でも見ることは許されていないし、天皇でさえ簡単に見られるわけではない。

しかし、その大体の大きさはわかっている。容器である「御船代《みふなしろ》」の寸法が古書に記されているからである。それによると、容器の大きさは「内径一尺六寸三分、外形二尺」。つまり、八咫鏡の大きさは直径四九センチ以下、ということになる。じつは、この神聖不可侵とされる「八咫鏡」の裏面にヘブル語が記されている、という噂が昔からささやかれてきた。

八咫鏡の裏面にあるのはヘブル文字か!?

事の起こりは、明治時代に文部大臣・森有礼《もりありのり》唱えた「神鏡ヘブル文字説」である。それによると森有礼は、伊勢神宮の八咫鏡の裏面に、ヘブル文字で次のように刻まれているのを見たという。

「エヘイェ・アシェル・エヘイェ」（אהיה אשר אהיה「我は在《あ》りて有《あ》る者」の意味で、神ヤハウェのこと。出エジプト記三章一四節）

その後も、八咫鏡を見たと語る人がいる。たとえば元海軍のエリート将校、矢野祐太郎《やのゆうたろう》である。

矢野は天皇崇拝の観点から、様々な方面へ神政復古を働きかけた人物である。彼は、皇室の宝である三種の神器の中でも、皇室の氏神を祀る伊勢神宮にある八咫鏡にこそ、天皇の真実の姿を伝えるカギがあると考えた。そして伊勢神宮に、この神宝を拝見させていただけるよう、礼を尽くしてかけあった。

その結果、矢野の情熱に打たれた当時の伊勢神宮の宮司から、極秘裡《り》に許しを得たという。矢野は、見ることのできた八咫鏡の裏面の模様を、自分の手で丁寧に書き写した。神宝を間近に見、細心の注意を払いながら写し取ったという。それが次ページの図である。

この写しは、彼の長女が運営する神道系団体・神政龍神会に保管され、しばらくはトップシーク

矢野祐太郎が写し取ったという八咫鏡の裏の文字。（『超図解　竹内文書Ⅱ』）「ヒフ文字」か？
「ヘブル文字」か？

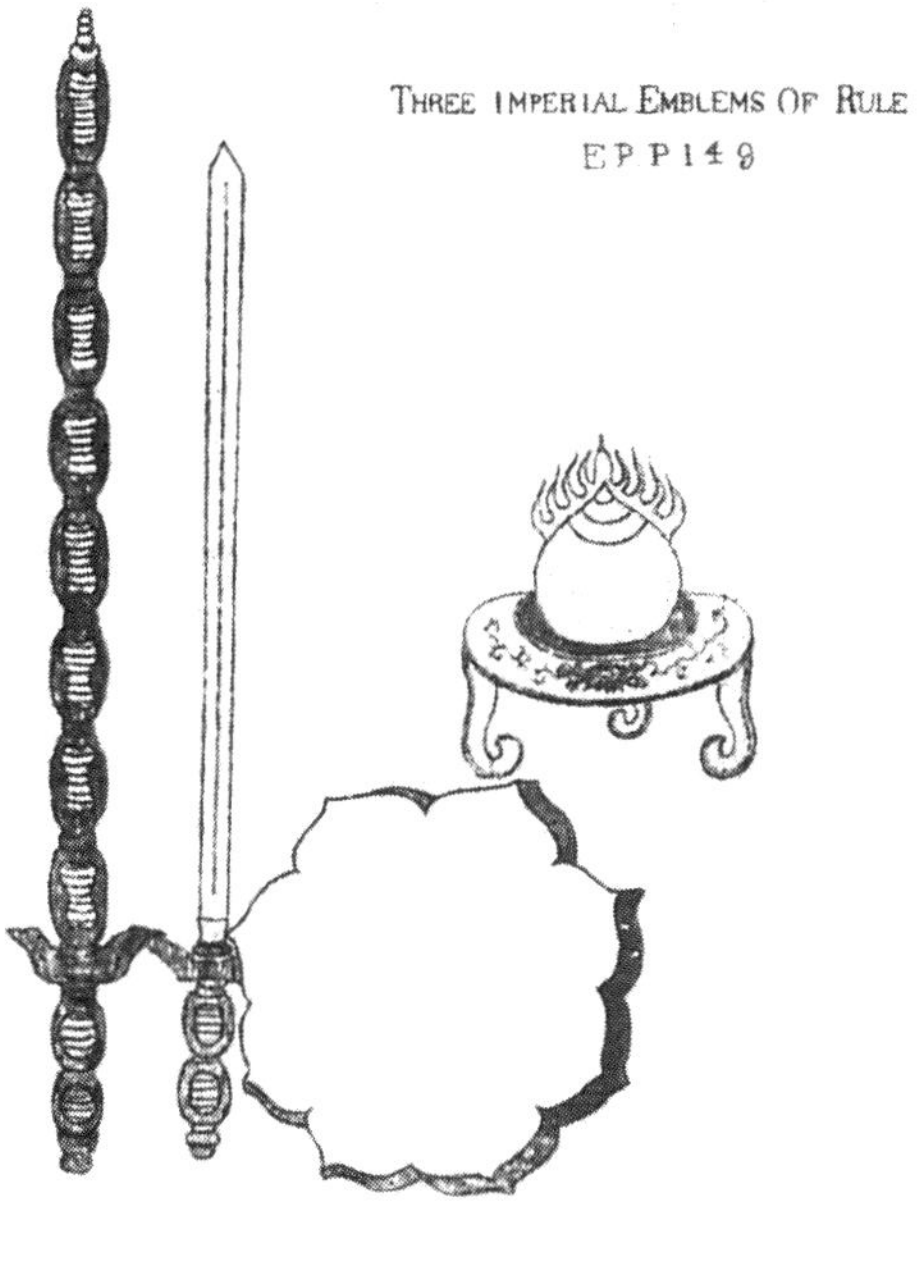

[マクレオドの注釈]
皇室の三種の神器《じんぎ》
鏡は伊勢神宮（三重県伊勢市）に、剣は熱田神宮（愛知県名古屋市）にある。勾玉《まがたま》は、下関における源氏と平家の海上合戦の際に失われた、と言われている［その時失われたのは、崇神《すじん》天皇（第10代）が造ったレプリカだけ、と述べる歴史家もいる。］

レットとして、一切外部には出されていなかった。しかし、やがてこの会の内部で、この写しを三笠宮殿下に渡すようにとの「神示」が下ったという。

そして、三笠宮にこの写しを渡す役をしたのが、高坂和導氏であった。高坂氏は無事、写しを三笠宮にお渡しした。さらに氏は、思い切って一般の人々にも日本の真実を知らせようと決心し、自身の著書の中で、それを公開した（『［超図解］竹内文書Ⅱ』徳間書店）。

八咫鏡の裏面の模様とされるこの写しによると、確かにそこには何かの文字が書かれている。いったい何と書かれているのか。

ヒフ文字説ではどう読めるか

これらの文字の解読については、二つの説がある。一つはヘブル語だとする説、もう一つは、古代日本の神代《じんだい》文字の一種「ヒフ文字」とする説である。

神代文字というのは、漢字や、ひらがな、カタカナが日本で使われる以前にあったと主張されている日本の古代文字である（ただし神代文字は後世の人々の創作、とする学者も多い）。ヒフ文字は、その神代文字の一種とされる。

まず、八咫鏡の文字はヒフ文字、とする説から見てみよう。これは、矢野祐太郎自身の説である。彼によれば、これらの文字はいずれも右から左に読み、その解読は次の通りである。

解読文

ISE

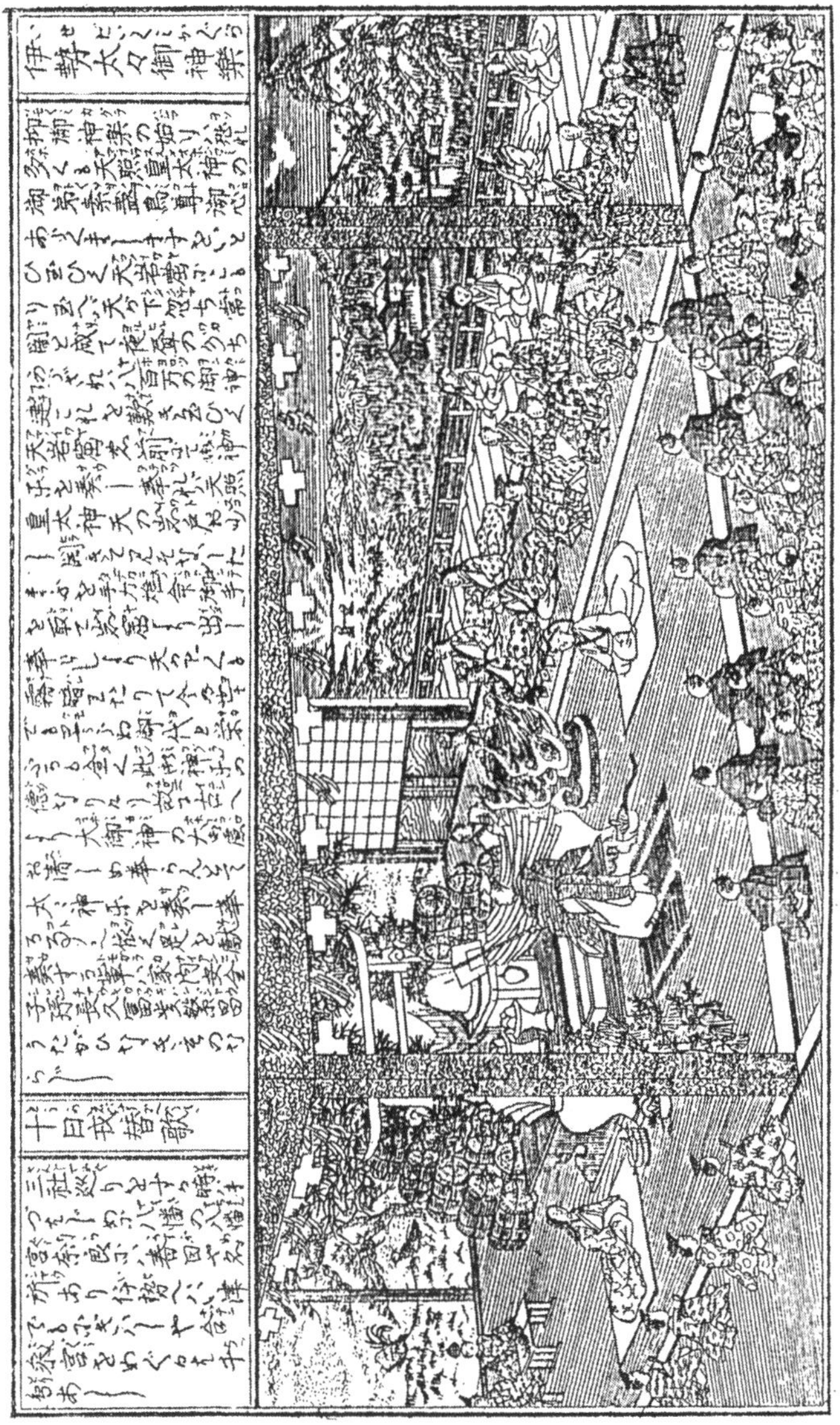

伊勢の神楽《かぐら》。神楽は古代イスラエルのものにも、東方キリスト教徒たちの音楽にも似ており、そのほかシルクロードのものが取り入れられている。

◎上段の一二文字「アマヒカミキオラカカミニ」
◎下段の一八文字「タマツルキヒトリスミラヨカケルモナク」
◎円中の七文字「ワレオナルカシ」

これらを、漢字を交えて書き改めると、

「天《あま》日《ひ》神《かみ》清《きよ》ら鏡《かがみ》に　玉剣《たまつるぎ》、独《ひと》り皇《すめら》よかけるもなく　吾《われ》をなるかし」。

となる。その意味は、

◎（上段）「天照大神《あまてらすおおかみ》が世にも清らかな宝である鏡と」
◎（下段）「玉と剣という三種の神器をお与えになった。天皇はただひとりと定める」
◎（円中）「（この鏡を見るときは）吾《われ》（天照大神）を見るごとくせよ」

というものだという。もっともらしく見えるが、この「八咫鏡ヒフ文字説」は果たして本当だろうか。

筆者にはデタラメに思える。なぜなら、たとえば上段部をカタカナに直した矢野の解読文には、「カ」の文字が三か所含まれている。四、九、一〇字目である。だから八咫鏡の原文でも、四、九、一〇字目は同じ文字のはずだが、実際には互いに異なり、全然一致していない（原文は右から読む）。また、解読文で上段二文字目と下段二文字目は同じく「マ」だが、原文では全く違う文字である。ほかにも、一致しない所が多々ある。また、ヒフ文字は現在は失われているということである。ヒフ文字が現在存在せず、それらがどういうものだったか正確にはわからないというのに、どうして

SHINTO.MEDECINE.FACTORY ISE

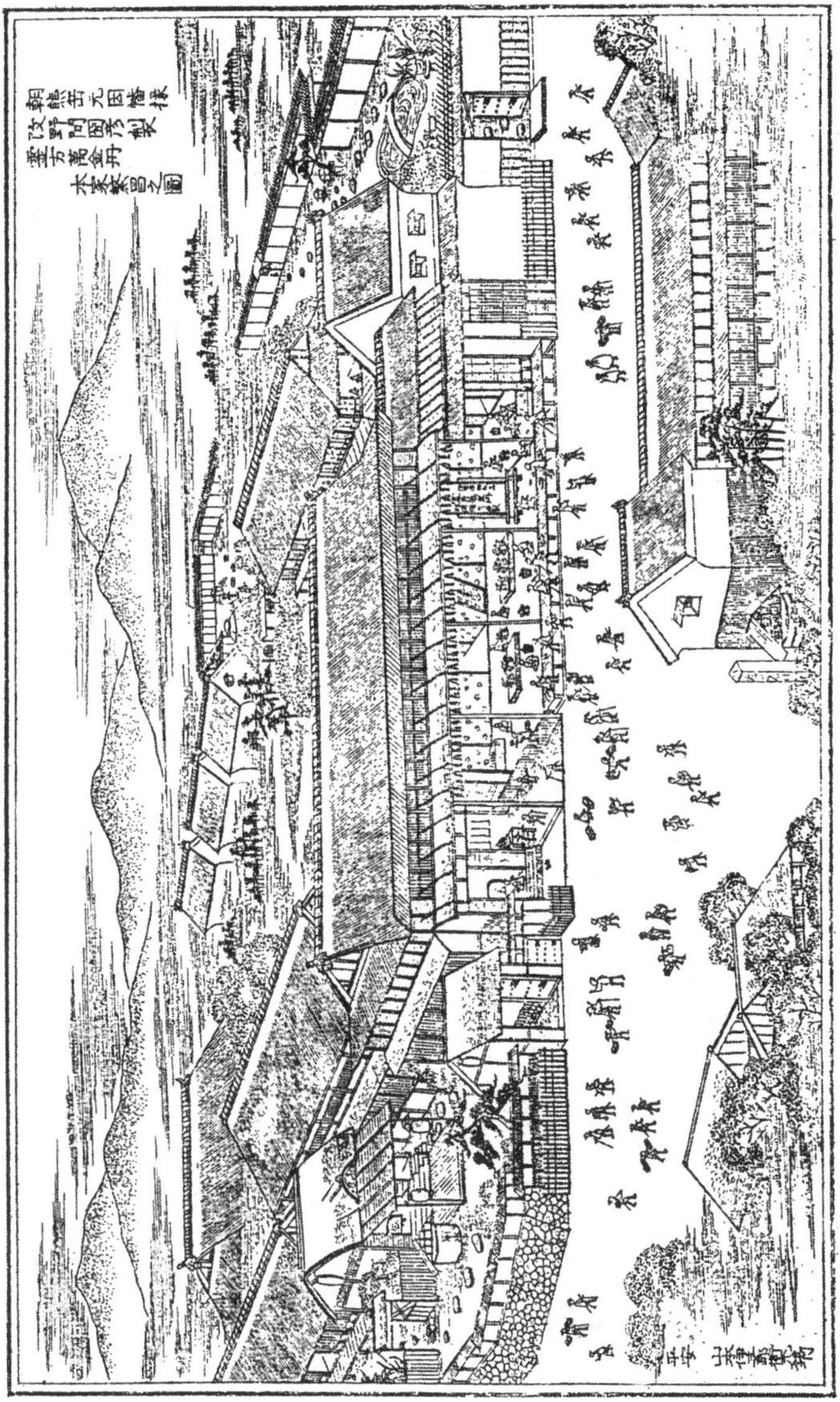

伊勢の製薬工場。当時の伊勢は現在よりもずっと栄えた所だった。

八咫鏡裏の文字がヒフ文字だと言えるのか。

さらに、神代文字と言われているものは他にもあるが、神代文字はすべて縦書きなのである。横書きの神代文字は知られていないし、見たこともない。これらのことから、神代文字「ヒフ文字」説は、到底受け入れられるものではない。

ヘブル語ではどう読めるか

つぎに、八咫鏡の文字はヘブル語、とする説を見てみよう。

中央にある円の中に書かれた文字を見ると、確かにそれはヘブル語の文字によく似ている。円中の上段の三文字は、ヘブル語の「アシェル」(אשר)に、また下段の四文字は、「エヘイェ」(אהיה)に似ていないでもない。つまり「アシェル・エヘイェ」になるが、これは「在りて有る者」の意味である。

また、もし「エヘイェ」を二回読むなら、たしかに「エヘイェ・アシェル・エヘイェ」(我は在りて有る者)とも読めることになる。森有礼はそういう意味で、これを「我は在りて有る者」のヘブル語だと読んだのかもしれない。

「チラッと見」だと、そう読めるわけである。しかし細かく見ると、文字の形がかなり違うものがある。だから私は、これは「我は在りて有る者」ではなく、むしろ、

「オール・ヤハウェ」(אור יהוה)＝「ヤハウェの光」

というヘブル語であろうと考えている。すなわち、上段の三文字を「光」（אור）、下段の四文字を「ヤハウェ」（יהוה）と読む「古代ヘブル・アラム文字のא（アレフ）は𐤀に近い形、またר（レーシュ）は𐤓に近い形であった。」

「ヤハウェの光」――それはまさに、神宝の鏡に記された文字としてふさわしいものだ。

一方、中央の円の外側にある文字は何か。これらはヘブル語には全く似ていない。ヘブル語ではないと思われる。

「ヤハウェの光」と完璧に読める

もっとも、八咫鏡のミステリーを完全に解決するのは、もともと難しいことである。他にも様々な問題点があるからだ。たとえば矢野が八咫鏡から写したというこの模様は、はたして真正のものか。宮内庁が本物を写真にとって公開してくれれば、はっきりするが、それは望めそうにない。

また、本当に八咫鏡から写したものだとしても、非常に古い鏡だから、若干の傷《いた》みや、しみ等もあるだろう。そのために矢野が模様を正確に読みとれたか、という疑問が残る。さらに、ヘブル語を知らない彼が、どこまで正確に書き写せたか。そうした問題点はあるが、それでも、この写しに現われた文字、とくに円内の文字はヘブル語にそっくりである。

矢野自身はそれを日本の「神代文字」の一種と考えていたから、彼は「八咫鏡ヘブル文字説」を裏づけるためにそれを写したのではない。にもかかわらず、それはヘブル文字にそっくりである。

このことは、この写しの信憑性《しんぴょうせい》をむしろ高めていると言ってもいいだろう。

しかも、それはヘブル語で「ヤハウェの光」と読める。旧約聖書の詩篇三六篇九節にも、

「私たちは、あなた（ヤハウェ）の光（オール）のうちに光を見る」

とある。古代日本神道は、古代イスラエル民族と同じように、「ヤハウェの光」の内に光を見ていたわけである。八咫鏡はその観念を表現したシンボルだったに違いない。

また、じつは景教徒たち（東方キリスト教徒）も、「ヤハウェの光」を大切にしていた。彼らは、ネストリウス派キリスト教徒とも呼ばれるが、中国に来たとき、自分たちのことを「景教徒」と呼んだ。「景教」とは「光り輝く宗教」の意味である。刺桐城《しとうじょう》にある景教徒の墓の十字架の裏には、

「主を仰ぎ見て光を見よ。そうすれば、あなたがたは恥じて顔を赤くすることはない」（旧約聖書詩篇三四篇五節）

と記されている。

「アマテラス」と古代イスラエルの太陽崇拝

伊勢神宮「神馬《しんめ》」と絵馬の意味

伊勢神宮の入り口近くを見てみると、太陽神アマテラスに捧げられた馬がいる。これは「神馬《しんめ》」と呼ばれ、古来、皇室が太陽神アマテラスに対して献納してきた馬である。

この馬は月に三度、御幣《ごへい》をつけられ、美しい布をかぶせられて、神宮の聖域に出される。そこでお辞儀をする。これは古くからの慣習である（すでに奈良時代にはあったことが知られている）。しかし、これはもともと古代イスラエル人の風習であった。聖書に、

「（ヨシヤ王は）ユダの王たちが太陽に献納した馬を……主の宮の入り口から取り除き、太陽の車を火で焼いた」（列王記下二三章一一節）

と記されている。ヨシヤ（治世は紀元前六三九〜六〇八年）は南王国ユダの王であり、宗教改革を行なって、太陽に馬を捧げるという風習を神殿の入り口から取り除いた。それまでのイスラエルで

は、歴代の王が太陽に馬を捧げるという異教的風習が行なわれていたのである。

北王国イスラエルの一〇部族は、ヨシヤ王のこの宗教改革の前、紀元前七二二年にすでにアッシリヤ捕囚となっていた。だから北王国イスラエルの人々の間では、太陽に馬を捧げるという異教的風習はその後も続いていった。その風習が、古来、日本にもあるのである。

日本の多くの神社ではまた、「絵馬《えま》」を置いているところが多い。絵馬の起源も、もともとは「太陽に献納した馬」である。昔は生きた神馬《しんめ》を捧げたが、管理が大変になったので、板に馬の絵を描き、それに願い事を書いてつるすようになったのである。

かつては木や石、土などでつくった馬の模型を奉納することも行なわれていた。大きな絵馬を額に入れて飾ってある神社も多い。ここにも、日本の風習と古代メソポタミア、とりわけイスラエル人の風習との深いかかわりが見られる。

じつは古代イスラエル人には「東方憧憬《しょうけい》」「太陽崇拝」というものがあった。旧約聖書エゼキエル書に、こう書かれている。

「主の宮の本堂の入口の玄関と祭壇との間に二十五人ばかりの人がおり、彼らは主の宮の本堂に背を向け、顔を東のほうに向けて、東のほうの太陽を拝んでいた」（八章一六節）

これは、当時（紀元前七世紀）のイスラエル人の信仰が堕落し、異教的風習に染まっていたことを示す。エルサレム神殿の入口は東側にある。その入口付近にいた彼らは、聖なる神殿に背を向け、「顔を東のほうに向けて、東のほうの太陽を拝んでいた」のだ。

WHITE OR CREAM COLOURED SUN HORSE WITH GOHEI ON BACK

EP.P 02

太陽神に捧げられた馬（白またはクリーム色）。背中に御幣がある。伊勢神宮には今もこのような馬がいる。この太陽に捧げる馬の風習は、古代イスラエルにあった異教的風習である。

この風習は北王国イスラエルにも、南王国ユダにもあった。北王国では、これによって彼らに裁きが下り、アッシリア捕囚が起こった。南王国にもこのために裁きが下り、バビロン捕囚が起きた。しかし南王国では、バビロン捕囚ののち、宗教改革者エズラがこの異教的風習をやめさせた。

それで、バビロン捕囚後のエルサレム神殿（第二神殿）においては、次のような儀式が執《と》り行なわれていた。「仮庵《かりいお》の祭」の最初の日の出の時、人々はエルサレムの東の門の前に集まる。そして東の太陽に背を向け、西の方（神殿側）に顔を向けて、大声で次の言葉を唱えたのである。

「主よ、私たちの先祖はこの場所で、あなたの聖所に背を向け、東に顔を向けてひれ伏し、太陽を拝みました。しかし、私たちはあなたに顔と目を向けます。御前にひれ伏し、望みのうちにあなたを仰ぎ見ます」［ハイム・リヒマン著『聖なるエルサレム神殿』神殿研究所刊（エルサレム、英文）より］

南王国ユダではこのように、「東方憧憬」と「太陽崇拝」は異教的なものとして廃止された。しかし北王国イスラエルでは、そうではなかった。彼らはアッシリア捕囚となったとき、またその後も、この風習を持ち続けたであろう。彼らは東方憧憬に生き、本隊は東へ東へと進み、ついには「日の昇る国」に達したであろう。

そしてこの「日の昇る国」日本において、太陽神アマテラスが崇拝されている。

もともと太陽礼拝は、パレスチナのカナン人のあいだで盛んなものだった。パレスチナにおけるベテシメシ（太陽の宮）、エンシメシ（太陽の泉）などの地名は、カナン人の間で太陽礼拝が行なわれていたことを示している。ハゾルのカナン人の文化層からは日月と星を描き、それに向かって広げられた手が刻まれた碑石が聖所から出土し、カナン人の天体礼拝の様相を明らかにした。

古代イスラエル人も、この異教信仰に影響を受けた。イスラエル人はヤハウェに代えて太陽を礼拝したり、あるいはヤハウェと並べて太陽を礼拝したりした。その風習が日本に入り、アマテラス信仰になったに違いない。アマテラスは古代イスラエルの太陽神崇拝が起源と、私は考えている。

ちなみに、「天照」と書く「アマテラス」は、「アマ」（天）と「テラス」（照）から成っている。このうち、「天」には「テン」という読み方と、「アマ」という読み方があるが、「テン」は中国語の「ティアン」（天）から来たものである。

しかしもう一方の読み方「アマ」は、ヘブル・アラム語の「シャアマ」（天）が訛《なま》ったものとも考えられる。また「テラス」（照らす）は、ヘブル・アラム語で「照明」を意味する「テラトゥ」が起源だろう。つまり、「アマテラス」がヘブル・アラム語の「シャアマ・テラトゥ」(שמי באררב)から来たとすれば、それは「天の照明」すなわち太陽（神）のことなのである。

日本神道では古来、ヤハウェ崇拝と太陽神アマテラス崇拝が、並行して行なわれてきた。たとえば、伊勢神宮の外宮では豊受大神（ヤハウェ）が祭られ、内宮ではアマテラスが祭られている。こうした並行礼拝は、古代イスラエルの失われた一〇部族の間にみられた顕著な特徴だった。

古代イスラエル人は、真の神ヤハウェだけでなく、異教の影響から太陽神も一緒に拝んだ。彼らがアッシリア捕囚になった原因もそこにあるのだが、その風習が今も行なわれているのである。

天皇家とエフライム族

「ニニギとヤコブ」「山幸彦とヨセフ」の驚くべき対応関係

北王国イスラエルの失われた一〇部族の中心部族――すなわち王家の部族は、エフライム族であった。このエフライム族が日本に来て、天皇家となったと思える幾つかの理由がある。

第一に日本の神話である。じつは日本の神話におけるニニギから、ウガヤフキアエズ、神武《じんむ》天皇に至る系図は、聖書におけるヤコブから、エフライム、ヨシュアに至る系図に、そっくりなのだ。固有名詞はいろいろに変えられているが、物語の骨子《こつし》が瓜二《うりふた》つである。

記紀の神話では、天皇家また大和民族は、天から降りてきたニニギ（ニニギノミコト）の子孫ということになっている。ニニギは天孫民族の父祖である。一方、ヤコブはイスラエル民族の父祖である。

日本神話によれば、はじめ天から降りるはずだったのはニニギではなく、別の者（オシホミミ）

だった。ところが、彼が準備をしている間にニニギが生まれたので、結局彼に代わってニニギが降りることになる。ニニギは天から降りてきて、天孫民族の父祖となった。

同様に聖書によると、はじめ神の民となるはずだったのはヤコブではなく、彼の兄（エサウ）だった。しかし結局、神の民の祝福はヤコブに引き継がれ、ヤコブがイスラエル民族の父祖となった。

また日本神話においてニニギは、天から降りてくると、美女コノハナサクヤヒメに恋をして彼女を妻にしようとする。ところが、彼女の父はニニギに、彼女だけではなく、彼女の姉の面倒も見てやってくれという。しかし姉は醜かったので、ニニギはこの姉を父に返してしまう。

同様に聖書によれば、ヤコブは美女ラケルに恋をして彼女を妻にしようとする（創世記二九章）。ところが彼女の父は、妹を姉より先にとつがせることはできないから姉（レア）も妻にしてやってくれと、ヤコブにいう。しかし、姉は妹のようには美しくなかったので、ヤコブはこの姉を嫌った。

このように、ニニギとヤコブの間に対応関係が見られる。

また日本神話においてニニギは、妻コノハナサクヤヒメとの間に山幸彦《やまさちひこ》を生む。ところが山幸彦は、兄（海幸彦）にいじめられ、海神《かいじん》の国へ行く。そこで山幸彦は神秘的な力を得、田畑を凶作にして兄を悩ませるが、そののち兄の罪を赦《ゆる》す。

同様に聖書においてヤコブは、妻ラケルとの間に、ヨセフを生む。ところがヨセフは兄たちにいじめられ、エジプトに行く。ヨセフはそこでエジプトの宰相《さいしょう》の地位にまで上りつめて力を持つが、兄たちが凶作のために苦しんでエジプトにやって来たとき、彼らを助け、その罪を赦《ゆる》す。このように、山幸彦とヨセフの間に対応関係が見られる。

また日本神話において山幸彦は、海神の娘（トヨタマヒメ）をめとって、その間にウガヤフキアエズを生む。ウガヤフキアエズには四人の息子が生まれる。四人のうち、二番目と三番目の子は別の所へ行き、いなくなってしまう。四番目の息子が神武天皇で、大和の国を征服する人物となる。神武天皇の流れを汲んでいるのが日本の皇室である。

一方、聖書ではどうであろうか。ヨセフは、エジプトの祭司の娘をめとり、その間にマナセとエフライムを生む。このエフライムが、日本神話のウガヤフキアエズに似ている。

というのは、エフライムには四人の息子が生まれる。四人のうち、二番目と三番目の子は早死にしてしまう（第一歴代誌七章二〇～二七節）。四番目の子孫としてヨシュアが生まれ、ヨシュアはイスラエル民族を率いてカナンの地（イスラエル）を征服する。このエフライム族の流れを汲んでいるのが、イスラエル一〇部族の王室である。

このように、ニニギとヤコブの間に、また山幸彦とヨセフの間に、また天皇家とエフライム族との間に顕著な対応関係が見られるのである。ニニギの系図と、エフライムの系図は、瓜二《うりふた》つである。

そして、ニニギは日本の古語で「実り多い」の意味である。一方エフライムも、ヘブル・アラム語で「実り多い」の意味である（創世記四一章五二節）。つまり日本の神話は、古代イスラエルのエフライム族の系図がもとにあったに違いない。

そうだとすれば、日本の皇室は、もとはエフライム族の王室だったということになる。日本の天

聖書と日本神話との類似

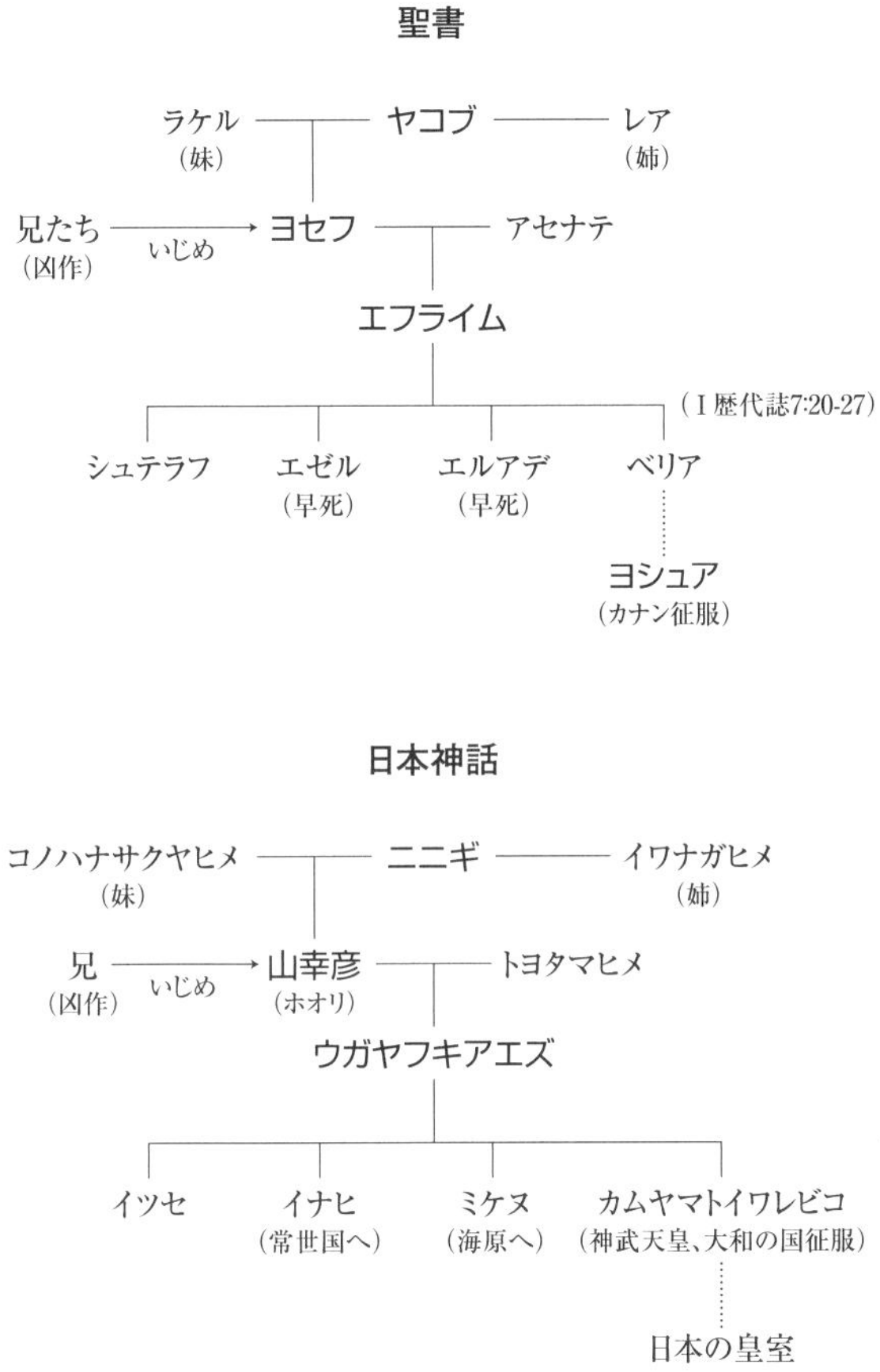

日本の皇室の系図と聖書のエフライムの系図とは、骨子が瓜二つである。これは、皇室の起源がエフライム族の王家であることを示すのか？

皇家は、「北王国イスラエルの失われた一〇部族」の王家だったのである。

もちろん日本の神話において、固有名詞は様々に変えられてしまっている。しかしそれは、八世紀に古事記と日本書紀が作られたとき、もとの名が意図的に隠されたからではないか。イスラエル起源を隠したい人々が、名前を変えて隠してしまった。しかし、物語の骨子までは変えなかったのである。

神武天皇はサマリヤの王

日本にエフライム族の王家が来て、日本の皇室となったと考える第二の理由は、神武天皇の正式名である。神武天皇の名は正式に言うと、

「カム・ヤマト・イワレ・ビコ・スメラ・ミコト」

である。漢字で書くと幾つかの書き方はある。しかし、漢字が日本に輸入される前からこの発音があったのであって、漢字は当て字にすぎない。この名は日本語としては、これといった意味がない。しかしユダヤ人研究家ヨセフ・アイデルバーグによると、これはヘブル・アラム語だという。

少しの訛《なま》りを考慮すれば、これは、

「カム・ヤマトゥ・イヴリ・ベコ・シュメロン・マクト」

קום יאמתו עברי, בכו שומרון מלכות
と発音され、その意味は、

「サマリヤの王、ヤハウェのヘブル民族の高尚な創設者」

である。つまり神武天皇は「サマリヤの王」であり、「ヘブル民族」の（日本における）最初の王という意味になる。サマリヤとは北王国イスラエルのことであり、サマリヤの王とは、エフライム族の王家である。もしこのアイデルバーグの解釈が正しいとすれば、日本の皇室はエフライム族の王統を継いだもの、ということになる。

またジェフ・メルニックというユダヤ人が、私にeメールをくれて、確かにそう読むことも可能だが、次の意味にも読めるという。

「ヤマトの創始者はヘブル人であり、その王国サマリヤから渡来した」

קמוימתו עברי, בקור שומרון מלכותו

ヘブル語では一字違いなのだが、この読み方においても、ヤマトの国の創始者・神武天皇は、北王国イスラエル＝サマリヤから渡来した王家の者であり、ヘブル人であるという意味になる。つまり天皇家はエフライム族である。

もっとも、神武天皇が実在の人物であったかは、今日のアカデミックな世界では疑問視されている。しかし、日本の天皇家は、ある時点から日本の歴史に登場した。その最初の人物は、古代イスラエルの失われた一〇部族の中心部族＝エフライム族の王家の者だったのではないか。その事実が、神武天皇にまつわる伝説と正式名称に取り入れられた、とも考えられるのである。

世界で最も長く続く日本の皇室

つぎに、日本の王室とエフライム族の王家とを結びつける第三の事柄は、先に述べたユニコーンである。

日本の王室には、ユニコーンの像が伝わっている。また日本の神社の狛犬は、右側が獅子で、左側がユニコーンである。この組み合わせは日本独特のものである。他国の狛犬は、左右両方とも獅子であり、ユニコーンではない。そしてユニコーンは、ヨセフ族、とりわけエフライム族のシンボルなのである。

つぎに、日本の皇室とエフライムの王室を結ぶ第四の事柄は、万世一系の天皇家は世界で最も長く続いている王家だ、ということである。

イギリスの王室でさえ、一〇〇〇年程度にすぎない。それに比べ日本の天皇家は、もし記紀の記述を文字通り取れば、約二七〇〇年も前から存在している（神武天皇即位は紀元前六六〇年）。また歴史上確かな部分だけでも、一八〇〇年以上前から存在している。

天皇家は一体どこから来たのか。興味深いのは、聖書の次の記述である。

「神である主はこう仰《おお》せられる。見よ。わたしは、エフライムの手にあるヨセフの杖《つえ》と、それにつくイスラエルの諸部族とを取り、それらをユダの杖に合わせて、一本の杖とし、わたしの手の中で一つとする」（エゼキエル書三七章一九節）

ここで「杖」は王権を意味する（創世記四九章一〇節）。王は杖を持ち、その杖は権威を表している。右の句は、将来神が、エフライムに代表される北王国イスラエルの子孫と、ユダに代表される南王国ユダの子孫を一つにすると述べたものである。

そして、エフライムには「杖」があると述べられている。すなわち、エフライム族の王室は今も世界のどこかで、王権を保ちながら存続しているのだ。この預言に最も当てはまるものとして、日本の皇室以外にあるだろうか。ここにも、日本の皇室はエフライム族であると筆者が考える理由がある。

ある人々は、日本の皇室は、南王国ユダの王室の系統をくむものであると言う。その理由は、日本の皇室は南王国ユダの「ダビデの正統的王室」でなければならないからだ、という。エフライムの王室というような、あとで生まれた王室であってはならないのである。

しかしユダの王室は、たとえ離散しても日本に来ることはなく、必ず彼らの聖地エルサレムへ帰ったことだろう。そこ以外に彼らの安住の地はないからである。一方、エフライムの王室は、先に述べた東方憧憬と太陽崇拝により、東へ進み、日出《い》ずる国・日本にまで達したことは充分考えられる。

聖書において、エフライムは決して軽んじられた存在ではない。エフライムはあるときはユダ以上に祝福されている。エフライムは「実り多い」の意味である。エフライムは世界で大いなる者となり、大国の一つとなる（申命記三三章一七節）。

エフライムを「わたしの長子」（エレミヤ書三一章九節）と呼ぶ神はまた、「わたしのはらわたは彼のためにわななき、わたしは彼をあわれまずにはいられない」（同三一章二〇節）とも言う。母親が断腸の思いで子を愛するように、神はエフライムを愛している。危急存亡の時にも、神はエフライムを守られるのである。

二度のモンゴル（元寇）の攻撃にも、神風が吹いて彼らを撃退した。また「明治維新」という世界に例を見ない尊い無血革命をやり遂げた天皇と日本国民は、その精神をアジアに広めた。太平洋戦争に負けても、天皇制は滅びず、存続した。そして今も、世界に祝福を与え続けている。

このようなことは、「エフライムの祝福」がなければあり得ないことだったと、私は考えている。天皇は単なる王ではなく、大祭司でもある。天皇は「祭祀王《さいしおう》」である。古代イスラエルにも大祭司がいた。北王国イスラエルにもいた。エフライムの王は一種の祭祀王だったのであり、日本の天皇によく似た存在だったのである。

天皇には毎日、国民のため、世界の人々のため祈るという仕事がある。そのための部屋があり、そのための行事がある。ほとんど一年中、なにかしら大祭司的な仕事がある。天皇はその仕事を連綿と、また誠実にこなしてきた。それを思うと私には、天皇は、今も生き続ける古代イスラエルの祭祀王に思えるのである。

仏教渡来と共にもたらされた金ピカの仏像

神道の人・物部氏はまるで聖書のモーセのように偶像を破壊した

六世紀に、はじめて仏教が日本にもたらされた。仏像も朝鮮半島から日本に入ってきた。この仏像は当時の日本人にとっては、たいへんな驚きであった。

日本神道には、神々の像をつくったりする風習はない。神社の本殿には、神々の姿をかたどった偶像は置かれていない。日本神道は偶像をつくらないのである。しかしそこに、仏像と呼ばれる偶像が入ってきた。

しかもそれは金ピカの像であった。私たちは博物館で古い仏像を見ると、多くは黒ずんでいるので、仏像は黒っぽいものだというイメージを持っているかもしれない。しかし当時の日本に入ってきたのは、新品の金ピカの仏像だった。日本人は当時、そのような黄金色の像を見たことがなかった。ある人々はそのキラメキに魅了されてしまい、仏像を通して仏教を信じる人が増え始めた。

ところが、仏像と共に疫病《えきびょう》が入ってきて、人々がバタバタと倒れ始めた。天然痘が大流行したのである。そのため仏教反対派、神道支持派の人々は、仏像を「疫病神《やくびょうがみ》」と呼んだ。これが「疫病神」という言葉の起こりである。

このとき神道派の物部《もののべ》氏の人々は、仏像をみな引き出し、破壊し、粉々《こなごな》にし、焼き払い、その灰を大阪の川に流した。すると疫病がやんだ。この出来事は、神道の人々が偶像をいかに忌み嫌っていたかをよく示している。その破壊は徹底的なものだった。

この出来事はまた、聖書の次の記事を思い起こさせる。紀元前一四五〇年頃、モーセに率いられたイスラエル民族は出《しゅつ》エジプトをしたが、そののち民は荒野で金ピカの子牛の偶像を作り、偶像崇拝をし始めた。それを見たモーセは怒り、その偶像を引き出し、破壊し、粉々にし、焼き払い、さらに焼き残りをすりつぶした上で川に流した。モーセは晩年に、この時のことを思い起こし、民に次のように語っている。

「私はあなたがたが作った罪、その子牛を取って、火で焼き、打ち砕き、ちりになるまでよくすりつぶした。そして私は、そのちりを山から流れ下る川に投げ捨てた」（申命記九章二一節）

この徹底的な破壊は、物部氏が仏像を焼き払ったときの仕方と同じだった。その背景には、偶像と異教を忌み嫌う共通の観念があったのである。

神道はユダヤ教と同じく、偶像をつくらない。仏像を忌み嫌って破壊したこの事件の背景には、モーセの怒りと同じ心情が働いていたものと思える。

EPP93

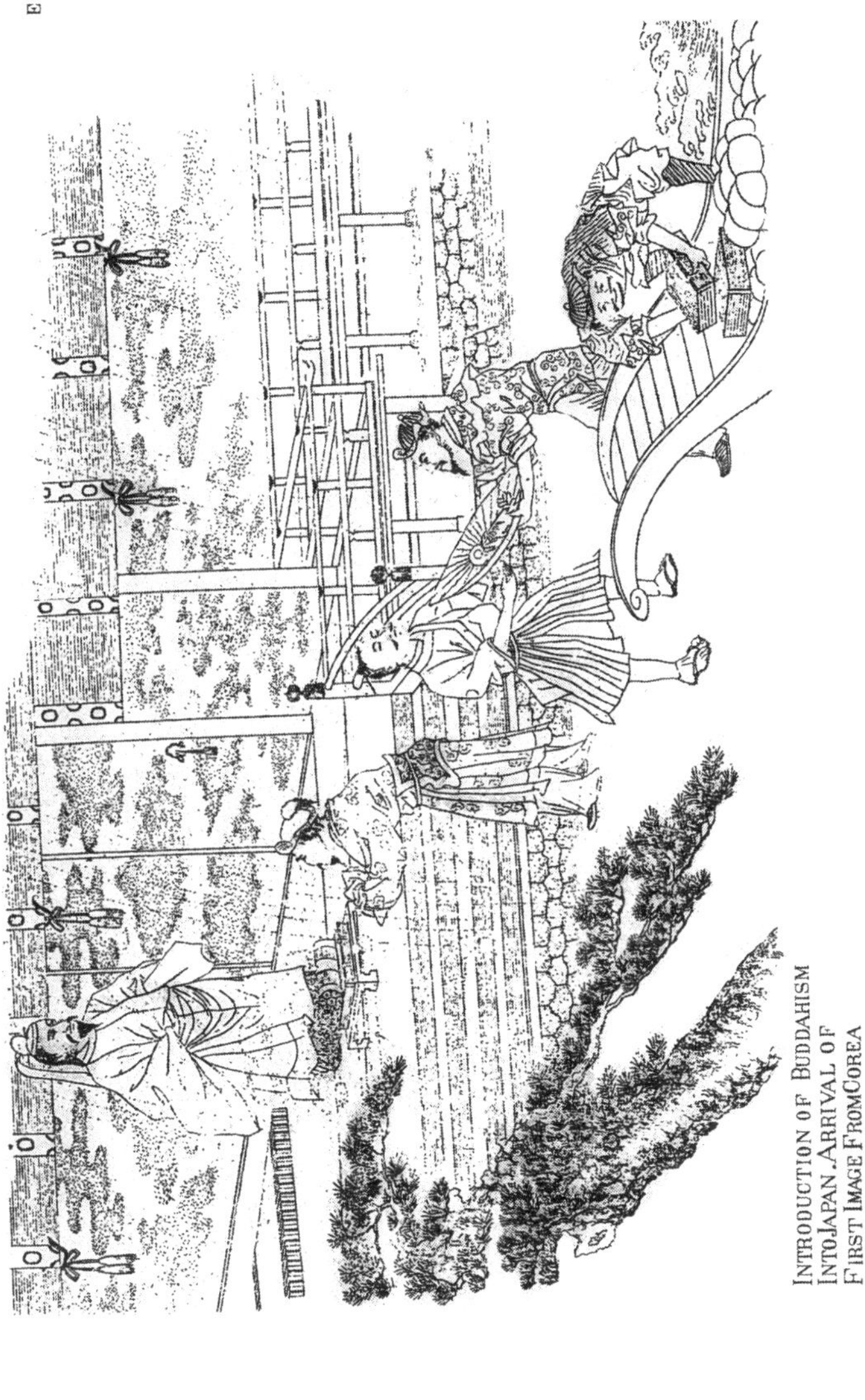

仏教が最初に日本に紹介された様子――朝鮮半島から最初の仏像がもたらされる（A.D.540年）。仏像とともに疫病が入ってきて、人々がバタバタと倒れた。それで神道派の人々は、仏像を「疫《やく》病神《びょうがみ》」と呼んだ。

日本の歴史の書き換え

仏教徒・蘇我氏が朝廷図書館を焼いた

仏教が日本に渡来したのは六世紀。一方、日本最古の史書とされる『古事記』『日本書紀』が記されたのは、八世紀。すなわち、『記紀』（古事記と日本書紀）が書かれた時代は、すでに仏教が日本に渡来して久しかった。

じつは『記紀』は、認められた現存最古の史書ではあるが、それ以前の日本に、歴史を記した書物がなかったわけではない。いや、たくさんあった。朝廷図書館に、山ほど書物や資料があった。ところが七世紀――六四五年に、仏教徒の蘇我《そが》氏がその図書館に火をつけ、それらをすべて焼いて灰にしてしまったのである。彼らは日本の真の過去を葬り去ってしまった。

その後に編纂されたのが、『記紀』である。今もって『記紀』は、一般に「正史」とされているが、じつは『記紀』の誕生には当時の為政者の思惑が多分にからんでいた。そして『記紀』の編纂《へんさん》

道慈は聖徳太子を仏教化した。日本書紀の聖徳太子の仏教関係記述は、彼の手によるものである。彼は様々な仏教資料をもとに、神道信者であった聖徳太子を「仏教の教主」の座にまつりあげた。

において、歴史の捏造《ねつぞう》や、書き換え、すり替えが行なわれた。

というのは、日本はもともと神道国家である。そこに仏教が入ってきた。その後しばらく、日本では神道支持派と仏教支持派との間に、宗教戦争が繰り広げられた。そういう中で、仏教支持派の人々は、この日本を仏教国家にするにはどうしたらよいかと、頭をひねった。そこに妙案が浮かんだ。その妙案とは、権力を握ると共に、過去の歴史を仏教的なものに書き換えてしまうことだった。たとえば過去の偉大な神道信者を、あたかも仏教の偉大な信者であったかのように書き換えるのである。その書き換えられた歴史の最たる例が、聖徳太子にまつわる話である。

聖徳太子は、日本書紀をみると、偉大な仏教の教主《きようしゆ》であるかのように描かれている。しかし、中部大学の大山誠一《おおやませいいち》教授の著『聖徳太子の誕生』（吉川弘文館）によれば、この日本書紀の仏教関係記事を述作したのは、仏教僧「道慈《どうじ》」（?～七四四年）であった。道慈は、七〇一年に唐に渡って仏教を修め、七一八年に日本に帰って、優秀であったために時の為政者のもとで国政を助けた人物である。

先代旧事本紀大成経《さきのよのふることのもとつふみ》にこそ真実が記されている

この仏教僧・道慈が、いわゆる仏教の偉大な教主としての聖徳太子像をつくり出した。たとえば日本書紀によると、聖徳太子は、戦いを前にして仏法の守り神「四天王《してんのう》」に祈り、戦いに勝つなら四天王のために寺院を建てましょう、と誓ったとなっている。これについて大山教授は、こう述べ

四天王寺（天王寺ともいう。大阪）。聖徳太子創建の寺ということになっているが、元来は神社だった。入口の鳥居は、創建当時からあったものである（ただし昔は木製の鳥居だった）。

ている。

「七世紀末、インドから帰国した義浄が、より発展した内容の『最勝王経』を華麗な文章で翻訳したのを、道慈が日本にもたらし、その文章を多用しながら『日本書紀』の仏教記事を述作した。この経典は、四天王信仰ばかりでなく、弁財天や吉祥天の信仰、あるいは放生会《ほうじょうえ》の由来となった長者子流水《るすい》の説話、さらには玉虫厨子《たまむしのずし》で有名な捨身飼虎《しゃしんしこ》の説話などを含み、内容が豊富である。……道慈が、馬子と守屋の戦争の描写に手を入れ、聖徳太子を利用して四天王信仰を広めようとしたことに疑いはないであろう」

実際、聖徳太子が四天王に祈ったとの話が作り話であることは、玉造稲荷神社（大阪）の社伝によっても裏づけられる。社伝によれば、戦いを前にして聖徳太子が祈ったのは四天王に対してではなく、その神社において、神道の神に対してであった。聖徳太子は基本的に神道派だったのである。

実際『先代旧事本紀大成経《せんだいくじほんぎたいせいきょう》』によれば、聖徳太子は仏教を「インドの神道」と見、仏教と儒教を学問としては取り入れていたが、日本の神道を根本としていた。この『先代旧事本紀大成経』（七十二巻）とは、六二二年、聖徳太子が編纂《へんさん》したとされる歴史書で、江戸時代に、伊勢内宮の別宮「伊《い》雑宮《ざわのみや》」の神庫から発見されたという。

しかし、そこには伊雑宮こそ伊勢三宮の本宮であるとの記述があったので、それに対し当時の伊勢神宮が猛反発した。神宮側は江戸幕府に詮議《せんぎ》を求め、その結果、幕府はこれを「偽書《ぎしょ》」と断じ、発禁処分としてしまった。

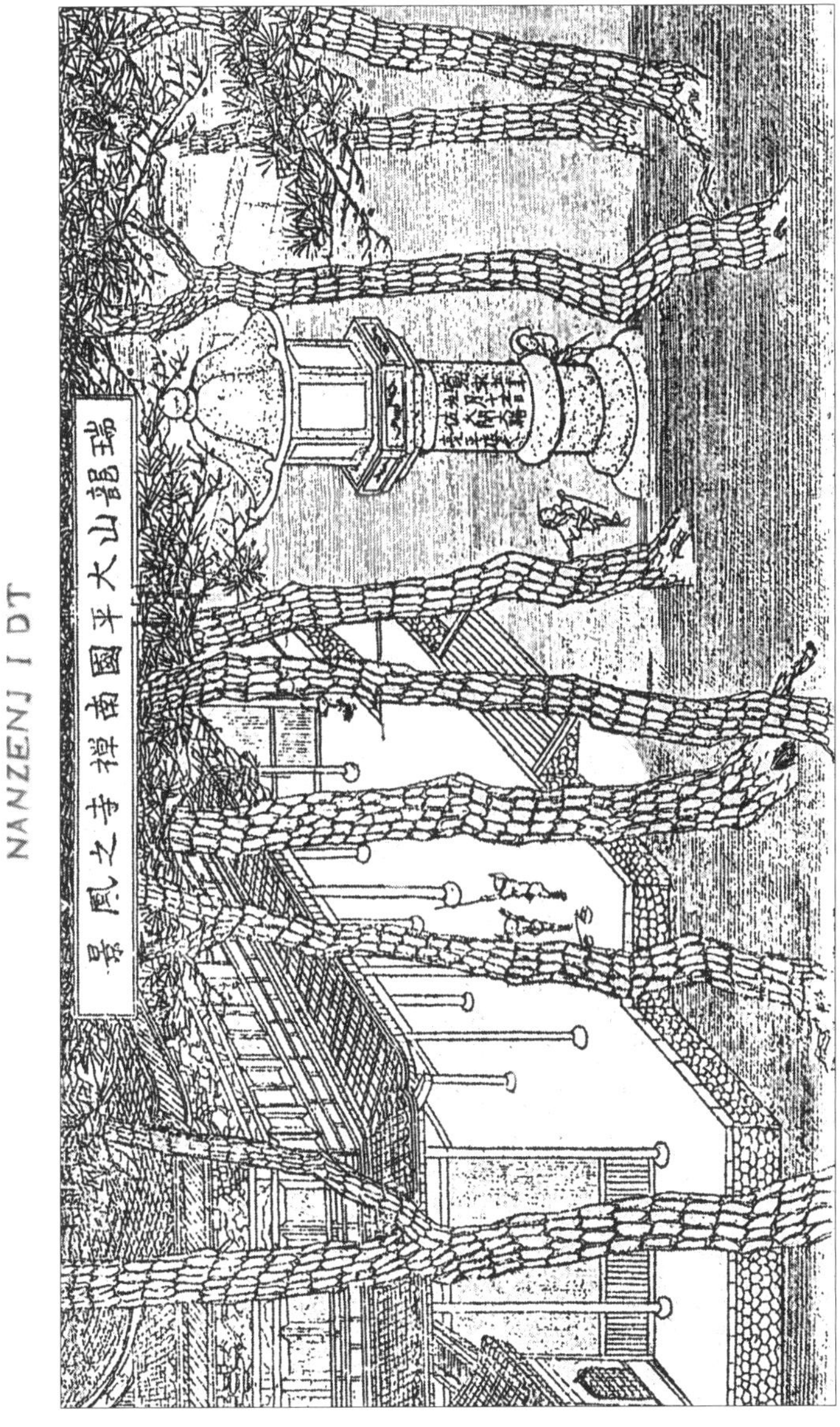

南禅寺（京都市左京区）

以来、『偽書』というレッテルを貼られたままで、「正史」の歴史書とはみなされていない。だが、先代旧事本紀大成経には非常に古い史料も多く含まれており、今日では偽書説への反論も根強い。序文はともかく、本文は史実から来ているとの声もある。

十七条憲法も書き換えられている

この先代旧事本紀大成経には、興味深い記述が多い。たとえば、聖徳太子の「十七条憲法」に関する部分である。日本書紀ではこれは、

「篤《あつ》く三宝《さんぽう》を敬え。三宝とは仏《ぶつ》・法《ぽう》・僧《そう》である。仏教はあらゆる生き物の最後のよりどころ、すべての国の究極のよりどころである」

となっている。読者もよくご存じだろう。ところが先代旧事本紀大成経では、この箇所は次のようになっているのだ。

「篤く三法《さんぽう》を敬え。三法とは儒《じゅ》・仏《ぶつ》・神《しん》である。すなわち、すべての民のよりどころ、すべての国の究極のよりどころである」（第七〇巻通蒙憲法第一七條。宮東斎臣著『聖徳太子に学ぶ十七條五憲法』文一総合出版）。

儒教・仏教・神道を「三法」とし、それらを敬えとなっている。こちらのほうが、聖徳太子が実際に述べた言葉だったろう。太子は日本神道を根本とし、儒教と仏教も「海外の神道」として、それに学んでいた。これをのちに仏教僧・道慈は、「篤く三宝を敬え。三宝とは仏・法・僧である」

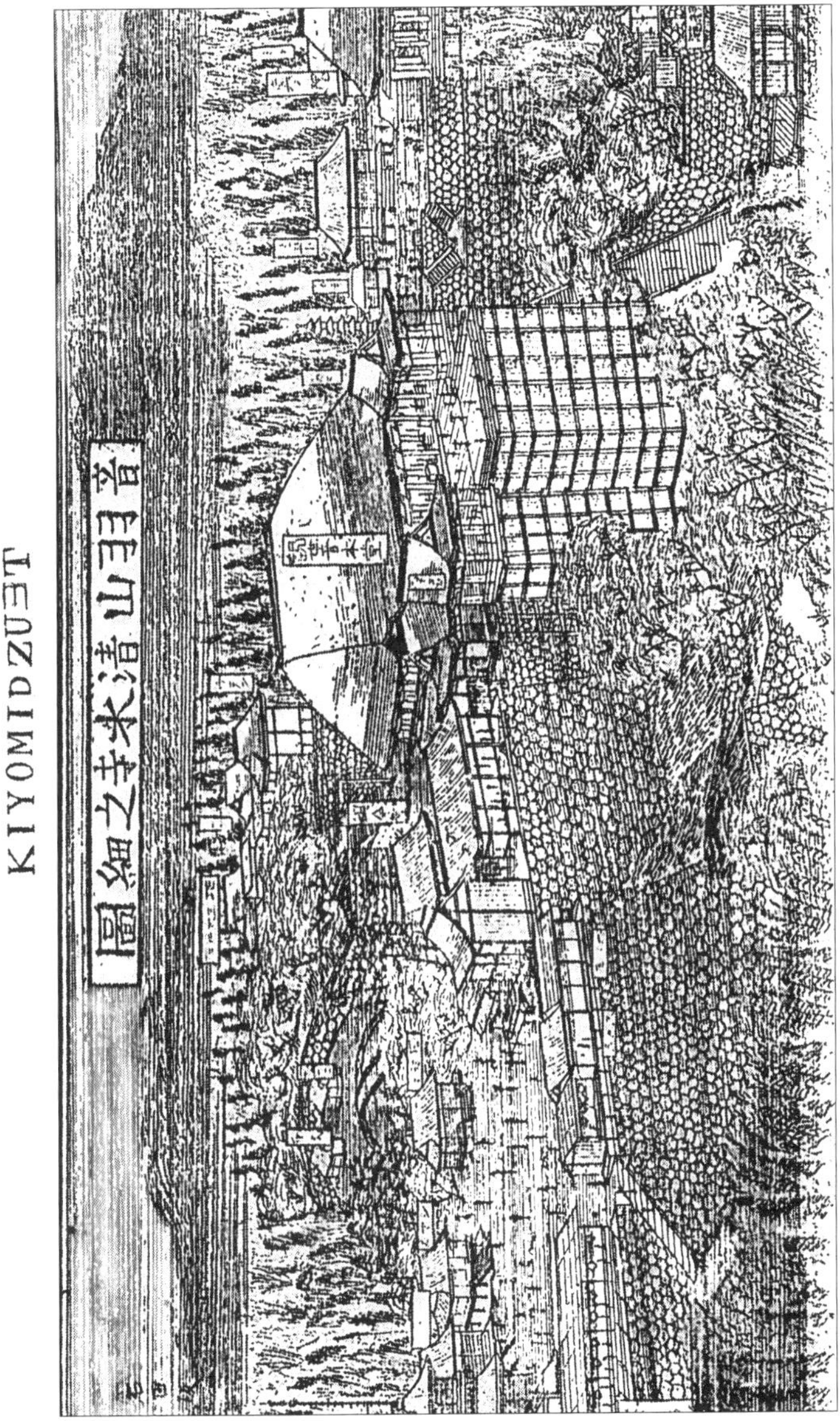

清水寺《きよみずでら》（京都市東山区）

に、すり替え、仏教だけにしてしまったのである。大山教授はこう書いている。

「正しいのは仏教だけだというのだから、ずいぶん、傲慢な言い方である。聖人である聖徳太子に相応《ふさわ》しい言い方ではないであろう。ところが、これこそ、道慈の言い分なのである。『懐風藻』の伝記では、道慈は……性格がはなはだ剛直であると評されており、大変な儒家嫌いであったという。……儒家と一緒に宴会などできるかというのである。……（彼は）仏教の儒教に対する優位を強調した。……とすれば、先の憲法の言い方こそ、まさしく道慈のものであったと言えよう」

仏教の偉大な教主としての聖徳太子像は道慈による創作

すなわち道慈は、基本的に神道信者であった聖徳太子を、「仏教の偉大な教主」の座にまつりあげた。歴史を捏造し、その後のすべての日本人をあざむいたのである。しかし、これは単に彼だけの思惑《おもわく》ではなく、『日本書紀』編纂の実質的責任者・藤原不比等《ふじわらのふひと》の思惑でもあった。

けれども彼らには、このことに関する罪の意識はなかったろう。仏教では、仏法《ぶっぽう》を広めるためという大義名分さえあれば、ウソも許されるからである。「ウソも方便《ほうべん》」（仏教を広めるための手だて）なのである。仏教にはもともと、正しい歴史を保存しなければならないという考え方はない。歴史的意識の世界一希薄な宗教――それが仏教である。

私はこう述べることによって、現在の仏教徒の方を非難しているわけではない。仏教そのものを非難しているわけでもない。仏教には仏教の考え方がある。仏教にも素晴らしい教えがたくさんあ

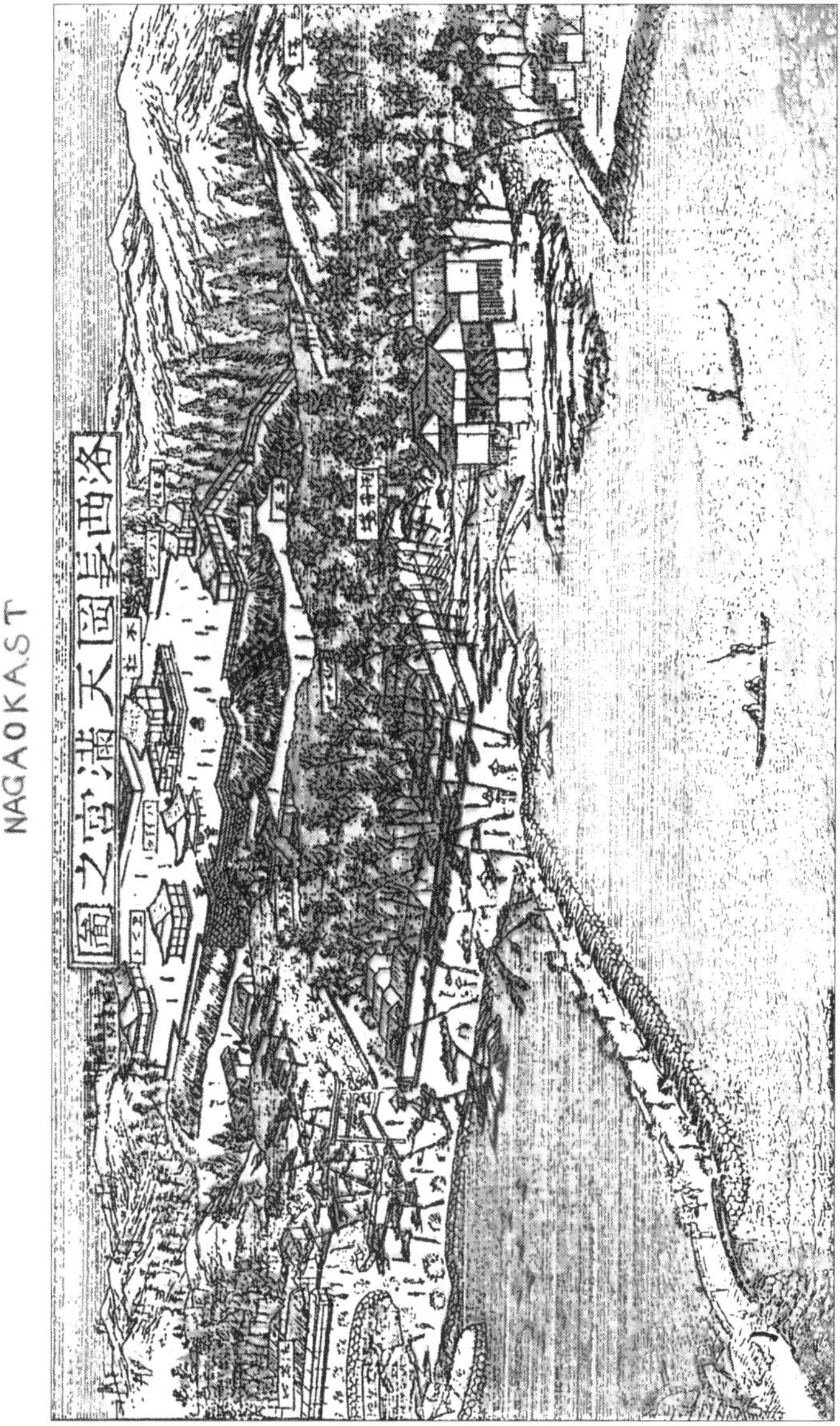

長岡天満宮（京都府長岡京市）

るし、日本の歴史をみれば、素晴らしい仏教徒たちもたくさんいた。だから、もういいじゃないか、と言う意見もあるかもしれない。

しかし、私としては、ウソの歴史を子どもたちに教えていくことには反対なのである。捏造された歴史は廃棄し、本来の歴史を公平に教えていきたい。聖徳太子は、日本の歴史の要である。そこでのウソは、容認できない。「聖徳太子は仏教の教主」といった虚像が教えられ、仏教の宣伝に利用されているのは、決して適切なことではない。仏教は、虚像ではなく真実をもって布教活動に取り組むべきである。

かつて会津の仏教界は、キリシタン大名の蒲生氏郷（洗礼名レオ）を、「熱心な仏教信者」として宣伝に利用してきた。同様なことが、かつて聖徳太子にも起こったのである。すなわち聖徳太子の実像は、仏教とは別のところにある。

いずれにしても、このような方法により、仏教は日本の宗教となった。

ほかにも幾つか、聖徳太子に関する記述を見てみよう。日本書紀は、聖徳太子は強い弥勒《みろく》信仰を持ち、推古《すいこ》二九年の「二月五日」に亡くなったとしている［法隆寺系の釈迦像銘と天寿国繡帳銘では、推古三〇年（六二二）二月二二日］。なぜ道慈の筆による日本書紀は「二月五日」なのか。

じつは道慈は、中国の僧・道宣《どうせん》にたいへん傾倒していた。その道宣が記した高僧たちの伝記『続高僧伝』の中に、玄奘三蔵《げんじょうさんぞう》のことが記されているが、玄奘三蔵は強い弥勒信仰を持ち、二月五日に亡くなったという。つまり道慈は、高僧・玄奘三蔵の人物像を借りながら、聖徳太子像をつくり上げているのである。

このように仏教僧・道慈は、仏教の様々な伝記等から表現を集めながら、仏教の教主としての聖徳太子像をつくり上げていった。しかし、そこにつくり上げられたのは聖徳太子の虚像であって、実像ではない。実像の聖徳太子は、基本的に神道派だったのである。

日本書紀は聖徳太子のつくり話で、皇室のユダヤ起源を封印した

日本書紀ではまた、聖徳太子は「恵思《えし》禅師の生まれ変わり」ということになっている。恵思（五一五～五七七年）は、中国の天台宗の事実上の開祖であり、有名な高僧である。ところが実際には、聖徳太子の生まれたのは、恵思禅師が死んだ年（五七七年）の三年前だった。だから生まれ変わるはずがない。

これが問題になったのは、ずっと後の鎌倉時代以後のことである。道慈の時代には気にもならなかったらしい。また「生まれ変わり」は仏教的観念だから、聖徳太子を「恵思《えし》禅師の生まれ変わり」とした犯人は、自ら仏教徒であることを明らかにしているようなものだ。

これに限らず、聖徳太子＝仏教徒説を形成する伝説は、作り話ばかりである。たとえば聖徳太子で有名な法隆寺には、「聖徳太子の遺品」とされるものがたくさん存在している。ところが、聖徳太子が住んでいた斑鳩宮《いかるが》も、昔の法隆寺も全焼している。聖徳太子の子孫も、仏教徒・蘇我氏によって皆殺しにあっている。なのに、どうしてそんなに様々な彼の「遺品」が残っているのか。

斑鳩宮は、聖徳太子の子孫が全滅した場所でもあり、蘇我氏による徹底的な破壊がなされたはずの所である。また法隆寺は、落雷で一瞬にして崩壊したようである。なのに、たとえば、合わせて四二二キロもある釈迦像とその光背が、どうして無事に残ることができたのか。考えてみると、おかしなものばかりである。

また七四七年になって突然、聖徳太子の『三経義疏《さんぎょうぎしょ》』というものが現われる。これは法華経《ほけきょう》、維摩経《ゆいまぎょう》、勝鬘経《しょうまんぎょう》の三経のための聖徳太子による注釈書だという。とくに、現存の『法華義疏《ほっけぎしょ》』は聖徳太子の自筆だという。

ところが、『三経義疏』が聖徳太子自身のものではなく、中国製であることは、藤枝晃氏や大山誠一氏も論証している。また『維摩経義疏《ゆいまぎょうぎしょ》』に引用された「百行」は聖徳太子より後世のものだから、それが後世のものであることは明らかである。聖徳太子「自筆」という『法華義疏』にしても、聖徳太子の死後一〇〇年以上もたってから、仏教僧・行信《ぎょうしん》（元興寺《がんごうじ》僧侶）が、

「これは聖徳太子の自筆の注釈書です」

と言って持ち込んだものを、ただ信じただけに過ぎない。大山誠一教授は、「この行信という僧侶こそ、法隆寺系史料の捏造《ねつぞう》の中心人物である」としている。このように、日本には「仏教の教主としての聖徳太子」を示す本物は存在しない。すべて後代に捏造された偽物なのである。日本の仏教史は、そのようなものの上に立っている。

この歴史の捏造が、「日本の中のユダヤ」を見えにくくしているのである。

第二部

ノーマン・マクレオドの「日本案内」

ノーマン・マクレオド［著］
久保有政［訳］

イラストは、ことわりのない限りはノーマン・マクレオドの『「日本古代史の縮図」のための挿し絵集』からとったものである（写真類を除く）。

世界一古い日本の王朝

日本の王朝は世界で最も古い。天皇の家系は、紀元前六六〇年までさかのぼることができる。この年は、あの北王国イスラエルの一〇部族が捕囚になった年から約七〇年後である。

天皇家の最初の先祖オセーＯｓｅｅ（オシホミミ）は、北王国イスラエルの最後の王ホセー（Ｈｏｓｈｅａ　ホセア）と名前が同じだ（訳注　マクレオドは「ホミミ」は尊称と考えていた）。

そののち彼の子孫は、三代にわたるこの約七〇年間の捕囚、あるいはその政治的空白期間において統治することはなかった。しかし、そののち神武《じんむ》が初代天皇として座についた。

現在（一八七七年）の天皇（明治天皇）は、神武から数えて第一二三代目である（訳注　現在の歴代天皇表では、一二二代目である）。神武とその民は、王位のしるし、紋章、また古代イスラエルの宗教と伝統を日本の地に持ち込んだ。それについては拙著『日本古代史の縮図』を参照いただきたい。

彼らはヘブル人と同様、自分たちを「神代《じんだい》の人々」つまり神聖なる民と呼んだ。また日本の地を、自分たちの故郷と同じく「神国」「聖地」と呼んだ。彼らにとってそれは新しい国であった。

これは聖書の記述を裏づける。すなわち聖書は、北王国イスラエルの一〇部族はある国に行って、そこで自分たちも先祖も知らなかった神々に仕える、と述べている。その神々の代表は、西暦五四〇年の欽明《きんめい》天皇の時代に入った仏教信仰であった。

しかしそれ以前にも彼らは、自分たちのかつての捕囚地であったアッシリア、メディア、バビロンの宗教や、文化、風習を日本に持ち込んでいる。彼らは日本に来て、この極東の島国、未開の地を文明化した。それはのちに東洋文明の標準となるほどだった。

現在の日本は、たいへん美しい王国である。様々に表情を変え、人々も景色も無比の魅力に満ちている。世界のパラダイス、と形容しても言い過ぎではない。百聞は一見にしかず、見る者は誰しも、神がこの国を造り、人が町をつくった、と言うことだろう。

国中の主な都市や、古い町々の中にも、美しい自然の池や人造の池などがある。錦鯉《にしきごい》など、金や銀の魚が豊富に飼われている。小島、池、庭園は整えられ、魅惑的なこの国のミニチュアパノラマを形成している。

かつてシェバの女王は、はるばる遠い国からソロモンの英知を聞きに来た。そのように、人々は世界中からこの真珠のような国を見に来ることだろう。そしてその美しさを語らずにはいられないであろう。

SUPPOSED ORDER OF MARCH OF ISRAELITES TO JAPAN
PARTLY TAKEN FROM ANCIENT PICTURES

[マクレオドの注釈]
日本にやって来たイスラエル人の行進？（古い巻き物より）聖書や他の古代資料によれば、イスラエル人の本隊は東方のかなたに向かったと考えられる。

SUPPOSED ORDER OF MARCH OF ISRAELITES TO JAPAN
PARTLY TAKEN FROM ANCIENT PICTURES CONTINUED

[マクレオドの注釈]
日本にやって来たイスラエル人の行進？（古い巻き物より——続き）

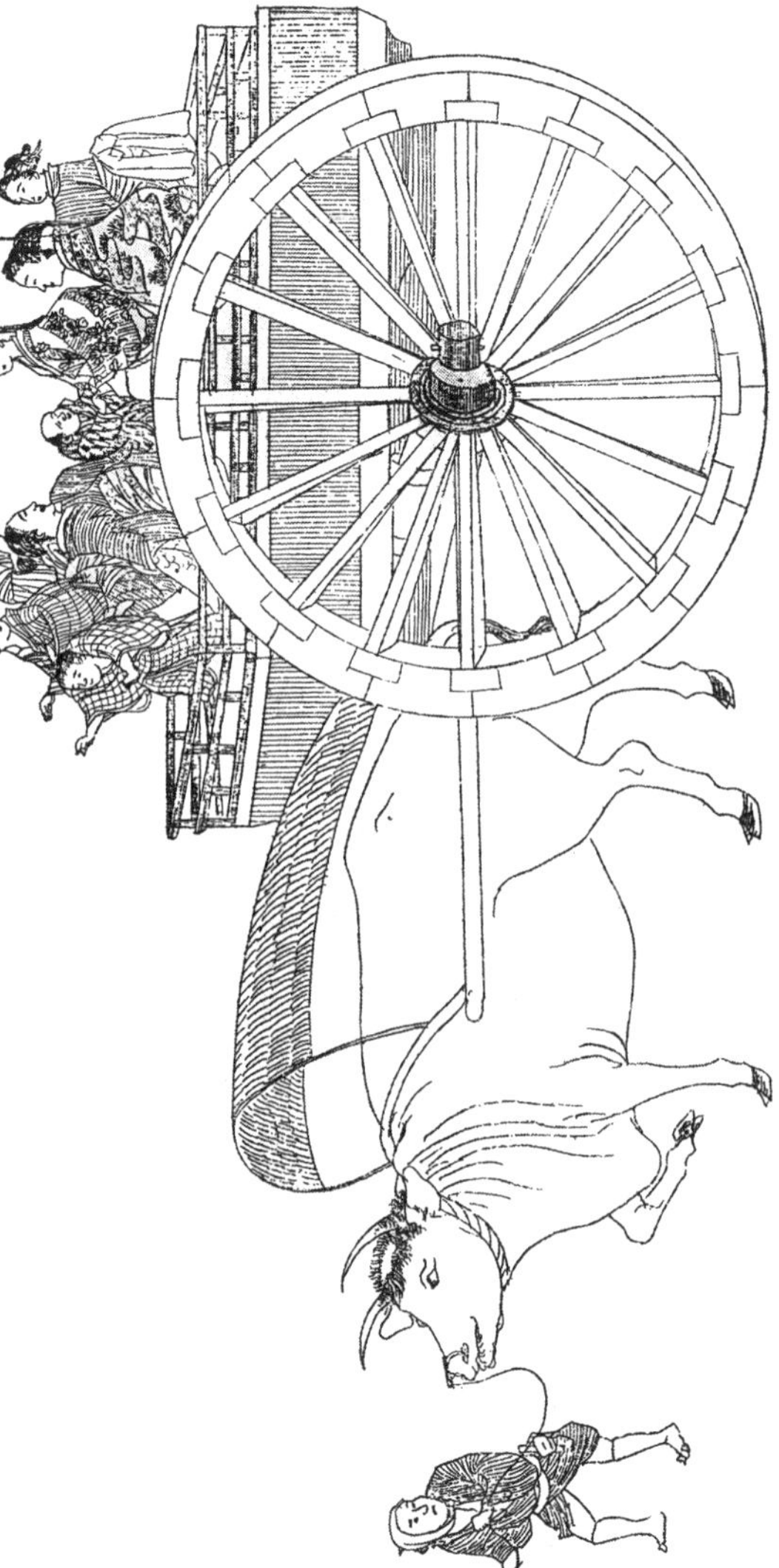

SUPPOSED CONVEYANCE OF ISRAELITES FAMILIES TO JAPAN CART OF THE PERIOD AND LARGE OX
EP.P.32

[マクレオドの注釈]
日本にやって来たイスラエル人家族？　当時の車と大きな雄牛。
[訳者注]
本書第三部で、エドワード・オドルムは牛車に乗った人々のこの光景について、論評を加えている（P.297）

神道の起源

日本神道の神話において、最初に現われ出た神は「造化三神《ぞうかさんしん》」、すなわち三位一体神である。造化三神とは、

アメノミナカヌシの神（天御中主神）――主なる神、天の王。
タカミムスヒの神（高皇産霊神）――高き神、造り主。
カムムスヒの神（神皇産霊神）――神の神、造り主。

神道の教典は、はじめにこれら三神がいたと述べる。彼らは目に見えない神であり、この三神によって天と地と万物が始まったという。

「シントウ」（神道）のシンは、神、光、また真理を意味する。トウは道、教え、あるいは扉の意味である。「神道」は天の神の教え、光、またその真理のことである。

「ナカ」は中であり、中央に座す王、また支配者をさす。「アメ」は天のこと。天皇は天子とも呼ばれ、天の神の子を意味する。皇室は「シンオウ」（神王）である。

神社は、「ヤシロ」(社)ともいい、清浄また聖なる幕屋である。神社は、拝殿と本殿から成る。神道の祭司を「カンヌシ」(神主)という。カンは神のこと。彼らは、古代ユダヤの祭司と同様のリネンの衣、かぶり物、袴《はかま》を着ている。神事にたずさわるときにのみ、それらを着る。

神社には、古代ユダヤの幕屋にあったと同様の神楽《かぐら》用の楽器がある。九州には、最高神のための神社がある(訳注　宇佐《うさ》神宮)。

[訳者注]マクレオドもまた、神道の「造化三神」に着目している。この三位一体神は、第一部で述べたように、もとは古代のユダヤ・キリスト教に由来するものであろう。

またマクレオドは、神道とは「神の道」を表すことに注目している。ヨセフ・アイデルバーグも、古代の日本人が自分たちの宗教を、「〜教」「〜主義」(イズム)として捉えるのではなく、「神の道」として捉えてきたことに深い意義があると述べている。

というのは古代イスラエル人もまた、自分たちの宗教を「主の道」「神の道」として呼んできたからである。旧約聖書に次のように記されている。

「あなたが、あなたの神、主の命令を守り、主の道を歩むなら、主はあなたに誓われたとおり、あなたを、ご自身の聖なる民として立ててくださる」(申命記二八章九節)

SUPPOSED RAFTS ISRAELITES CROSSED ON VIA SAGHALIEN TO JAPAN TAKEN FROM ANCIENT PICTURE
EP.P27

[マクレオドの注釈]
イカダに乗ってサハリンから日本へ向かうイスラエル人たちか（古代絵画より）。
ケンペルは、日本人はバビロニア方面から来たと述べている。彼はまた、彼らはトウのイカダに乗って海を渡ったという。

日本のバアル

雌牛の「バアル」（メソポタミアの人身牛頭の偶像神）は、日本で早い時期から崇拝されていた。それは「牛神」と呼ばれている。日本語の「メウシ」は雌牛を意味する。

バアルは、しばしばイザナミや、他の神々と共にまつられている。バアルは皮膚病治癒のご利益があるとされている。治された人は宮に、陶器の牛、またはバアルの偶像を奉納する。

トビト書（旧約聖書外典）には、雌牛のバアルが登場する。聖書では、それはサマリアの子牛と呼ばれ、その起源はエジプトにある。神道の神々は、マイナーなものは川の丸い石から森の木まで、いろいろある。

［訳者注］古代イスラエル人は、しばしば周囲の国々の宗教に影響され、異教神「バアル」を礼拝した。バアルは牛神であり、日本の各地に牛神礼拝の風習があるのはバアル信仰から来ているのではないか、とマクレオドは考えた。

EPP1C5T0115

ASSYRIAN AND JEWISH ANTIOJITIES FOUNDIN JAPAN

SEESMITH ANDKITTOSBIBLEDICTIONARIES
JAPANESE IMPERIALCREST TRACEDTORUINSOFSOLOMON'S
PALACEANDJEWISHLANTERN

[マクレオドの注釈]
日本で発見されたアッシリアまたユダヤの古代遺物。スミス＆キットー聖書事典を参照。日本の皇室の紋章（一六菊花紋）は、ソロモン王の宮殿遺跡、およびユダヤのちょうちんにあった紋章に由来する。

祖先崇拝、英雄崇拝

かつて古代イスラエル人は、「高き所」と呼ばれる礼拝所のとなりに、死んだ王を葬ったり、その遺体を拝んだりした。また、祖先や英雄を記念する柱を立てたりして、真の神の宮をけがした。日本人もまた同様のことをしている。それは天皇の墓（陵）に見られる通りである。皇族（宮家）や大名も、死ぬと神格化され、人々に拝まれている。大名もまた「神」と呼ばれている。

［訳者注］先祖を大切にし、弔う気持ちは、人間としてきわめて自然であり、また欠かせないものである。しかし、先祖や英雄を神格化し、真の神と同等、あるいはそれ以上であるかのように拝んだりするようになると、本当の「神の道」ではなくなってくる。

けれども祖先崇拝、英雄崇拝の風習を、一概に「偶像崇拝」として全否定するのは不適切であろう。それはむしろ、人間の宗教心のあらわれの一つである。まだ初歩的なものかもしれないが、そこから私たちは真の神崇拝へと進むべきであろう。

［マクレオドの注釈］日本で発見された古代文字（神代文字）。ニネヴェ、バビロン、メディアの古代文字に似ている。日本ではこれは神代の秘文（ひふみ）と呼ばれている。

神功《じんぐう》皇后の軍艦

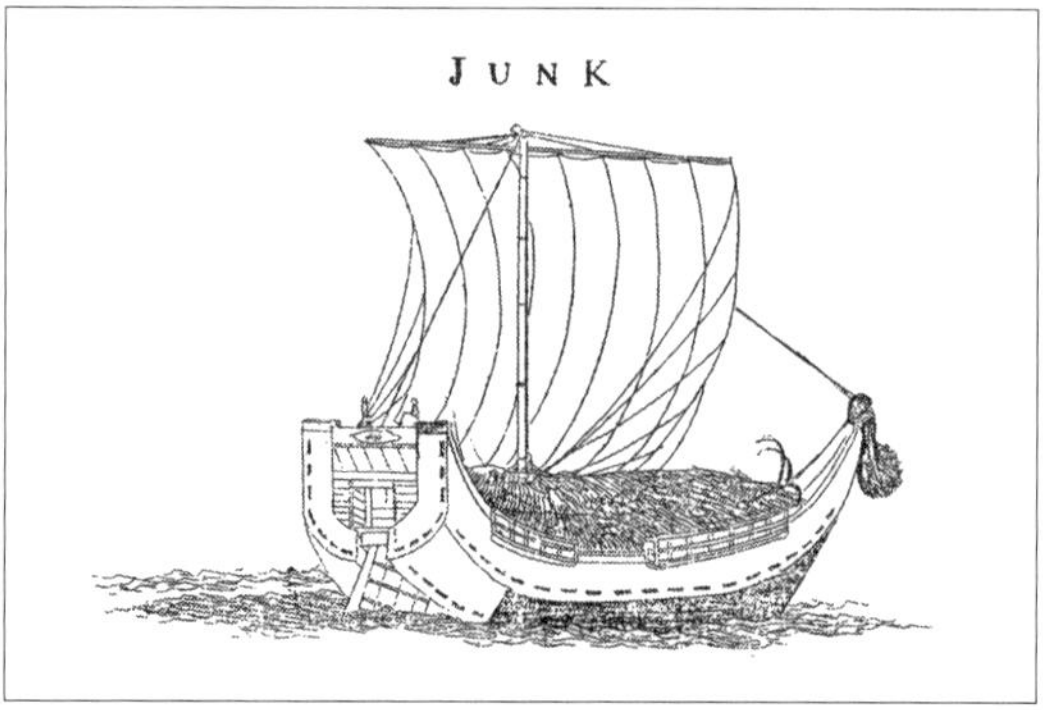

平底帆船

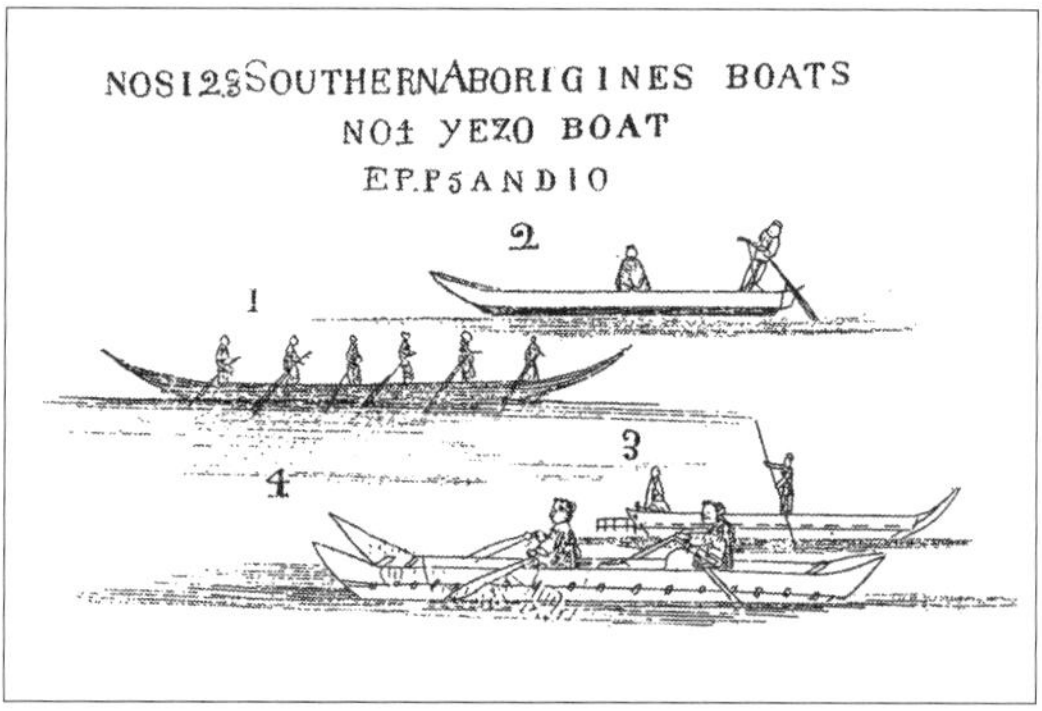

No.1・2・3　南方系原住民のボート　　No.4　蝦夷のボート

[マクレオドの注釈] 日本に見られるパレスチナの木、果物、花

太陽神崇拝

日本で太陽は、大神《おおかみ》また大御神《おおみかみ》と呼ばれている。女神ともされ、アマテラス（天照大神）とも呼ばれている。彼女は、天皇家の先祖神である。

アマテラスの中心的な宮は、伊勢にある。伊勢神宮では、聖なる鏡（八咫鏡《やたのかがみ》）が、アマテラスの魂を映すものとして代わりに拝まれている。日本では太陽、月星、また天の万象が、アマテラスにまつわるものとして同様に拝まれている。

それはまた、「大日信仰《だいにち》」とも結びついている。これは大いなる光、大いなる日の意味で、「大日様」（大日如来）と呼ばれて拝まれている。

太陽神信仰の起源は、エジプトにある。エジプトの都市オン（これは聖書地名で、ギリシャ名ではヘリオポリス、古代エジプト名イウヌウ）が、古代太陽神信仰の中心地だった。日本でアマテラスは「オンカミ」（御神）と呼ばれており、オンの名はそれに由来する（訳注　これはマクレオドの日本語力不足による）。

EP.P 113

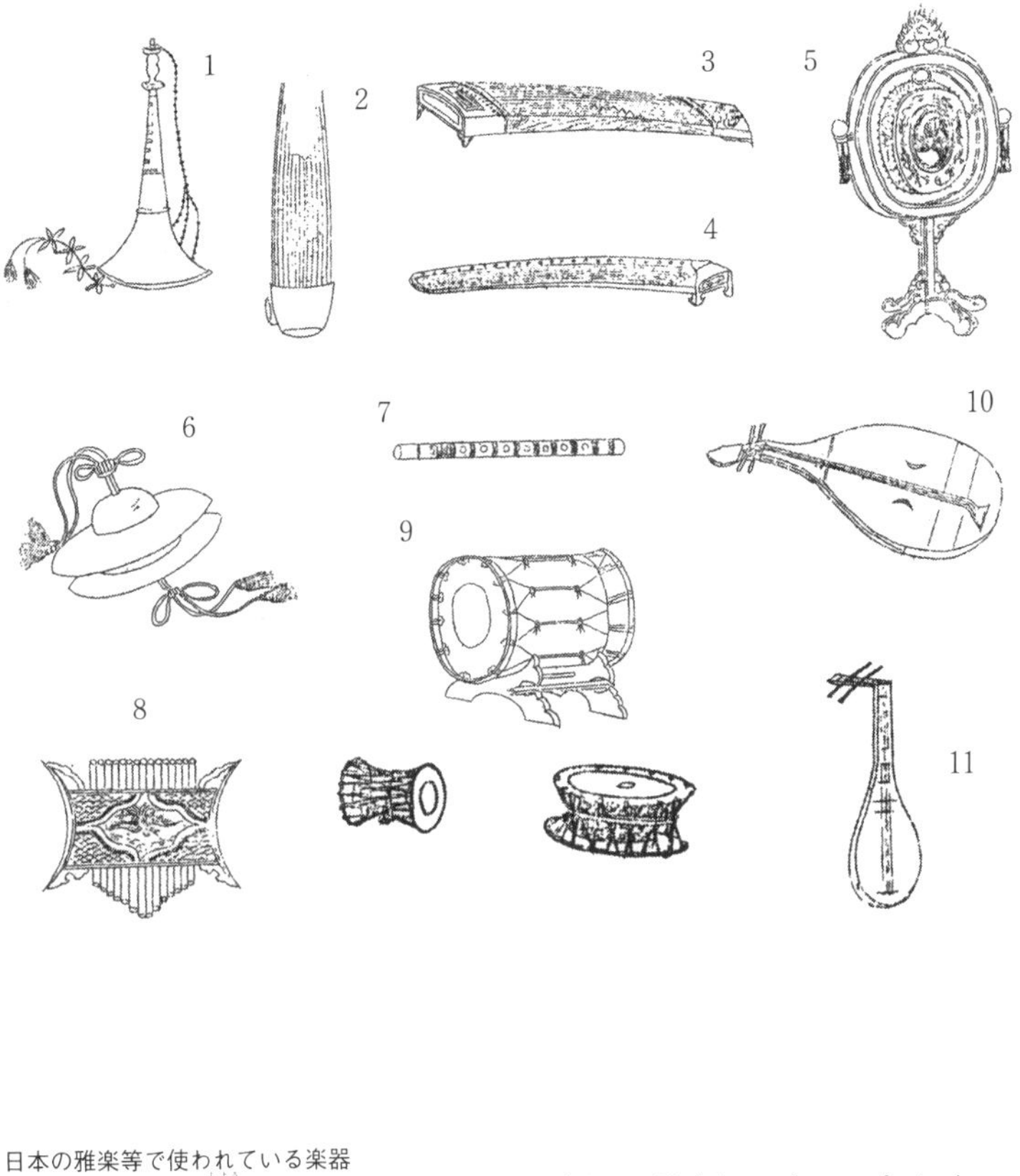

日本の雅楽等で使われている楽器
（1）ラッパ。（2）笙《しょう》。口を下部につけて吹く。その起源は口琴（ジューズ・ハープ　Jew's harp）とも言われる。ジューズ・ハープは、ユダヤ人を介してヨーロッパに広まったという説のある楽器。（3）琴（マクレオドは、「アッシリアのハープ」に似ているという）。（4）十弦琴。（5）太鼓。（6）シンバル。（7）横笛、あるいは篳篥《ひちりき》。篳篥は日本古来の楽器で、形も音も、トルコやアルメニアで今も吹かれている「メイ」や「ドゥドゥク」という楽器によく似ている。シルクロードのどこかの国で生まれ、中国を経由して日本に伝えられたと考えられている。（8）ハーモニカ。（9）太鼓。(10) 琵琶《びわ》（マクレオドは、「ユダヤのビオラ」と注釈している）。正倉院には、飛鳥時代に伝わった琵琶が残っているが、これにはラクダの絵が描かれていることから、中近東や中央アジアが故郷だと言われている。(11) 琵琶（マクレオドは、「ユダヤの小型鉄ハープ——英国で使われているものにも似ている」と注釈している）。

これらの楽器は、旧約聖書の次の記述を想起させる。「ダビデは、レビ人の長たちに命じて、詠唱者であるその兄弟たちを任務に就かせ、琴、竪琴、シンバルなどの楽器を奏で、声を張り上げ、喜び祝うようにさせた。……青銅のシンバルを鳴らし、琴をアラモト調で奏で、竪琴を第八調で奏でて歌を導いた。……ラッパを吹き鳴らした」（歴代誌上一五章一六～二四節）

日本の天皇は、太陽神アマテラスのための大祭司である。礼拝や儀式にたずさわるときの天皇は、祭司のかぶり物、および白いリネンの装束《しょうぞく》を身につける。また皇后は、伊勢の女祭司長である。

太陽の車は、火車と呼ばれている。祭において太陽に捧げられたクリーム色の馬（神馬《しんめ》）は、御《ご》幣《へい》をつけている。御幣とは聖なる白い紙で、馬の背につけられる。

日本人によれば、初期の神道の神社に鏡はなかったという。

［訳者注］太陽神崇拝は、もともとイスラエル周辺の中近東諸国で盛んだった。それが古代イスラエルにも入り、イスラエル人も太陽神を崇拝するようになった。太陽神崇拝は、イスラエル人が神の裁きを受け、捕囚とされる原因の一つともなったものである。

日本でも太陽神アマテラスは、日本の宗教の中心的位置を占めている。そしてかつて中近東には、「太陽神に捧げる馬」の風習があった。それが神殿の入り口付近に置かれていた。同様に日本の伊勢神宮の入り口付近には、「太陽神アマテラスに捧げられた神馬」の風習が、古代から連綿として続けられている。

日本の太陽神崇拝はまた、大日信仰とも結びついている。大日如来の信仰は、インドから来たものだが、インドでも太陽神信仰と仏教信仰が結びついていた。かつて一六世紀の日本に、初めてカトリックのキリスト教を伝えたフランシスコ・ザビエルは、日本であまりに大日信仰が盛んなのをみて、当初、聖書の神を「大日様」と呼んで神を伝えたことがある。

日本の紋章、武具、牛車。これらには、ユダヤとのつながりを思わせるものが多いと言われる（本書第三部参照）。

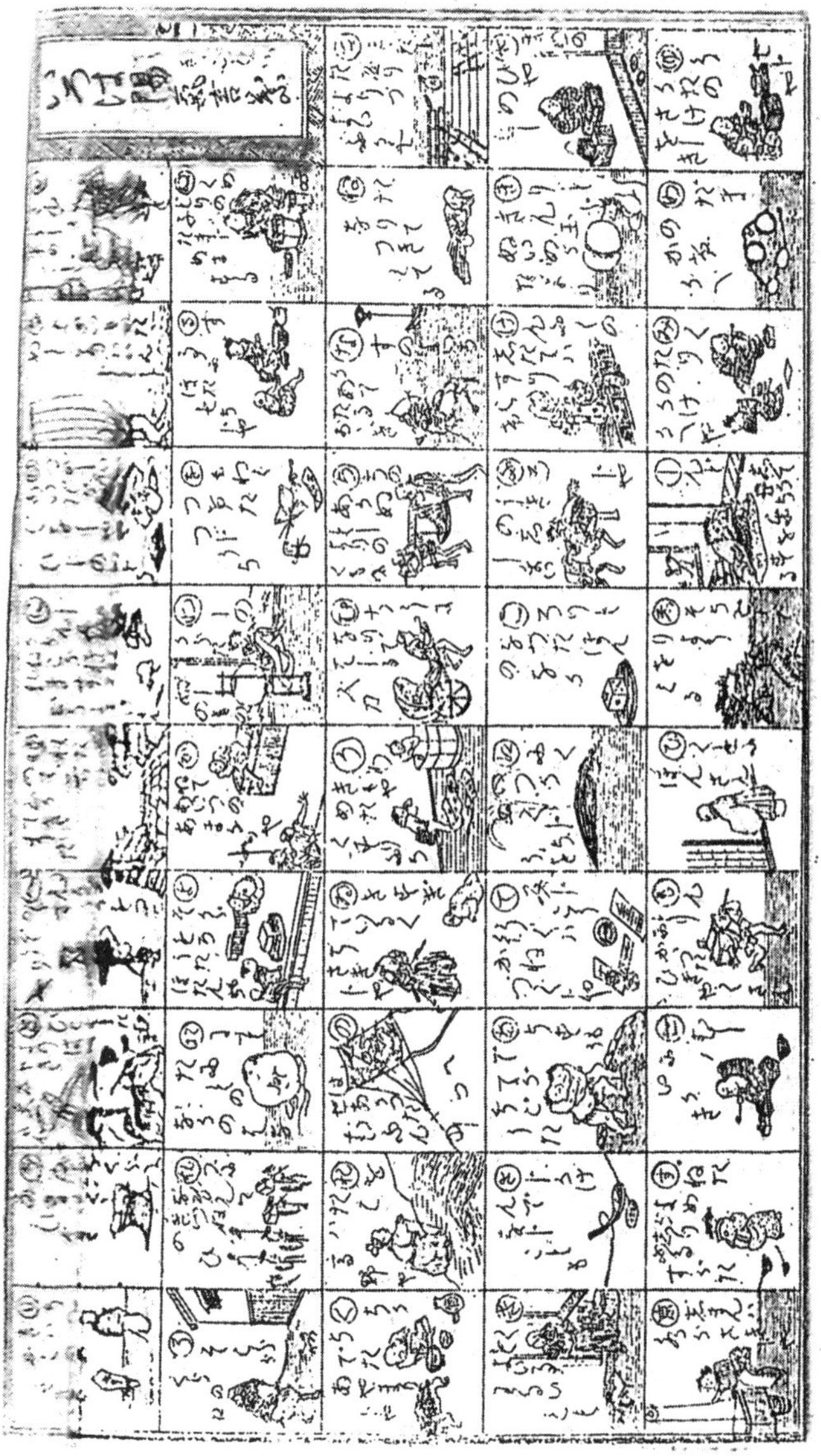

百人一首

磔刑《たつけい》。および敲刑《たたきけい》

日本研究、神道研究

神道信仰の最も優れた日本人解説者としては、馬淵《まぶち》、本居《もとおり》、平田の各氏がいる。とくに平田氏(平田篤胤《あつたね》)は、前の二者の研究をふまえた上で、現存する神道信仰を最も優れた形で説明している。しかし佐藤氏がいみじくも言っているように、古代ヤマトの言語研究は、神道理解に対しさらに多くの光をもたらすことだろう。不幸なことに、最も優れたヤマト言葉の辞書である「雅言集覧《がげんしゅうらん》」(一八二六年発行)も、「な」の項まではあるが、残りは大火事のときに焼けてしまったという。

私は本書において、自分の能力の及ぶ限り、一〇年近くにおよぶ私の日本研究と、神道研究、旅の成果を、読者に分かち合おうと努力した。さらに詳しい事柄については、拙著『日本古代史の縮図』を参照いただきたい。

MYTHOLOGICAL ANIMALS AND
BIRDS E.P.P 112 TO 116

日本神話に出てくる動物や鳥。神話に登場するこれらには、宗教的な表徴が隠されている。

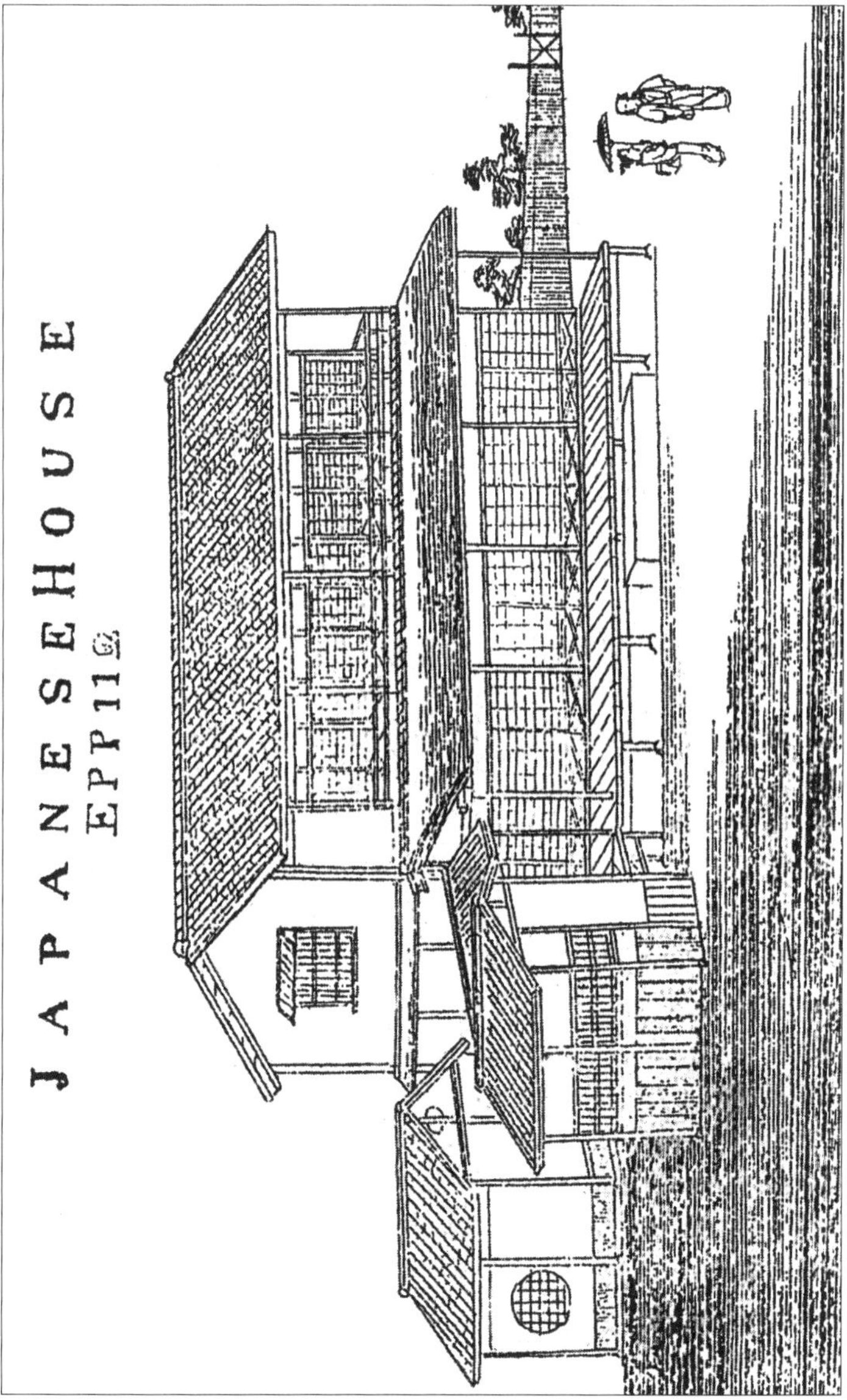

日本家屋。家屋の違いにもあらわれているが、日本人は北方からの移民、朝鮮半島方面から来た移民、南方から来た移民などの混血である。

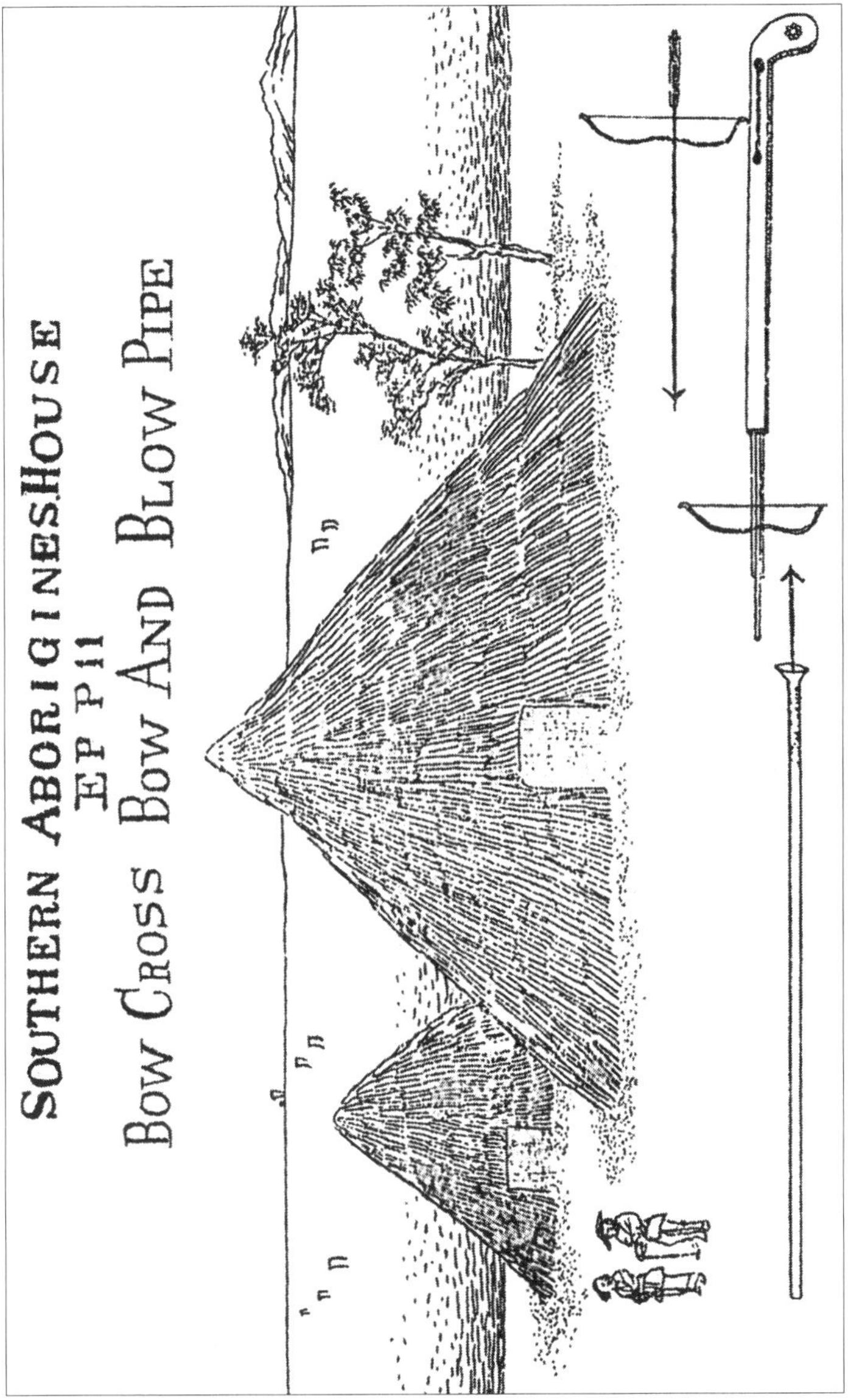

南方原住民の家屋　弓矢、クロスボウ（弩）、吹き矢

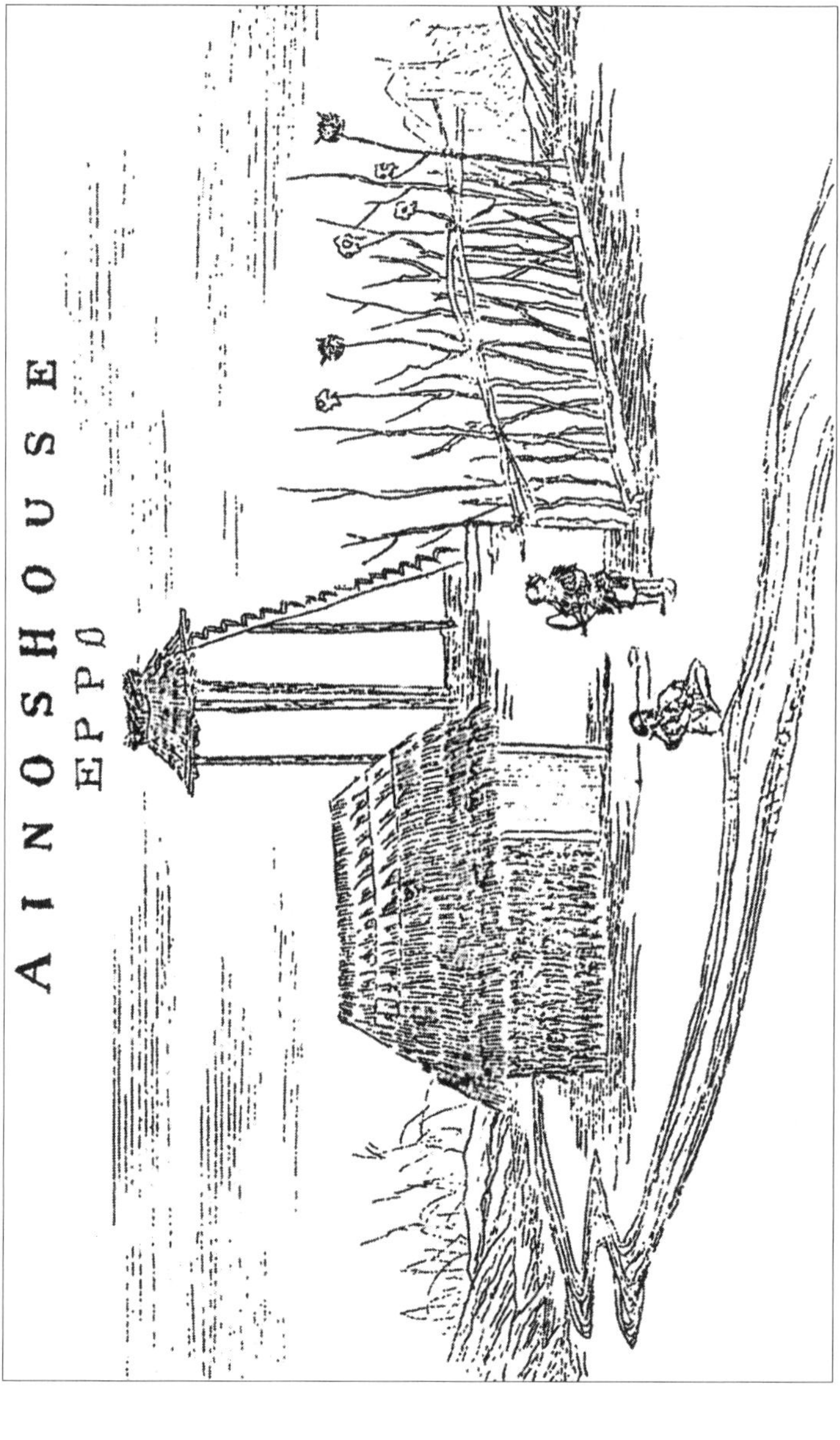

アイヌの家屋

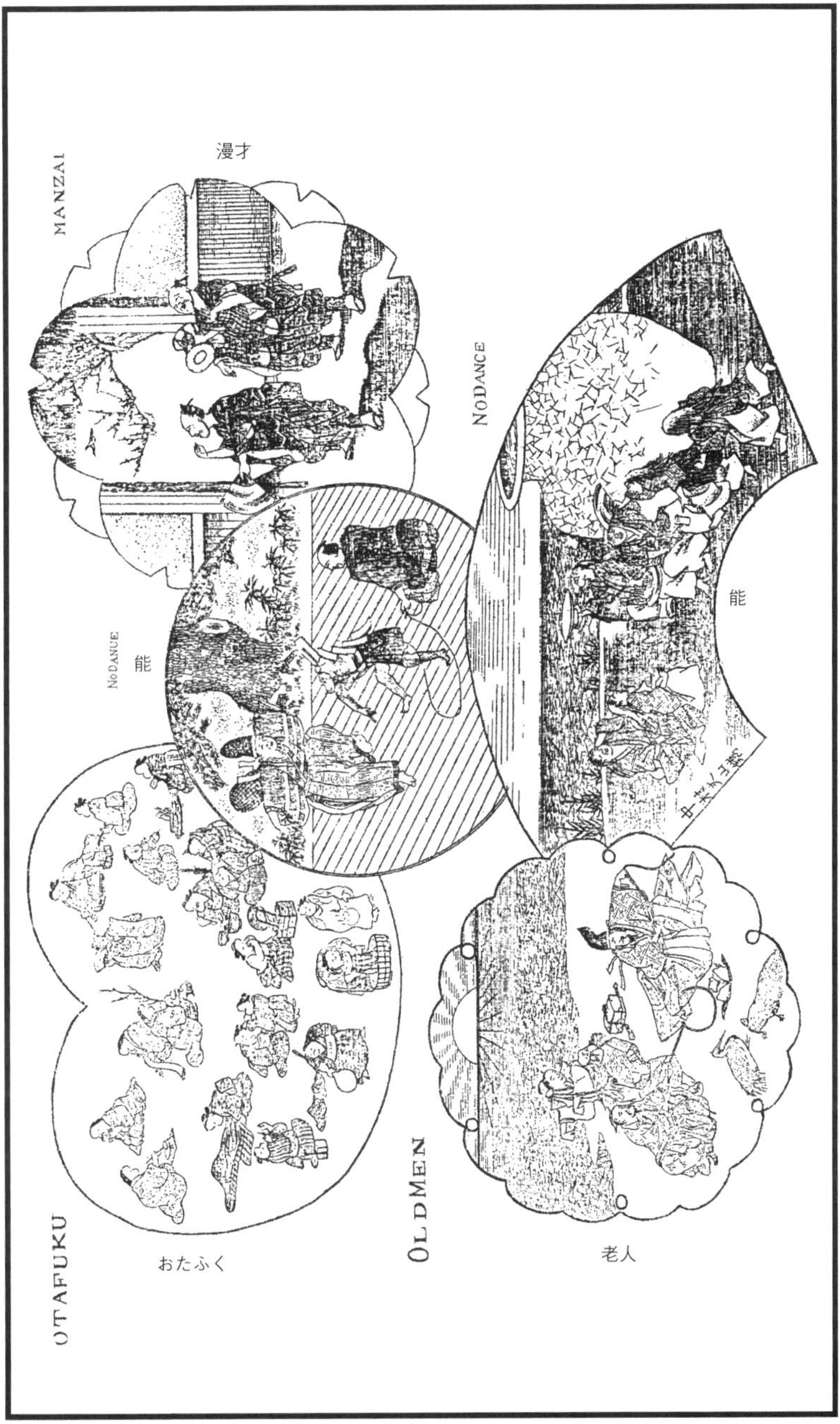
MANZAI
漫才
NoDance
能
NoDanue
能
Otafuku
おたふく
OldMen
老人

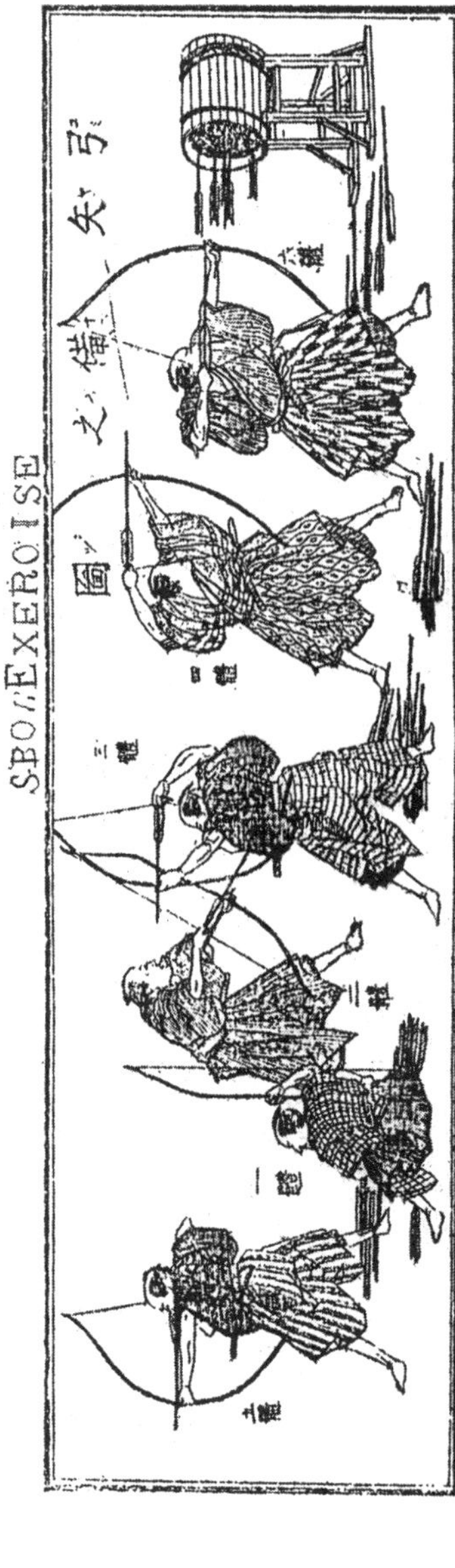

弓道

剣道と槍術

鉄砲と棒術

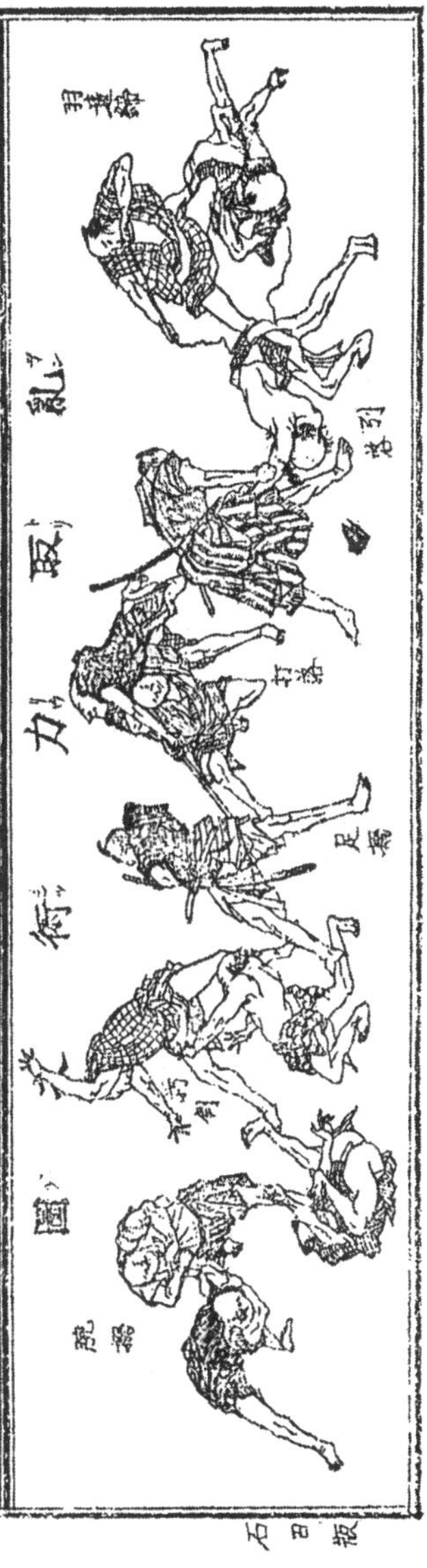

格闘技

古代および現代の人力車。明治期に爆発的に広がった人力車は、1869年（明治２）東京日本橋で料理人をしていた和泉要助が、蓮台《れんだい》や西洋の馬車にヒントを得て考案したものである。

猿楽《さるがく》。日本の古い芸能の一種で、申楽と記すこともある。平安期では曲芸、滑稽なしぐさ芸、掛合芸、物まね芸などをいい、平安末期には筋立てのはっきりしたものになった。

歴代の天皇とその墓

かつて古代イスラエルの王たちは、預言者エレミヤの時代に、天の神の子たちと呼ばれた。同様に日本の天皇は、天子《てんし》と呼ばれている。旧約聖書ホセア書に、

「彼らは王を立てた。しかし、それはわたし（神）から出たことではない」（八章四節）

と言われているが、同時代の日本の歴史も、この聖書の言葉を裏づけている。オシホミミは太陽神アマテラスから王国を受け継いだからである。神話上の母アマテラスからオシホミミが生まれ、彼は「ミコト」（尊）という竜の称号で呼ばれたのである（訳注　マクレオドは、「ミ」は、「巳」すなわち蛇、竜と理解していた）。

最初の天皇である神武も、その称号で呼ばれた。神武はまた、イワレヒコとも呼ばれたが、ヒコは日の子の意味である。

日本の歴代天皇の墓に関する情報が、日本語以外の文献に掲載されたことはない。それで、この情報は何かしら読者の興味を引くものと思い、ここに掲載することにした。

［訳者注］日本の歴代の天皇や、その墓の位置について、こうした表を掲載するマクレオドの熱意に敬服させられる。古事記、日本書紀の記述を文字通り受け取れば、約二七〇〇年近い歴史を持つ万世一系の天皇家は、世界の注目の的である。

そしてそれはユダヤ人からみても、注目の的である。単に天皇家が世界一長く続いた王家である、というだけの理由ではない。かつてヨーロッパの君主政治において、君主と民は、搾取する者と搾取される者との関係だった。しかし日本ではそうではない。天皇と国民の関係は、搾取の関係ではなく、尊敬すべきリーダー、また大祭司的な存在である君主と、民との関係だった。

だから、かつて昭和天皇がマッカーサー元帥の前で、「私の一身はどうなってもかまいません。どうか国民を助けて下さい」と言ったとき、欧米諸国の人々は驚嘆したのである。欧米では、君主は戦争に負けたとき、亡命するか、あるいは占領軍の前に命乞いをするのが普通だった。

しかし昭和天皇は、自ら戦勝国の将軍の前に進み出て、自分が死ぬことになっても国民を助けて欲しいと、懇願した。その言葉に、マッカーサー元帥は深く心を打たれたという。それは真に国民と共に生きる大祭司的君主の言葉であった。このような君主は、じつはユダヤ人が古代から理想としてきたものなのである。古代イスラエルのダビデ王はそのような君主であったし、現代においても、彼らが理想とするのはそのような君主制である。

歴代の天皇とその墓

■神話の時代

		読み	在位	陵墓
1	天忍穂耳	あめのおしほみみ[*1]	前730年頃	日本にはない
2	瓊瓊杵	ににぎ	＋	薩摩
3	山幸彦	やまさちひこ	＋	日向
4	鸕鷀草葺不合	うがやふきあえず	＋	大隅

■歴代天皇

		読み	在位	陵墓
1	神武天皇	じんむ	前660年1月1日～前585年3月11日	大和
2	綏靖天皇	すいぜい	前581年1月8日～前549年5月10日	〃
3	安寧天皇	あんねい	前549年7月3日～前511年12月6日	〃
4	懿徳天皇	いとく	前510年2月4日～前477年9月8日	〃
5	孝昭天皇	こうしょう	前475年1月9日～前393年8月5日	〃
6	孝安天皇	こうあん	前392年1月7日～前291年1月9日	〃
7	孝霊天皇	こうれい	前290年1月12日～前215年2月8日	〃
8	孝元天皇	こうげん	前214年1月14日～前158年9月2日	〃
9	開化天皇	かいか	前158年11月12日～前 98年4月9日	〃
10	崇神天皇	すじん	前 97年1月13日～前 30年12月5日	〃
11	垂仁天皇	すいにん	前 29年1月2日～ 70年7月14日	〃
12	景行天皇	けいこう	71年7月11日～ 130年11月7日	〃
13	成務天皇	せいむ	131年1月5日～ 190年6月11日	〃
14	仲哀天皇	ちゅうあい	192年1月11日～ 200年2月6日	河内
	(神功皇后)[*2]			大和
15	応神天皇	おうじん	270年1月1日～ 310年2月15日	河内
16	仁徳天皇	にんとく	313年1月3日～ 399年1月16日	出雲
17	履中天皇	りちゅう	400年2月1日～ 405年3月15日	〃
18	反正天皇	はんぜい	406年1月2日～ 410年1月23日	〃
19	允恭天皇	いんぎょう	412年12月 ～ 453年1月14日	河内
20	安康天皇	あんこう	453年12月14日～ 456年8月9日	大和
21	雄略天皇	ゆうりゃく	456年11月13日～ 479年8月7日	〃
22	清寧天皇	せいねい	480年1月15日～ 484年1月16日	河内
23	顕宗天皇	けんぞう	485年1月1日～ 487年4月25日	大和
24	仁賢天皇	にんけん	488年1月5日～ 498年8月8日	河内
25	武烈天皇	ぶれつ	498年12月 ～ 506年12月8日	大和
26	継体天皇	けいたい	507年2月4日～ 531年2月7日	摂津
27	安閑天皇	あんかん	531年2月7日～ 535年12月17日	河内

		読み	在位	陵墓
28	宣化天皇	せんか	535年12月　～539年2月10日	大和
29	欽明天皇	きんめい	539年12月5日～571年4月	〃
30	敏達天皇	びたつ	572年4月3日～585年8月15日	河内
31	用明天皇	ようめい	585年9月5日～587年4月9日	〃
32	崇峻天皇	すしゅん	587年8月2日～592年11月3日	大和
33	推古天皇	すいこ	592年12月8日～628年3月7日	河内
34	舒明天皇	じょめい	629年1月4日～641年10月9日	大和
35	皇極天皇	こうぎょく	642年1月15日～645年6月14日	〃
36	孝徳天皇	こうとく	645年6月14日～654年10月10日	河内
37	斉明天皇	さいめい	655年1月3日～661年7月24日	大和
38	天智天皇	てんじ	661年7月24日～671年12月3日	〃
39	弘文天皇	こうぶん	671年12月5日～672年7月23日	〃
40	天武天皇	てんむ	673年2月27日～686年9月9日	山城
41	持統天皇	じとう	686年9月9日～697年8月1日	〃
42	文武天皇	もんむ	697年8月1日～707年6月15日	〃
43	元明天皇	げんめい	707年7月17日～715年9月2日	〃
44	元正天皇	げんしょう	715年9月2日～724年2月4日	〃
45	聖武天皇	しょうむ	724年2月4日～749年7月2日	大和
46	孝謙天皇	こうけん	749年7月2日～758年8月1日	〃
47	淳仁天皇	じゅんにん	758年8月1日～764年10月9日	淡路
48	称徳天皇	しょうとく	764年10月9日～770年8月4日	大和
49	光仁天皇	こうにん	770年10月1日～781年4月3日	〃
50	桓武天皇	かんむ	781年4月3日～806年3月17日	山城
51	平城天皇	へいぜい	806年3月17日～809年4月1日	大和
52	嵯峨天皇	さが	809年4月1日～823年4月16日	山城
53	淳和天皇	じゅんな	823年4月16日～833年2月28日	〃
54	仁明天皇	にんみょう	833年2月28日～850年3月21日	〃
55	文徳天皇	もんとく	850年3月21日～858年8月27日	〃
56	清和天皇	せいわ	858年11月7日～876年11月29日	〃
57	陽成天皇	ようぜい	876年11月29日～884年2月4日	〃
58	光孝天皇	こうこう	884年2月5日～887年8月26日	〃
59	宇多天皇	うだ	887年8月26日～897年7月3日	〃
60	醍醐天皇	だいご	897年7月3日～930年9月22日	〃
61	朱雀天皇	すざく	930年9月22日～946年4月20日	〃
62	村上天皇	むらかみ	946年4月20日～967年5月25日	〃
63	冷泉天皇	せいぜい	967年5月25日～969年8月13日	〃
64	円融天皇	えんゆう	969年8月13日～984年8月27日	〃

		読み	在位	陵墓
65	花山天皇	かざん	984年8月27日～986年6月23日	〃
66	一条天皇	いちじょう	986年6月23日～1011年6月13日	〃
67	三条天皇	さんじょう	1011年6月13日～1016年1月29日	〃
68	後一条天皇	ごいちじょう	1016年1月29日～1036年4月17日	〃
69	後朱雀天皇	ごすざく	1036年4月17日～1045年1月16日	〃
70	後冷泉天皇	ごれいぜい	1045年1月16日～1068年4月19日	〃
71	後三条天皇	ごさんじょう	1068年4月19日～1072年12月8日	〃
72	白河天皇	しらかわ	1072年12月8日～1086年11月26日	〃
73	堀河天皇	ほりかわ	1086年11月26日～1107年7月19日	〃
74	鳥羽天皇	とば	1107年7月19日～1123年1月28日	〃
75	崇徳天皇	すとく	1123年1月28日～1141年12月7日	讃岐
76	近衛天皇	このえ	1141年12月7日～1155年7月23日	山城
77	後白河天皇	ごしらかわ	1155年7月24日～1158年8月11日	〃
78	二条天皇	にじょう	1158年8月11日～1165年6月25日	〃
79	六条天皇	ろくじょう	1165年6月25日～1168年2月19日	〃
80	高倉天皇	たかくら	1168年2月19日～1180年2月21日	〃
81	安徳天皇	あんとく	1180年2月21日～1185年3月24日	長門
82	後鳥羽天皇	ごとば	1183年8月20日～1198年1月11日	山城
83	土御門天皇	つちみかど	1198年1月11日～1210年11月25日	〃
84	順徳天皇	じゅんとく	1210年11月25日～1221年4月20日	〃
85	仲恭天皇	ちゅうきょう	1221年4月20日～1221年7月9日	〃
86	後堀河天皇	ごほりかわ	1221年7月9日～1232年10月4日	〃
87	四条天皇	しじょう	1232年10月4日～1242年1月9日	〃
88	後嵯峨天皇	ごさが	1242年1月9日～1246年1月29日	〃
89	後深草天皇	ごふかくさ	1246年1月29日～1259年11月26日	〃
90	亀山天皇	かめやま	1259年11月26日～1274年1月26日	〃
91	後宇多天皇	ごうだ	1274年1月26日～1287年10月21日	〃
92	伏見天皇	ふしみ	1287年10月21日～1298年7月22日	〃
93	後伏見天皇	ごふしみ	1298年7月22日～1301年1月22日	〃
94	後二条天皇	ごにじょう	1301年1月22日～1308年8月25日	〃
95	花園天皇	はなぞの	1308年8月26日～1318年2月26日	〃
96	後醍醐天皇	ごだいご	1318年2月26日～1336年8月15日	大和
北1	光厳天皇	こうごん	1331年9月20日～1333年5月25日	丹波
北2	光明天皇*3	こうみょう	1336年8月15日～1348年10月27日	摂津
97	後村上天皇	ごむらかみ	1339年8月15日～1368年3月11日	摂津
北3	崇光天皇	すこう	1348年10月27日～1351年11月7日	山城
北4	後光厳天皇	ごこうごん	1352年8月17日～1371年3月23日	丹波

		読み	在位	陵墓
98	長慶天皇	ちょうけい	1368年3月11日～1383年10月	山城
北5	後円融天皇	ごえんゆう	1371年3月23日～1382年4月11日	〃
99	後亀山天皇	ごかめやま	1383年10月　～1392年10月5日	〃
100	後小松天皇	ごこまつ	1382年4月11日～1412年8月29日	〃
101	称光天皇	しょうこう	1412年8月29日～1428年7月20日	〃
102	後花園天皇	ごはなぞの	1428年7月28日～1464年7月19日	〃
103	後土御門天皇	ごつちみかど	1464年7月19日～1500年9月28日	〃
104	後柏原天皇	ごかしわばら	1500年10月25日～1526年4月7日	〃
105	後奈良天皇	ごなら	1526年4月29日～1557年9月5日	〃
106	正親町天皇	おおぎまち	1557年10月27日～1586年11月7日	〃
107	後陽成天皇	ごようぜい	1586年11月7日～1611年3月27日	〃
108	後水尾天皇	ごみずのお	1611年3月27日～1629年11月8日	〃
109	明正天皇	めいしょう	1629年11月8日～1643年10月3日	〃
110	後光明天皇	ごこうみょう	1643年10月3日～1654年9月20日	〃
111	後西天皇	ごさい	1654年11月28日～1663年1月26日	〃
112	霊元天皇	れいげん	1663年1月26日～1687年3月21日	〃
113	東山天皇	ひがしやま	1687年3月21日～1709年6月21日	〃
114	中御門天皇	なかみかど	1709年6月21日～1735年3月21日	〃
115	桜町天皇	さくらまち	1735年3月21日～1747年5月2日	〃
116	桃園天皇	ももぞの	1747年5月2日～1762年7月12日	〃
117	後桜町天皇	ごさくらまち	1762年7月27日～1770年11月24日	〃
118	後桃園天皇	ごももぞの	1770年11月24日～1779年11月9日	〃
119	光格天皇	こうかく	1779年11月25日～1817年3月22日	〃
120	仁孝天皇	にんこう	1817年3月22日～1846年2月6日	〃
121	孝明天皇	こうめい	1846年2月13日～1866年12月25日	〃
122	明治天皇	めいじ	1867年1月9日～1912年7月30日	〃

（訳注　マクレオドは天皇の即位年を記しているが、即位月日や退位年月日までは記していない。これらは訳者が付け加えた。）

＊1　皇室、天孫族の最初の真の祖先は、オセー（Osee）またはオシ（Oshi　オシホミミの尊）であり、旧約聖書が述べる北王国イスラエル最後の王オセー（ホセアHoshea）と同じ名であった［訳注 「ホミミ（の尊）」は尊称とマクレオドは考えていた］。紀元前730～660年は、政治的空白の時代だった（70年間の捕囚）。

＊2　（訳注　現在認められている歴代天皇表では、第15代は応神天皇であるが、マクレオドが掲げた歴代天皇表では、第15代は神功皇后、第16代が応神天皇となっている。そのために彼の表では以後すべて1代ずつずれ、明治天皇は123代目となっている。）

＊3　西暦1336～1392年は南北朝時代で、2つの王朝が同時に存在した。そののち後小松天皇が、両朝合一を行なった。

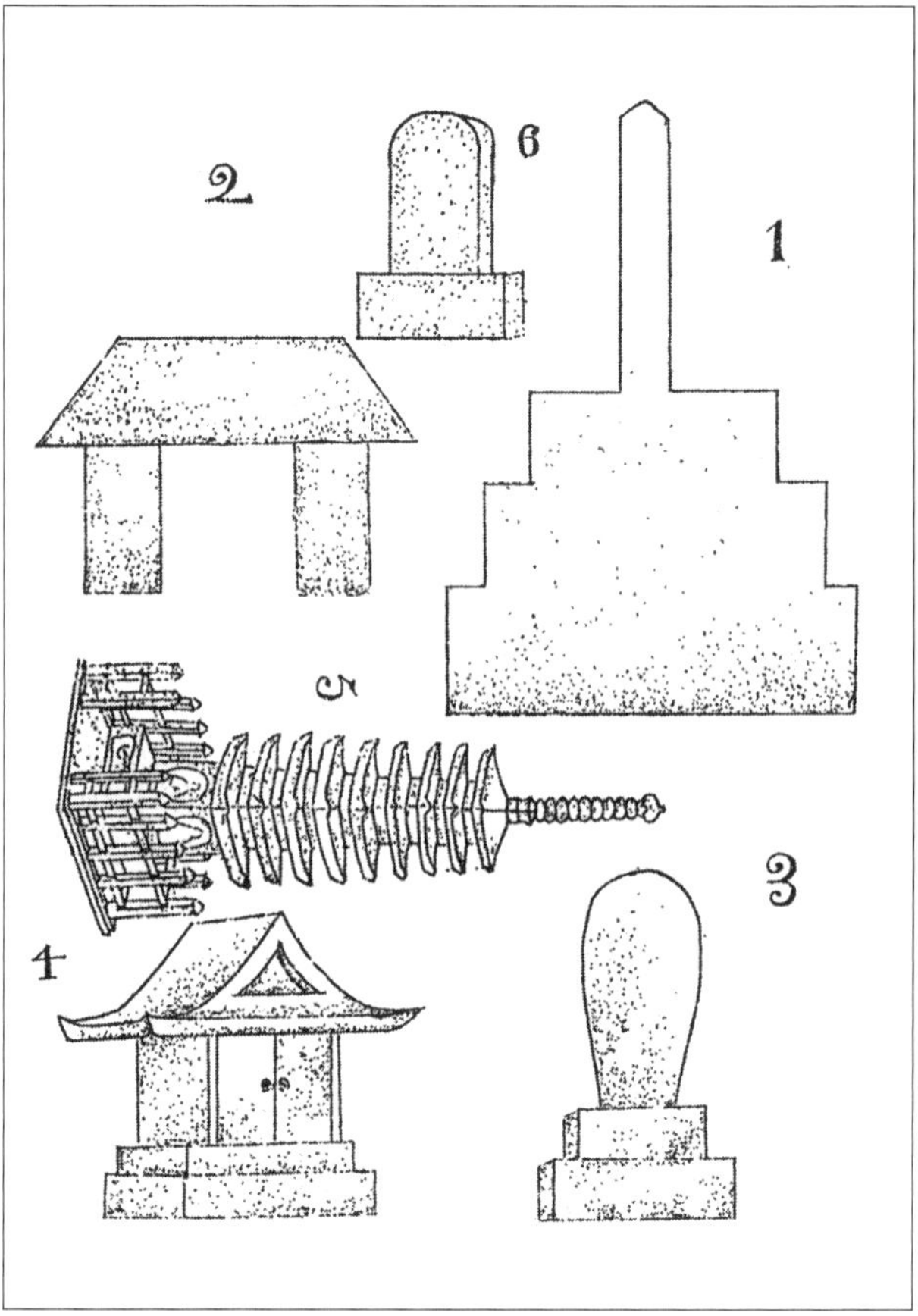

ANCIENT GRAVE STONES OF PALESTINE
FOUND IN JAPAN AND EMPERORS TOMB STONE
SENUJI

[マクレオドの注釈]
日本に見られる古代パレスチナの墓石、また天皇の墓石（京都・泉《せん》涌《にゅう》寺《じ》）

EMPERORS . GRAVE

EP.P151

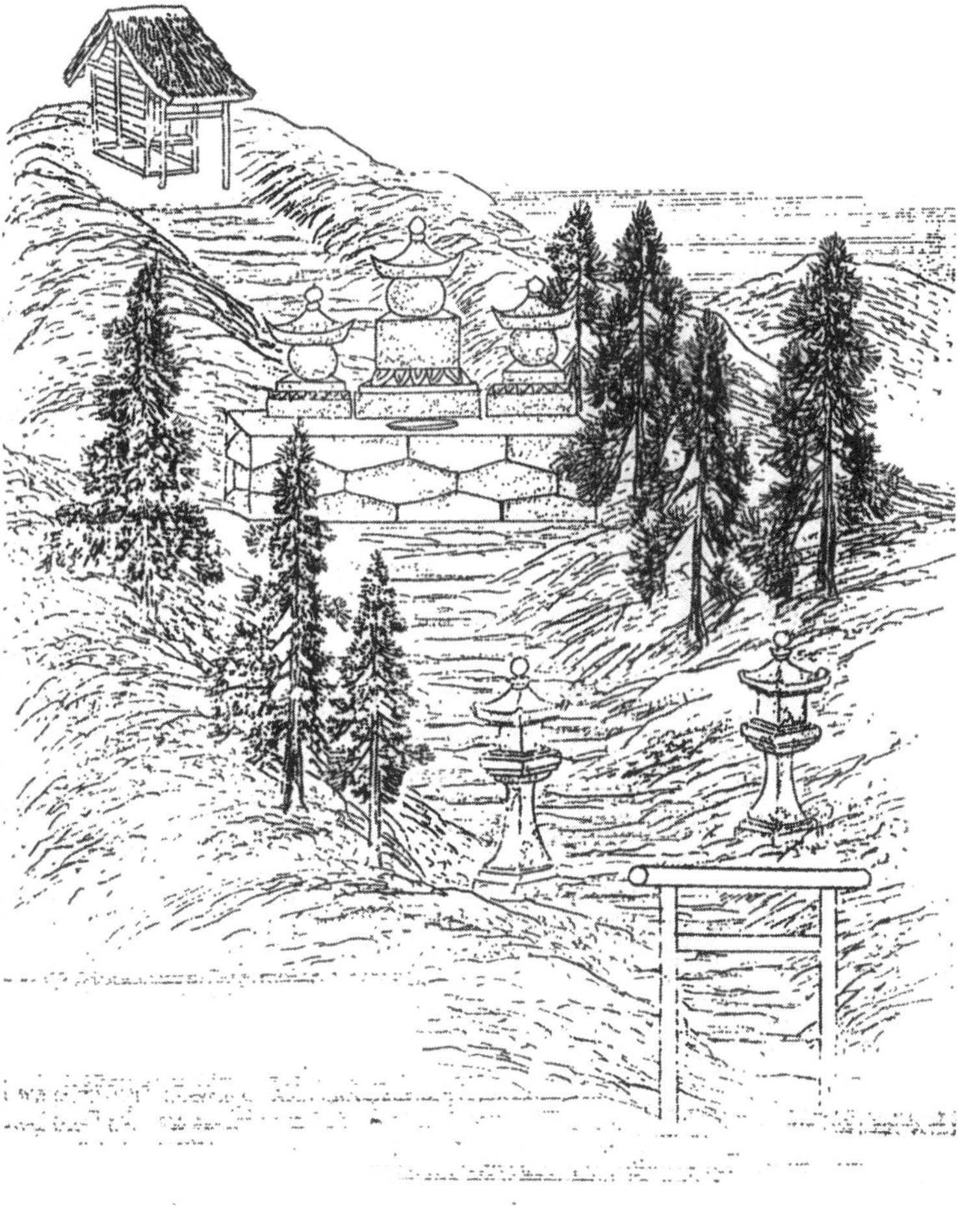

天皇の墓。エジプトの王の陵墓と違い、日本の天皇の陵墓はまだ内部調査されていないものが、ほとんどである。もし調査されるようなら、今まで考えもしなかった古代の秘密が明らかになるかもしれない。

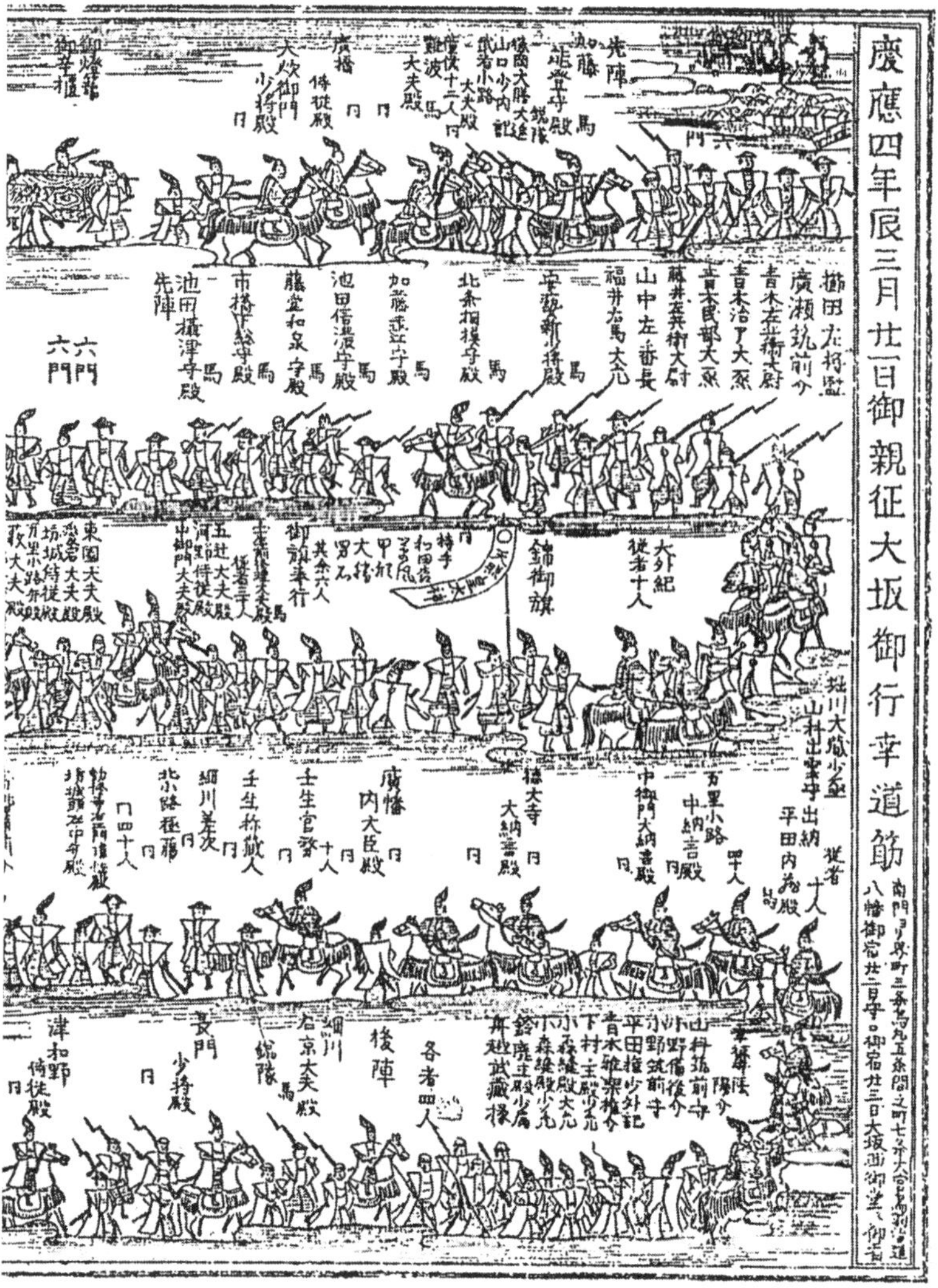

慶應四年辰三月廿一日御親征大坂御行幸道筋
先陣
六門
錦御旗
大外紀
従者十人
池田摂津守殿
藤堂和泉守殿
池田信濃守殿
北条相模守殿
廣瀬筑前守
山中左番長
福井右馬大允
後陣
長門
少将殿
津和野
侍従殿
細川
右京大夫殿
中納言殿
内大臣殿

KOMEI TENNOS PROCEEDING TO TEMPLE OF GOD OF WAR

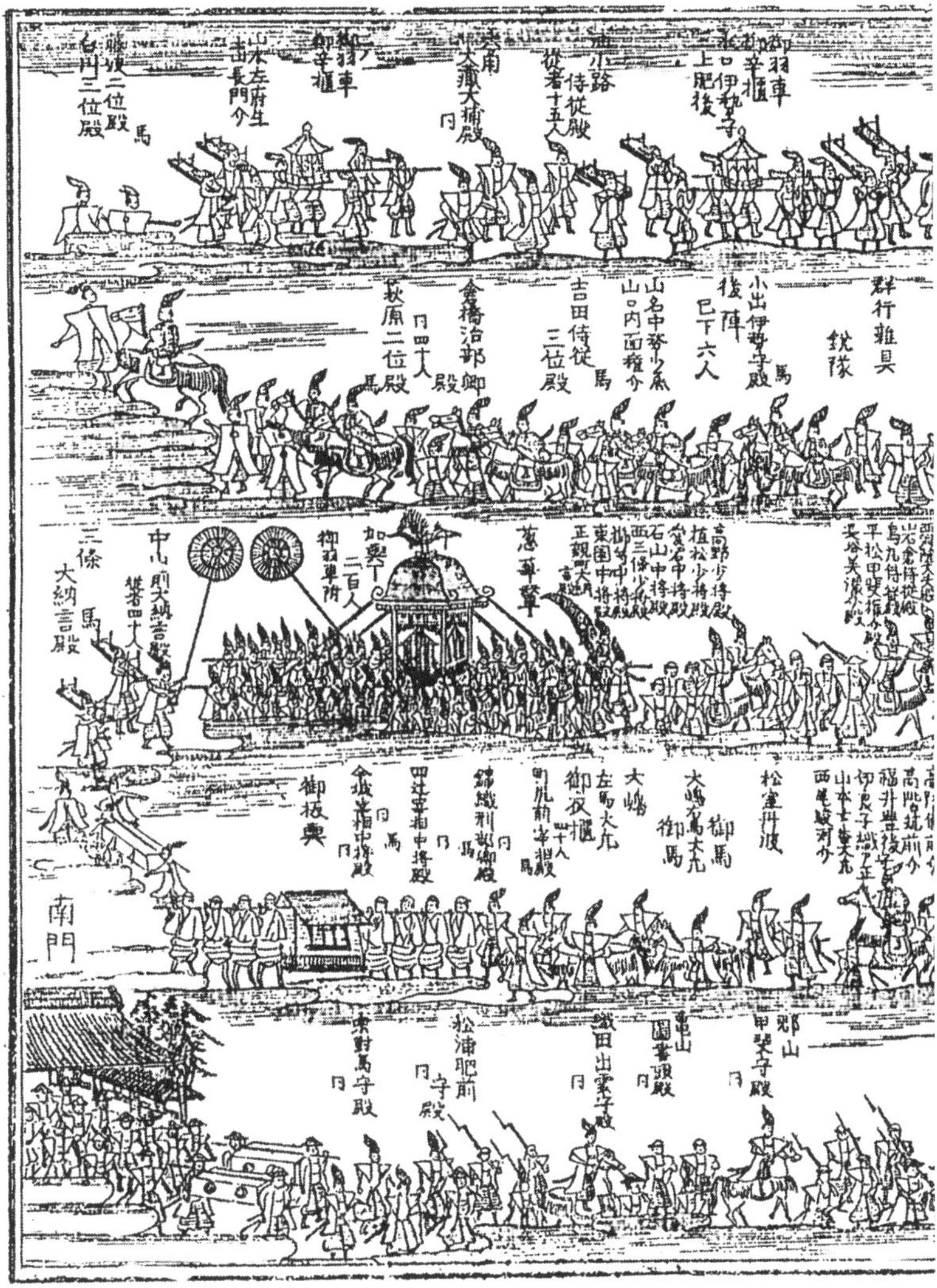

TO PRAY FOR EXPULSION OF FOREIGNERS

攘夷《じょうい》を祈るため、戦の神の宮へ行幸する孝明天皇。神道の神は、旧約聖書の神と同じく「万軍の主」であった。

E.P.P17
KogoUpsetsThe Corean Junks
hrowing The Precious Stone
nto The Sea

神功《じんぐう》皇后ははじめ、海を引き潮にする聖なる玉を投げ込む。すると海の水が引き、新羅《しらぎ》の船は座礁したので、新羅の軍勢は船を降りて皇后に立ち向かおうとする。ところが今度は皇后は、満ち潮にする玉を投げ込む。すると海の水が戻り、新羅の兵士たちはおぼれてしまう。細かい所はともかく、聖書に記されたモーセの紅海渡渉の時の事にも似ている。

新羅の民から貢ぎ物を受ける神功皇后（A.D.201年）。当時の日本は、朝鮮半島と密接にかかわっていた

長崎

さて、読者に日本の各地を案内しよう。

まずは長崎から始めよう。旅行者は、上海《シャンハイ》経由で長崎に到着すると、そこから神戸行きの蒸気機関車の発車時刻まで、十分な時間がある。だから長崎の市内見物をするとよい。

諏訪《すわ》神社が見所だ。そこの竜の像は金の眼だったが、盗人に盗まれてしまったという。

長崎港は、日本で最も快適かつ安全な所。よく整っている。有名な陶器もそこで購入できる。仏寺にも見所が多い。


［訳者注］ここからマクレオドは、外国からの旅行者のために、日本の旅行案内をする。当時、旅行者は長崎から日本に入ることが多かった。欧米などからの旅行者が初めて長崎に着いて驚くのは、その美しさ、安全なこと、また快適で繁栄した所、ということだった。また欧米に比べればまだ貧しいところが多いとしても、人々が活気に満ち、親切なことだった。

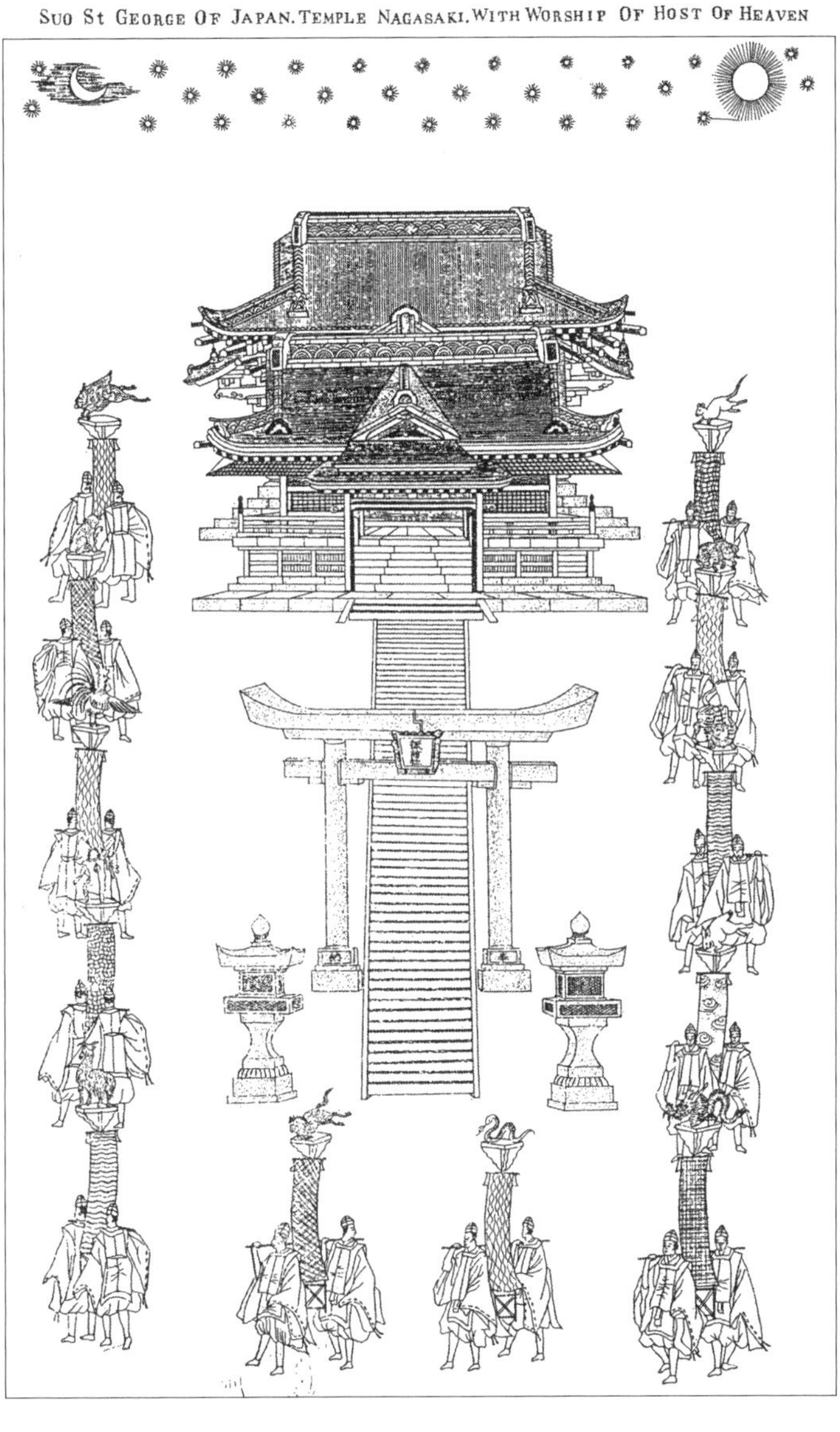

長崎の諏訪神社。「天の主を祭っている」（マクレオド）。中世に信濃国の諏訪神を勧請した神社である

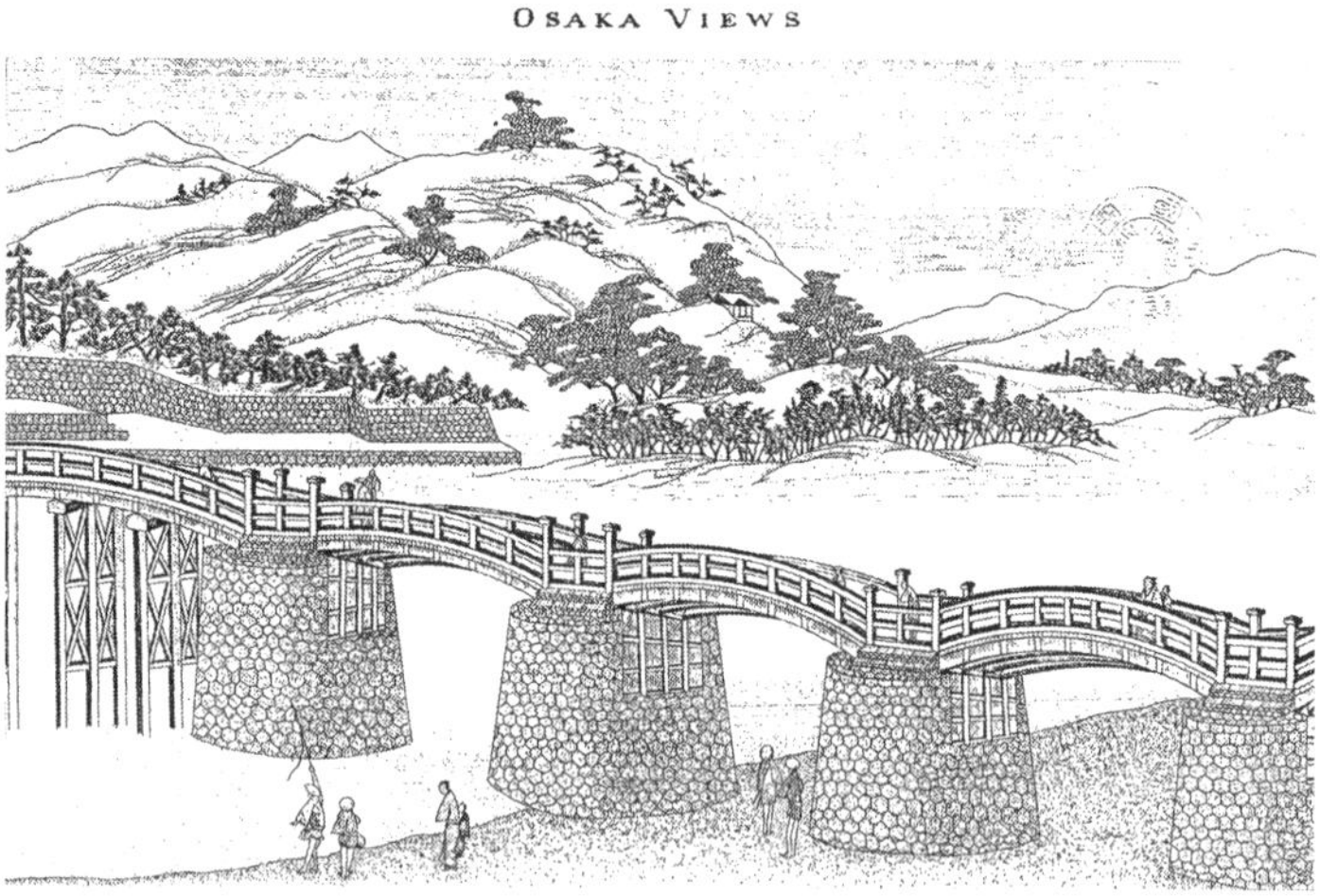

錦帯橋《きんたいきょう》（山口県岩国市）。世界でも珍しい木造アーチ。

太宰府《だざいふ》天満宮（福岡県太宰府市）。菅原道真をまつる。

日本のサムソン（力もち）と言われるキントキ（坂田金時・源頼光の家来）が、強い酒で鬼に誘惑されているところ。三田尻（山口県）の寺にある絵。

神戸

神戸には外国人がたくさん住んでいる。滝があり、月照寺もある。温泉と竹細工で有名な有馬も、鉄道の住吉駅から五里《り》（一里は約四キロメートル）ほどの距離。帰りは明石《あかし》、舞子《まいこ》に寄ってくるのがお勧めである。

［訳者注］神戸は、はやくから外国人との交易で栄え、世界屈指の貿易港となった所である。神戸の近くには、秦氏の上陸地として有名な兵庫県赤穂市の坂越港もある。坂越には、秦河勝がつくった大避神社がある。また赤穂の地は、赤穂浪士でも有名である。赤穂浪士のみせた忠義は、秦氏の先祖伝来の特質でもあった。

神戸は「灘の酒」でも有名だ。日本酒（清酒）をつくり、酒造業を発展させたのも、じつは秦氏だった。神戸や、その周辺地域の発展の陰にも、多くの秦氏がいた。兵庫県のあたりには、その他、秦氏由来のものが数多くある。

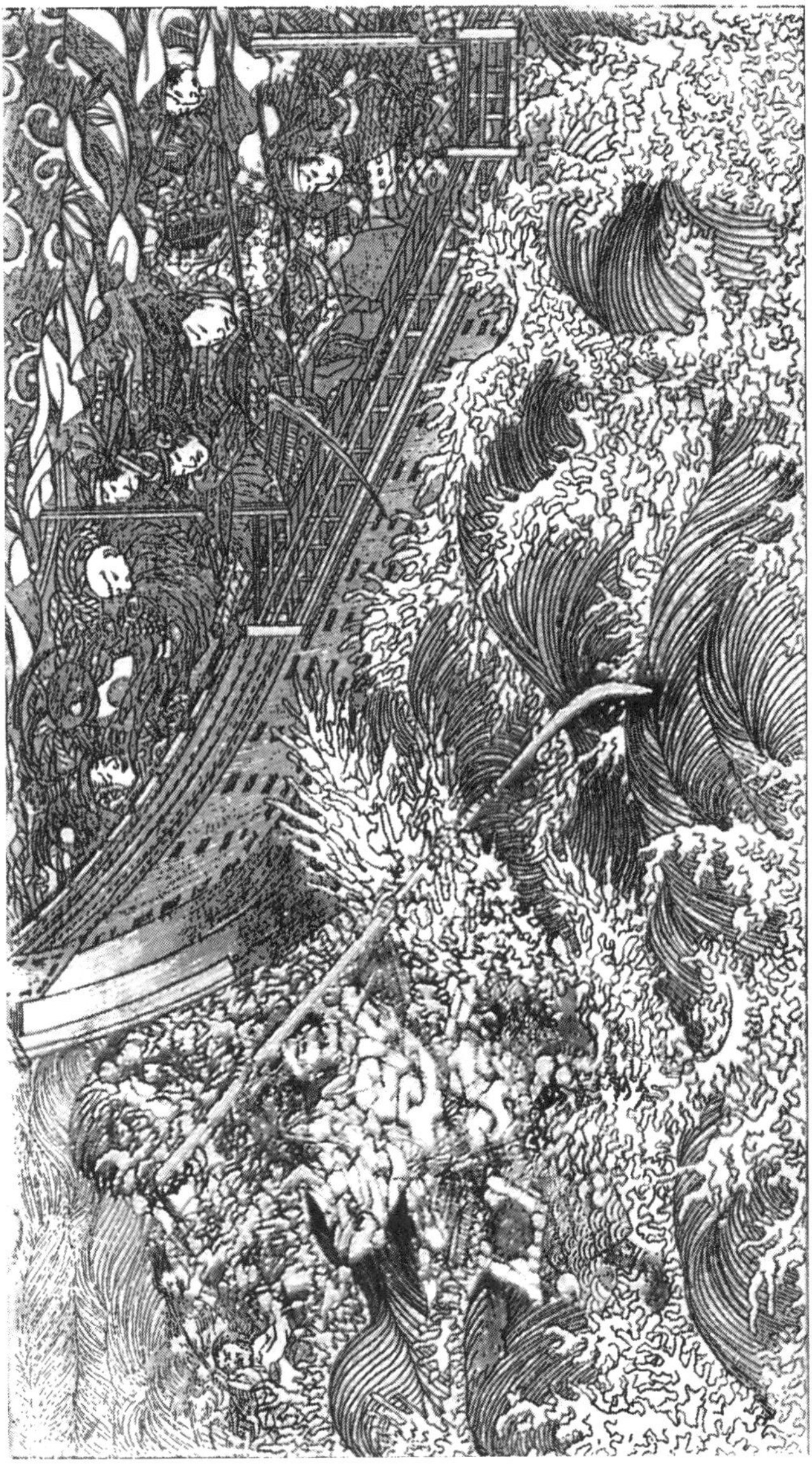

KUMAGAI AND ATSUMORI

一ノ谷合戦の熊谷直実《くまがいなおざね》と平敦盛《たいらのあつもり》

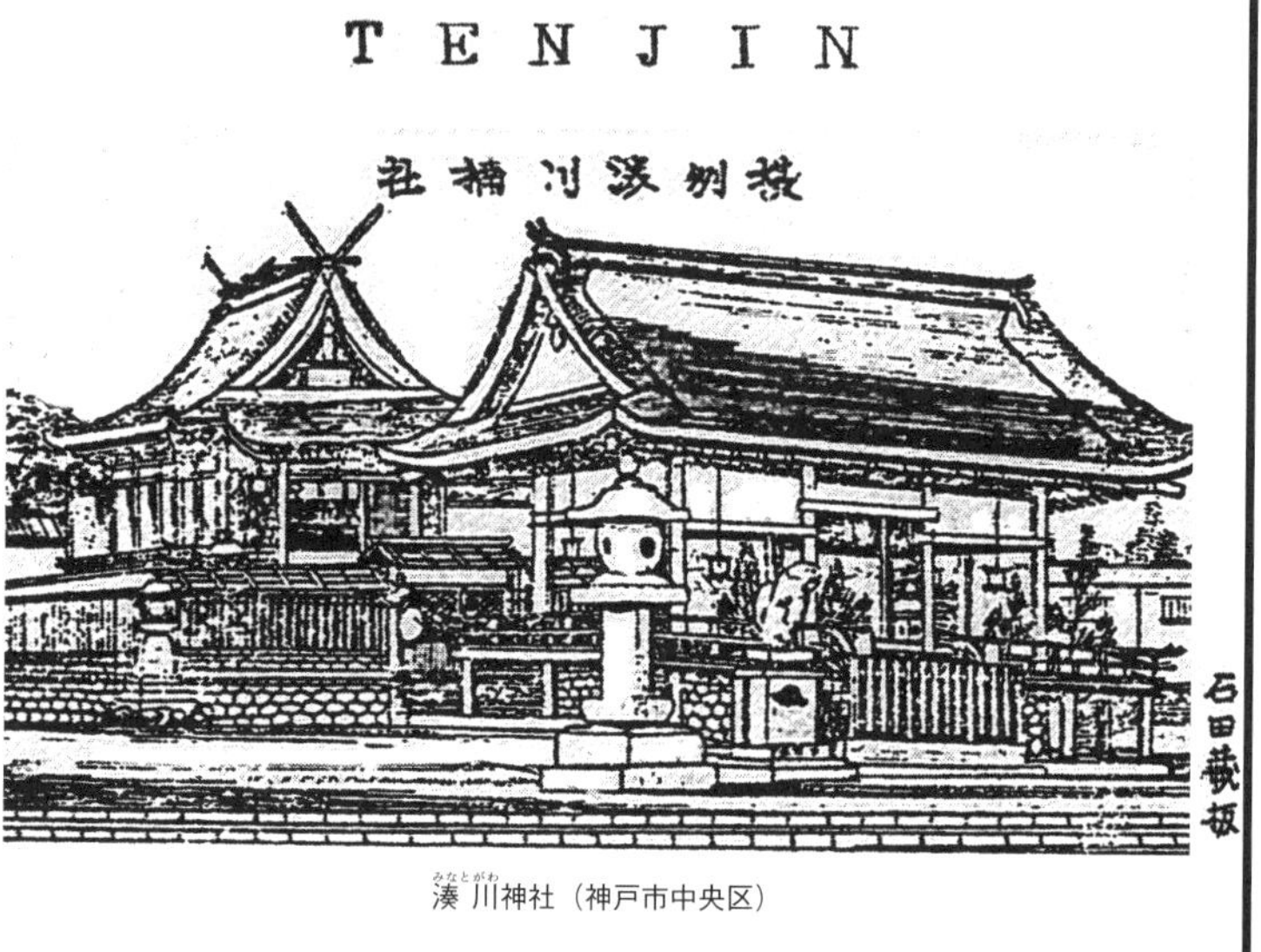

湊川《みなとがわ》神社（神戸市中央区）

大蛇を退治して女を救う宮本武蔵

大阪

大阪は、日本で最も古い都市で、昔は難波《なにわ》と言った。海に面し、橋の街である。かつては奈良との交易で、その後は京都との交易によって発展した。大阪の銀行は大名らに資金を貸し出し、大名は銀行に三〇％もの利子を払っていた。

大阪城はお勧めスポットだ。そこは昔、仏教の寺だったが、太閤秀吉が建て直し、本拠とした。日本で最も大きな岩の幾つかが、その城壁の一部となっている。それらは巨大なイカダに載せられて、大阪に運ばれたものだ。

市街中央にある二つの仏寺も、訪ねてみるといい。天皇は大阪にいるとき、その一つで寝泊まりされた。その天井画のすばらしさは見逃せない。

四天王寺《してんのうじ》も興味深い。その五重の塔にのぼると、大阪市内全域、その周辺や港が見渡せる。古代ユダヤの神殿楽器も、塔の向かいにある建物の屋根裏に見られる。

住吉《すみよし》もいい。変わった石橋がある。広大な寺の境内を散策するのも、気持ちがいい。

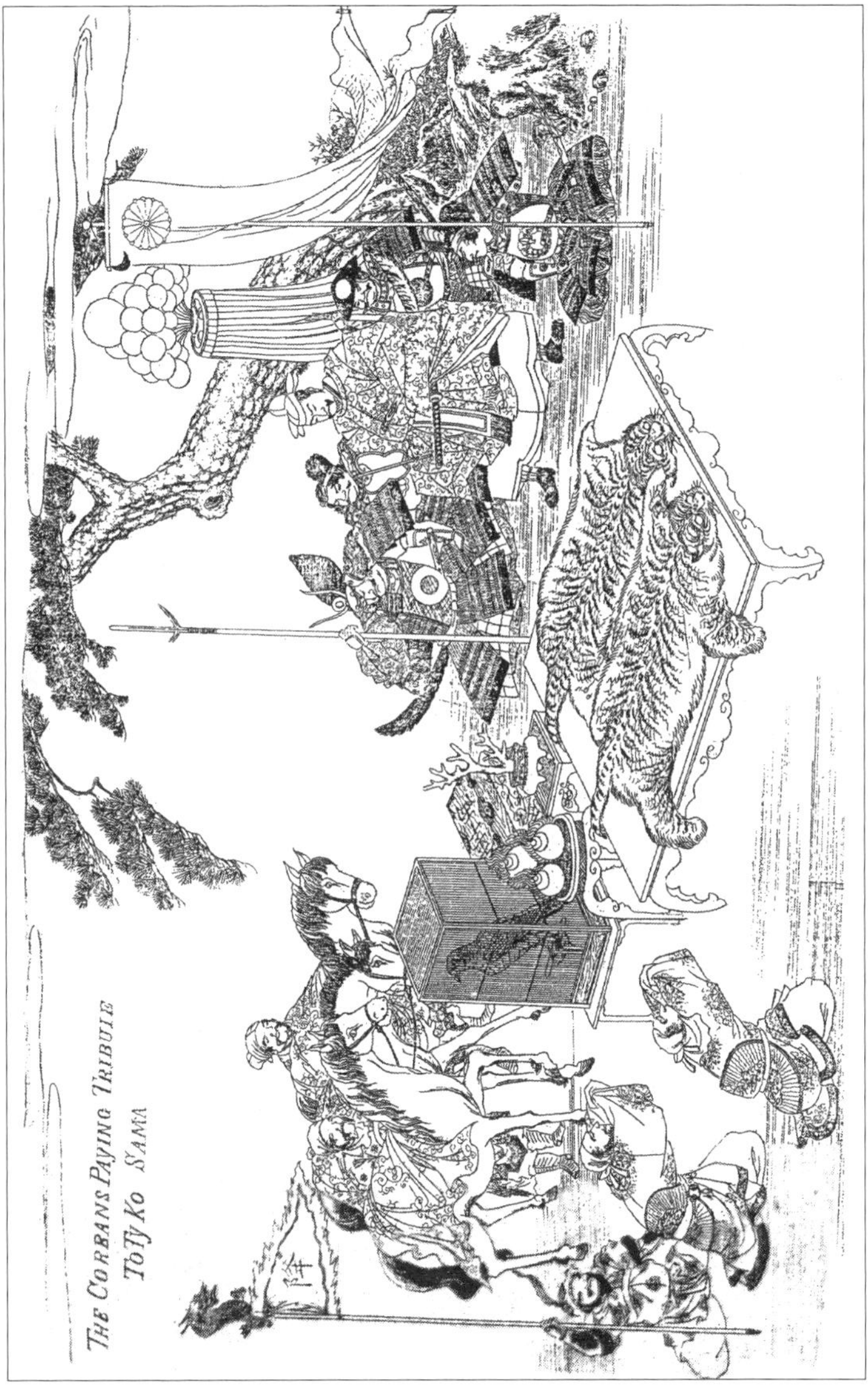

貢ぎ物を太閤様（豊臣秀吉）に納める朝鮮の人々（A.D.1592年）。秀吉は、かねてから服属を求めていた明国を討つため、朝鮮に出兵した。

住吉を含め大阪市内見物は、人力車を使えば大体一日でまわれる。鉄道の駅から大阪城へ向かい、四天王寺、住吉地区へ行く。箕面滝《みのおたき》は、大阪駅から五里《り》ほどの距離。

［訳者注］マクレオドはこのように、日本全国の旅案内をしてみせる。彼自身、日本をよく歩き回ったようだ。

彼は四天王寺のことも書いているが、四天王寺の入り口の門は、神社と同じ鳥居だ。鳥居は四天王寺創建当時からあった。なぜ鳥居なのかというと、神仏習合というかもしれないが、むしろ四天王寺はもともと神社だったのだ。それがのちに、仏教の寺になった。

四天王寺には興味深いものが多い。四天王寺の回廊と門の近くに、亀井堂というのがある。そこに小さなため池があり、人々はその水に故人の名前を書いた経木を投げ入れる。水はつねに動いていないといけないという。

だから経木を投げ入れる人の近くに、水をかき混ぜる人がいる。経木がいったん沈んでまた浮かんでくると、その故人は極楽浄土に行けるという。

じつはこれに似た信仰が、古代エルサレムにもあった。エルサレムの回廊と羊の門の近くに、ベテスダと呼ばれる池があって、ときおり天使がその水をかき回したという。そして、かき回されたときに病人が水に入ると、病はいやされたのである（ヨハネの福音書五章二〜九節）。

楠《くすの》木《き》正成《まさしげ》。鎌倉時代末～南北朝時代の武将。

楠木公の八臣

太閤秀吉の四国征伐《せいばつ》。長宗我部氏を下す。

OSAKA VIEWS

大阪の風景

SUMIYOSHI

住吉大社

TENOJI

四天王寺

BUDDHIST TEMPLE OF AMIDA

阿弥陀信仰の寺

MINO WATER FALL

箕面滝

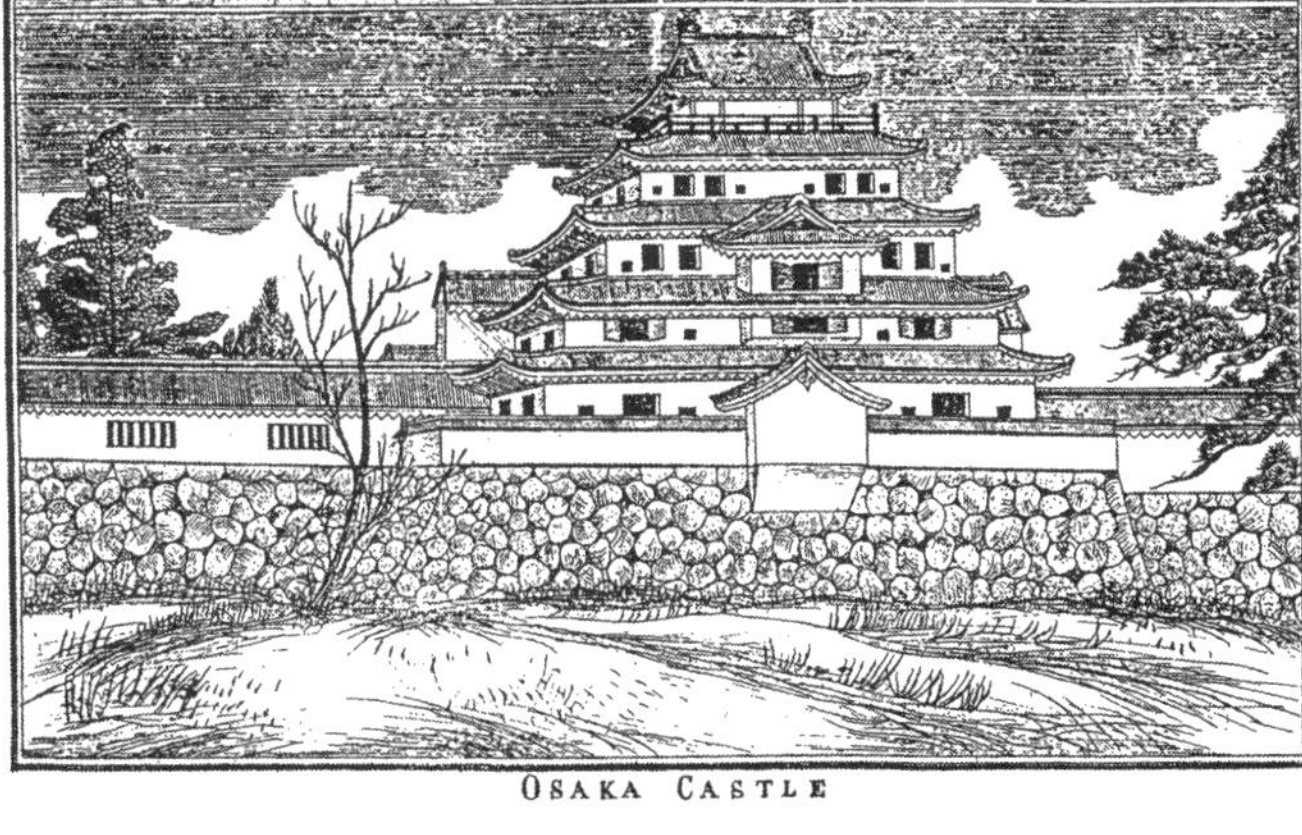

大阪城

OSAKA CASTLE

OSAKA SHIN SAI BASHI

心斎橋《しんさいばし》（大阪市南区）。ここの街路はもともと、豊臣秀吉の大城築城時につくられた。

KANYOBA

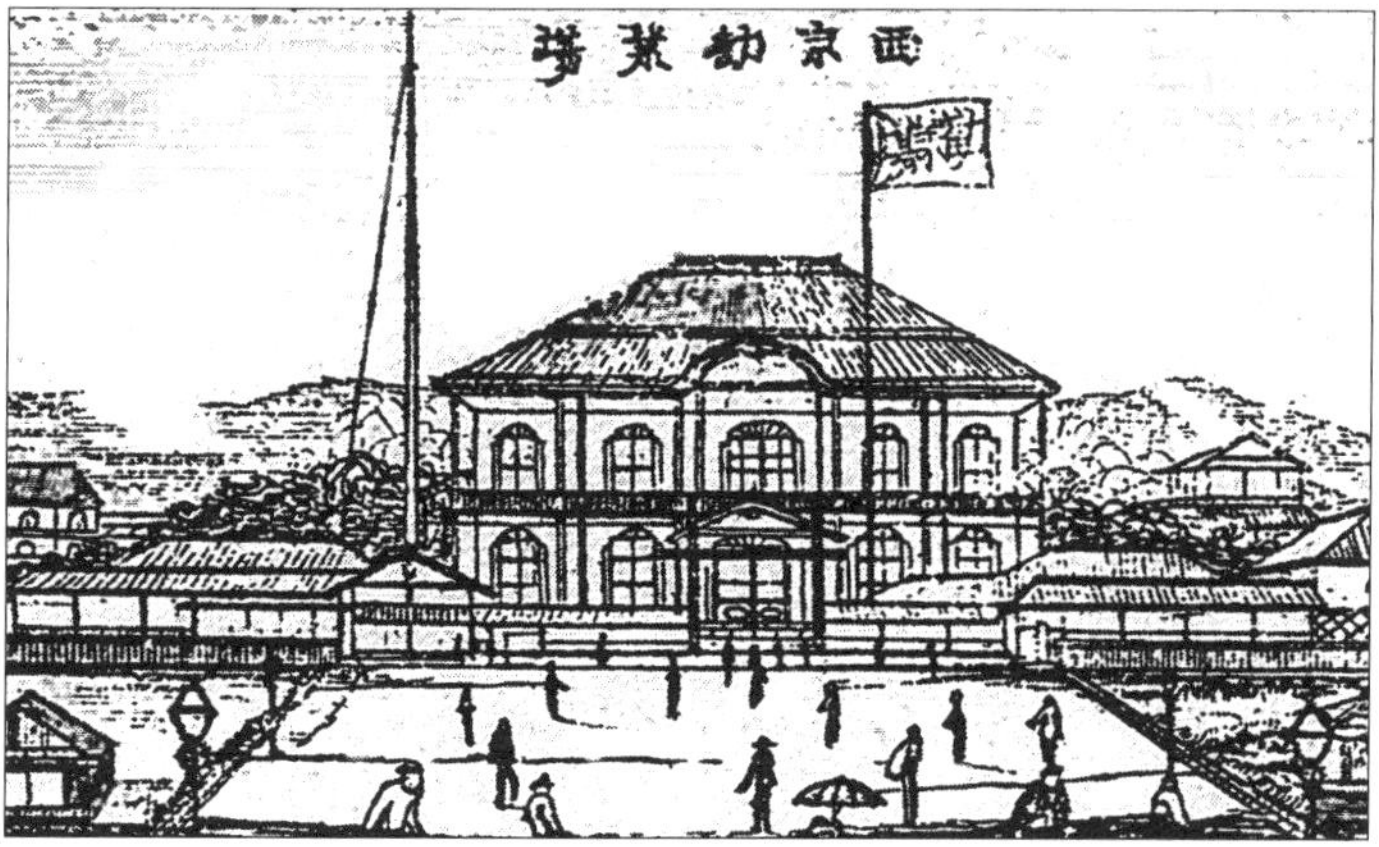

大阪の勧業場

奈良

古都・奈良は、絵のように美しい。お勧めだ。大阪から七里ほどの距離である。最近、そこへ行く良い道路も整備された。近隣には天皇の墓も多い。古代の天皇の宮殿は、今は仏寺になっている。奈良市から一里以内で近い。

奈良の大仏は見逃せない。大仏殿の天井は日本一高い。次ページの表は、日本三大大仏の大きさ比較である。

春日《かすが》大社もいい。その境内には人に慣れた、たくさんの鹿が放し飼いになっている。社殿の一つは火事で焼けたが、塔は今も残っている。そこから奈良市内のすばらしい光景が見渡せる。

その裏の若草山《わかくさやま》へ登れば、大阪、京都、奈良の全域が見渡せる。人力車で奈良から京都に行くこともできる。一日ほどかかるが、道はよい。途中、宇治《うじ》茶で有名な宇治の町を通る。

［訳者注］日本の三大大仏とは、奈良、鎌倉、京都の大仏である。ただし京都の大仏は今はない。

日本三大大仏の大きさ比較

	京都の大仏	奈良の大仏	鎌倉の大仏
高さ	69.0	53.6	50.0
顔の長さ	34.0	16.0	8.6
耳の長さ	15.0	8.6	6.6
鼻の長さ	8.6	3.0	3.9
鼻の幅	6.6	3.0	2.3
口の幅	8.8	3.8	3.3

※単位※フィート（1フィート=30.48センチメートル）

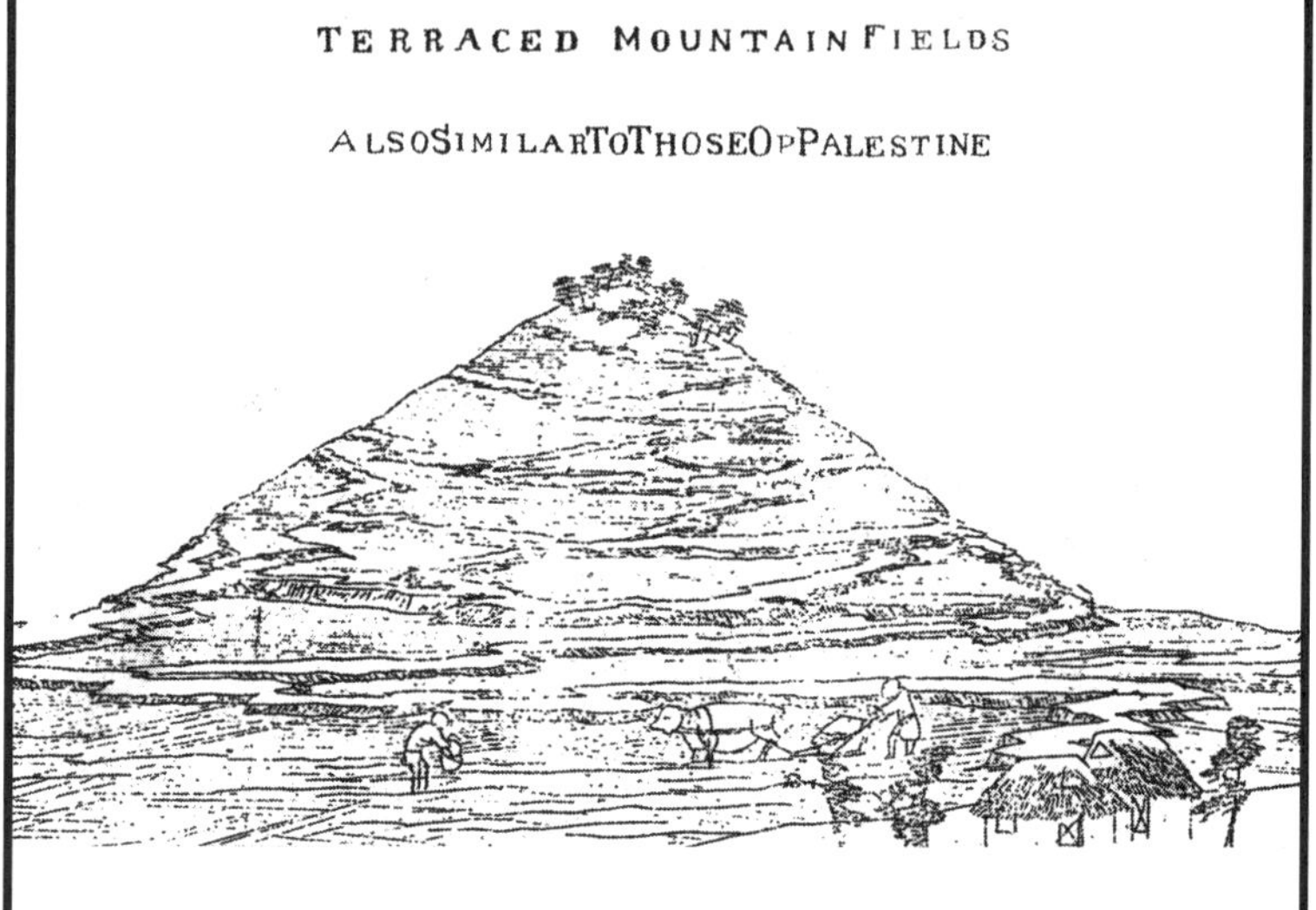

パレスチナと同様、段々畑になった山地

奈良の大仏が最も古い。だが、大きさは京都の大仏（現存していない）の方が大きかった。マクレオドは日本の仏教文化にも深い関心を寄せていた。

京都

古都・京都は、日本のエルサレムである。イスラエルのエルサレムがその美しい景観と宗教的意味によって、全地の喜びと形容されるように、日本における京都もそうである。

エルサレムと同じく、京都も山々に取り囲まれている。そこは寺と宮殿の都市であり、街並みと自然の美しさの両方を豊かにあわせ持った、おそらく世界で唯一の所だろう。

その多くある宮殿内には、鹿がたわむれ、美しい日本庭園があり、小池が点在している。小池の中には小島があり、様々な色の鳥がいる。

日本人は、自然の美しさを自分の庭や、住まいに取り込むことに優れている。庶民から天皇に至るまで、自然美を愛好し、生活にうまく取り入れている。

子どもたちはどこでも、ミニチュア土器の塔、橋、寺、家屋などのおもちゃを使って遊んでいる。それによって最も貧しい日本人でさえ、自分の宮殿をつくることができる。その宮殿内には、庭園があり、橋があり、小池もある。たらいで造った小池には金魚が泳ぐ。彼らは貧しくても、豊かさ

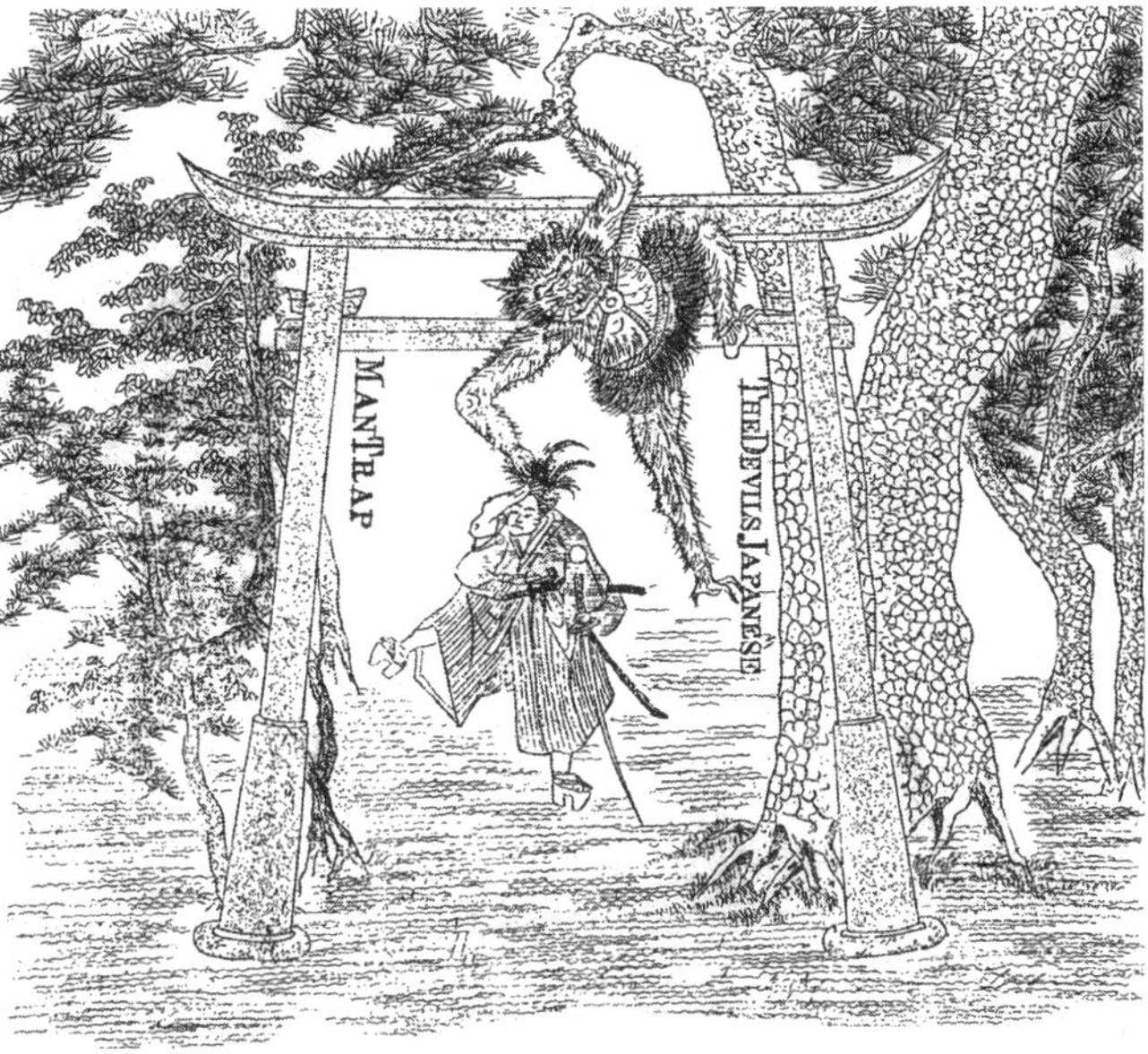

EPP127

[マクレオドの注釈] 日本の鬼とその罠にかかった人。京都の東寺の入り口を守る鬼。隠れていて、荒くれ者をつかまえる。日本の鬼（悪鬼ベルゼブル）はダーウィンの猿に似ている。しかし侍の備前刀は、鬼の右手を切り落とす。鬼は、もともとその侍が収納箱の中に骨董品のようにしまっておいたものだ。

[マクレオドの注釈]
京都の知恩院の大きな釣り鐘。世界最大と言われる（18,000貫）。だが、モスクワの釣り鐘を見た人は、モスクワのが最大だと言う。

を楽しんでいる。

泉涌寺《せんにゅうじ》には、天皇の墓が多くある。その近くには、伏見稲荷《ふしみいなり》大社（稲の神の社）がある。天皇から奉納された宝の数々を、そこで見ることができる。近くには東福寺《とうふくじ》がある。

蓮華王院《れんげおういん》（三十三間《げん》堂）には、三万三〇〇〇の仏像があり、そのうち一〇〇〇体（千体観音）は大きい。そのうしろに有名な「通し矢」の弓道場がある。

それから東山《ひがしやま》大仏（方広寺《ほうこうじ》大仏ともいい、日本一大きく、現在の京都国立博物館の場所にあった）。大仏の向かいに大きな鐘がある。また方広寺の門前にある耳塚は、秀吉の軍が殺した朝鮮の人々の耳を日本に持ち帰って葬った墓である（鼻も葬られていると言われる）。

西大谷《にしおおたに》（大谷本廟）に、一風変わった橋がある。また清水寺《きよみずでら》は、京都の中でも最も古い寺の一つ。周囲では様々な陶器が売られている。その近くに八坂《やさか》神社や、東大谷《ひがしおおたに》（大谷別院）がある。そこへ行く通りは、きれいな並木道だ。

円山《まるやま》は、桜の名所として有名。京都の人たちは、春には桜見物に皆そこに集う。銀閣寺は、足利《あしかが》氏《し》が建てた寺である。境内はじつに美しく整えられ、池には錦鯉が泳いでいる。

京都御所の北西に、カエデ並木の美しい所がある。つぎは東山の永観堂《えいかんどう》、山門の美しい金戒光明寺《きんかいこうみょうじ》（黒谷）、また熊野若王子《くまのにゃくおうじ》神社には三つの滝がある。

南禅寺は、かつて天皇の離宮だった。一方、知恩院《ちおんいん》は、京都で最も大きな寺の一つ。その鐘は世界で最も大きく、最も重いと言われる。これらは同じ丘の上にある。

祇園（ギオン）の名は、昔ソロモンが王として任命された場所――エルサレムの「ギホン」に似ていないでもない（第一列王記一章四五節）。祇園社（八坂神社）は、天皇の宮殿と同じ形をしている。そこは神職の宮殿と言っていいのかもしれない。

遠くには、京都市南西部の大原神社、堀川の本圀寺《ほんこくじ》、東寺《とうじ》などが見える。

嵐山《あらしやま》は、日本でも有数の愛すべき場所である。京都駅から約二里の所にある。時間が許すなら、この地を忘れるべきではない。美味な寿司と、快適なホテルもある。ピクニックにも最適だ。

足利氏の建てた金閣寺のまわりに、美しい境内が広がっている。北野天満宮は京都御所の西側にある。天皇が毎年参拝なさった下鴨《しもがも》神社には、美しい並木の参道がある。

比叡山《ひえいざん》は、かつて「のがれの町」（民数記三五章一一節）だった。また仏教の拠点だった。京都駅から北東へ三里の所にある。

京都を見てまわるには、一週間～一〇日くらいは必要だろう。京都の快適な賃貸住宅は、月約五ドル程度である。

大津、および琵琶湖は、京都から三里ほどの距離。ここでは日本で一番おいしいマスがとれる。欧州の海マスにも似た魚だ。蒸気船が湖上を毎日往復している。景色は最高。

RIUANJI DT

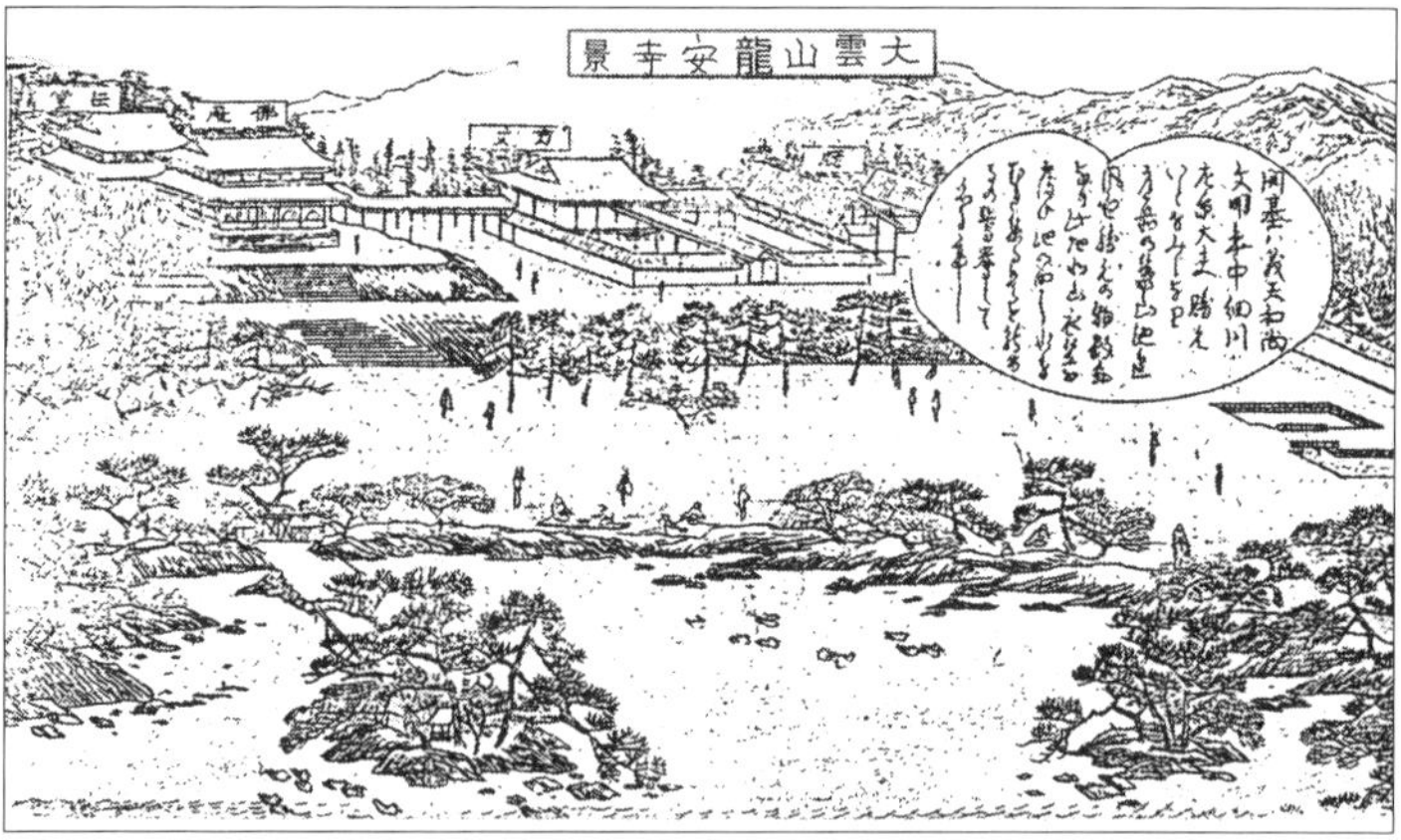

竜安寺《りゅうあんじ》（京都市右京区）

TOOJI.DT

東寺（京都市南区）。東寺真言宗の総本山。

THIRTY THREE BUDDAHS

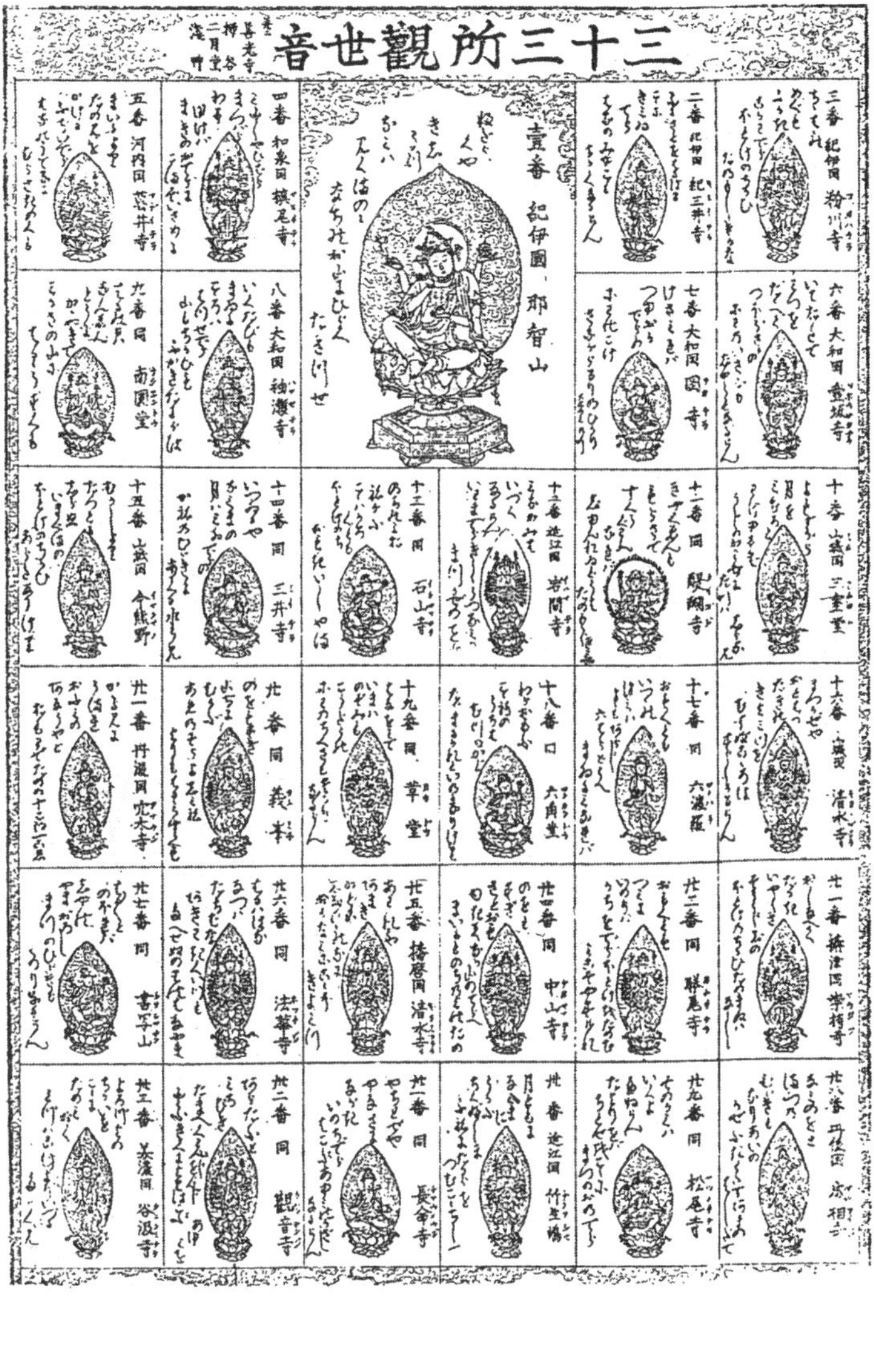

三十三所観世音（京都の三十三間堂）。仏教には、観世音菩薩が衆生の願いに応じて、三十三応身に姿を変えるという信仰がある。

DAIBUTSU DT

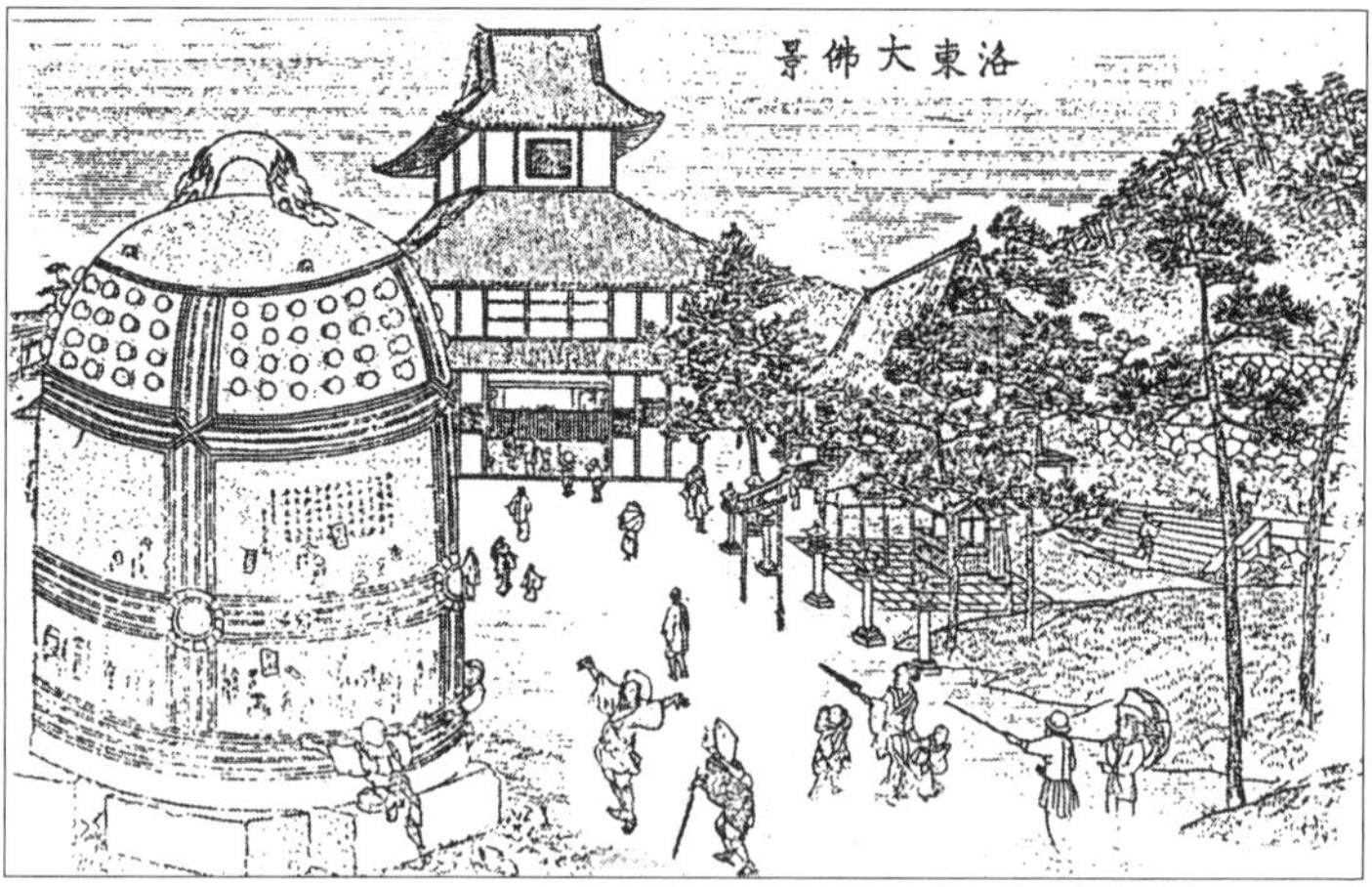

洛東大仏［京都の方広寺大仏（東山大仏）。豊臣秀吉が造ったものだが、現存していない

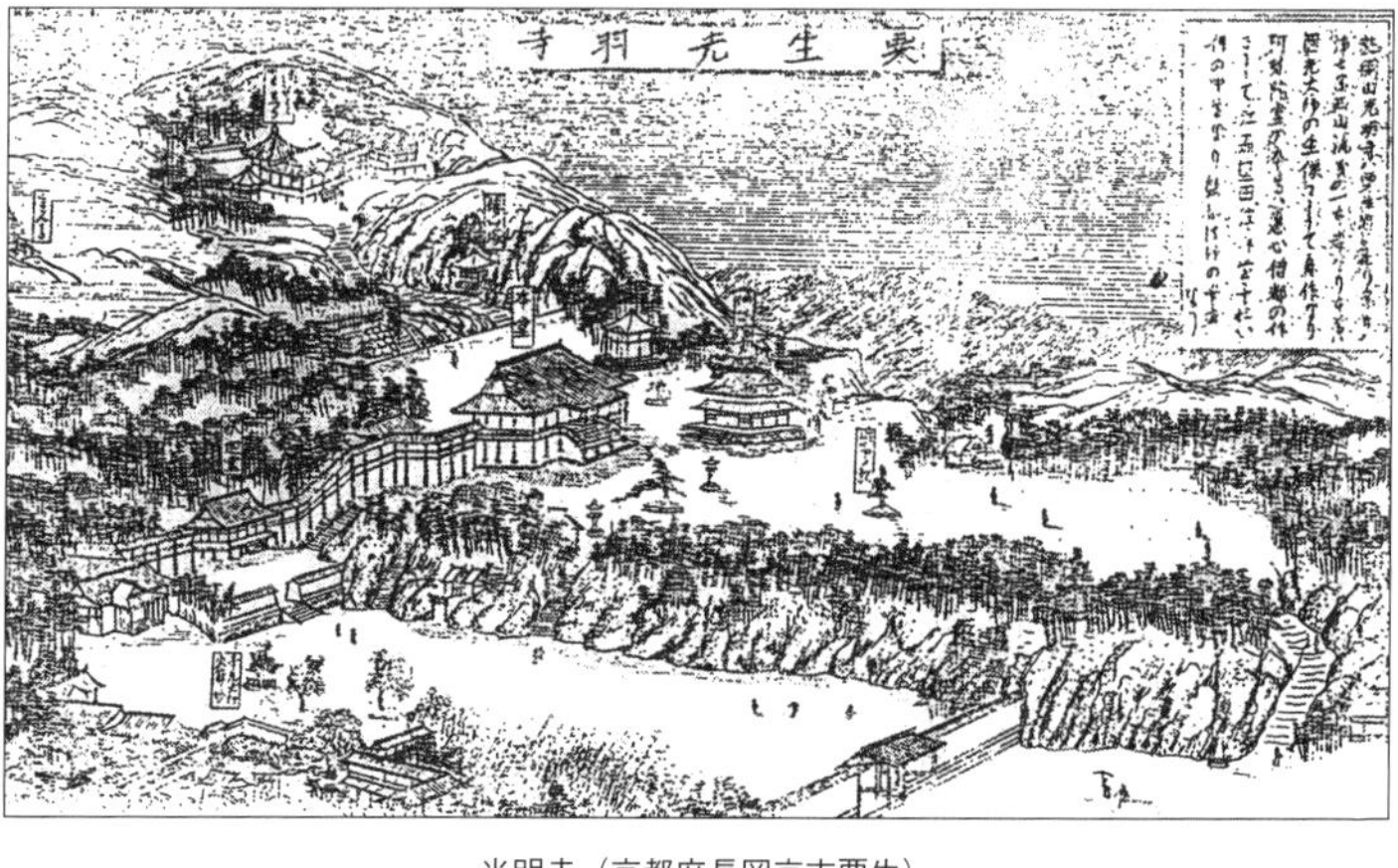

光明寺（京都府長岡京市粟生）

TAKAO. DT.

高雄寺（高雄山寺　京都市右京区）

YOSHIDA ST

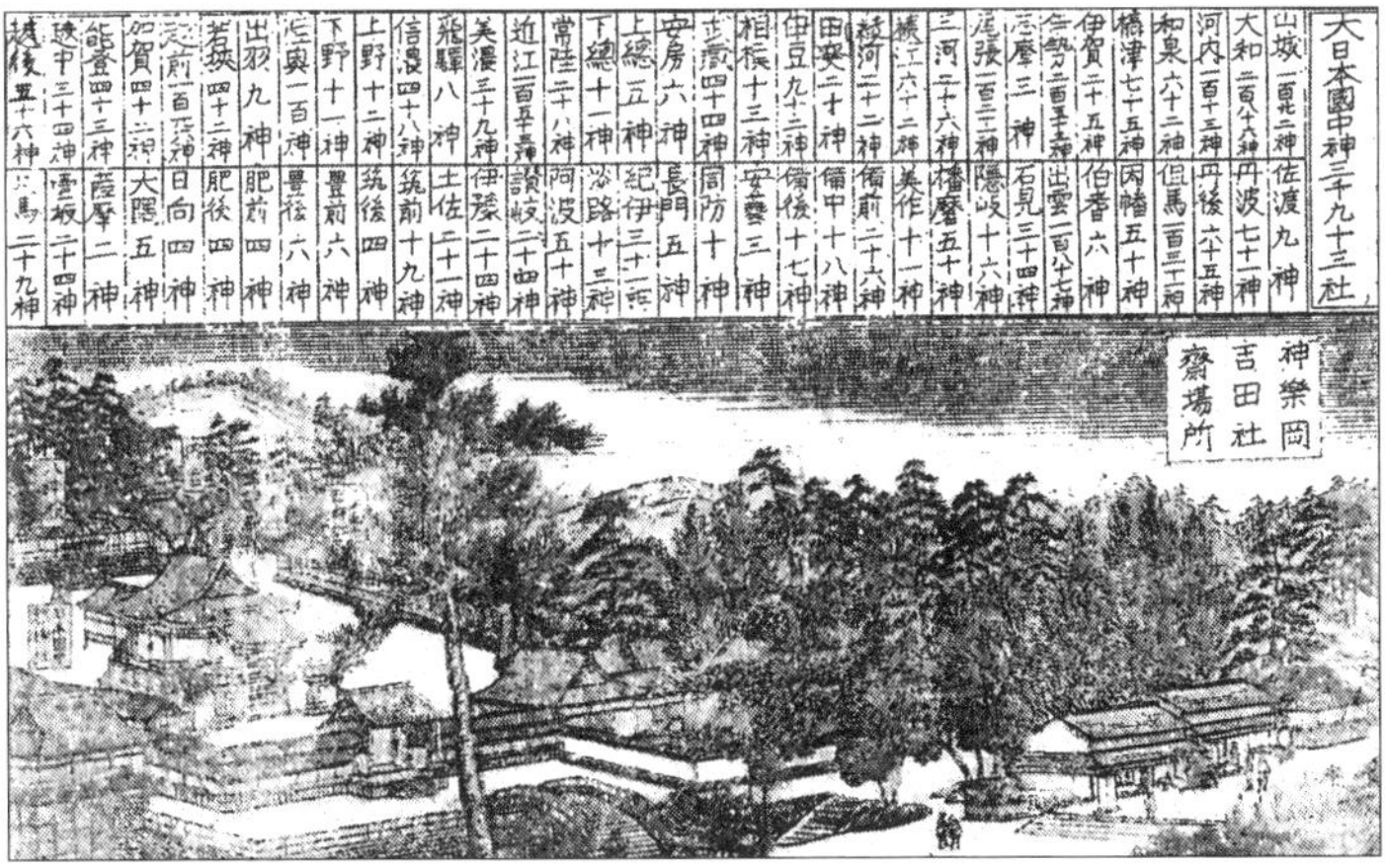

吉田神社（京都市左京区）。唯一宗源神道を唱えた吉田兼倶の神社である。

HIGA HI·HONGANJI ST

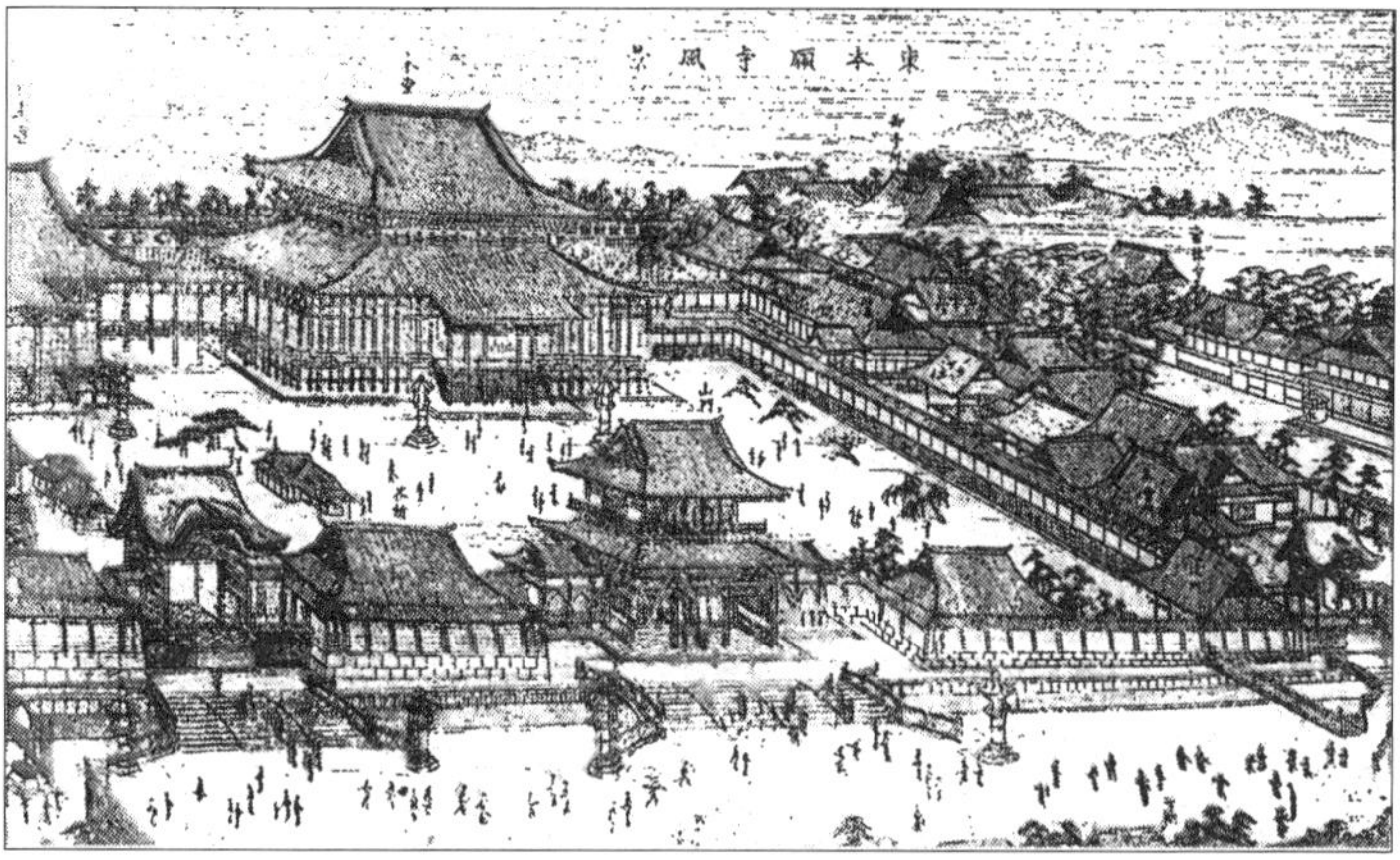

東本願寺（京都市下京区）

MARUYAMA ST

円山（京都市東山区）

ARASHIYAMA

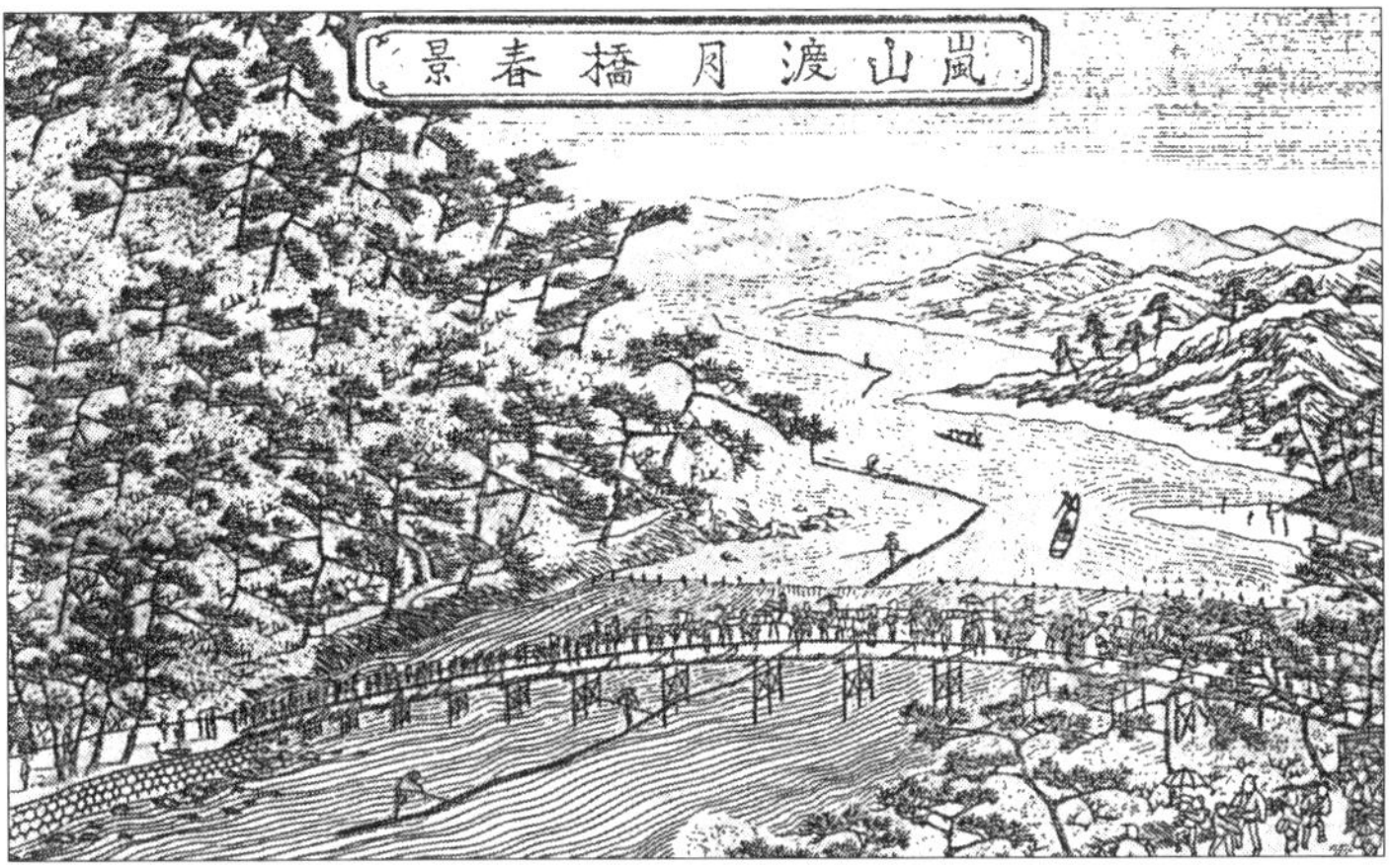

嵐山渡月橋（京都市西京区）

GINKAKUJI.BT

銀閣寺（京都市左京区　足利氏の寺）

NISHI HONGANGIBT

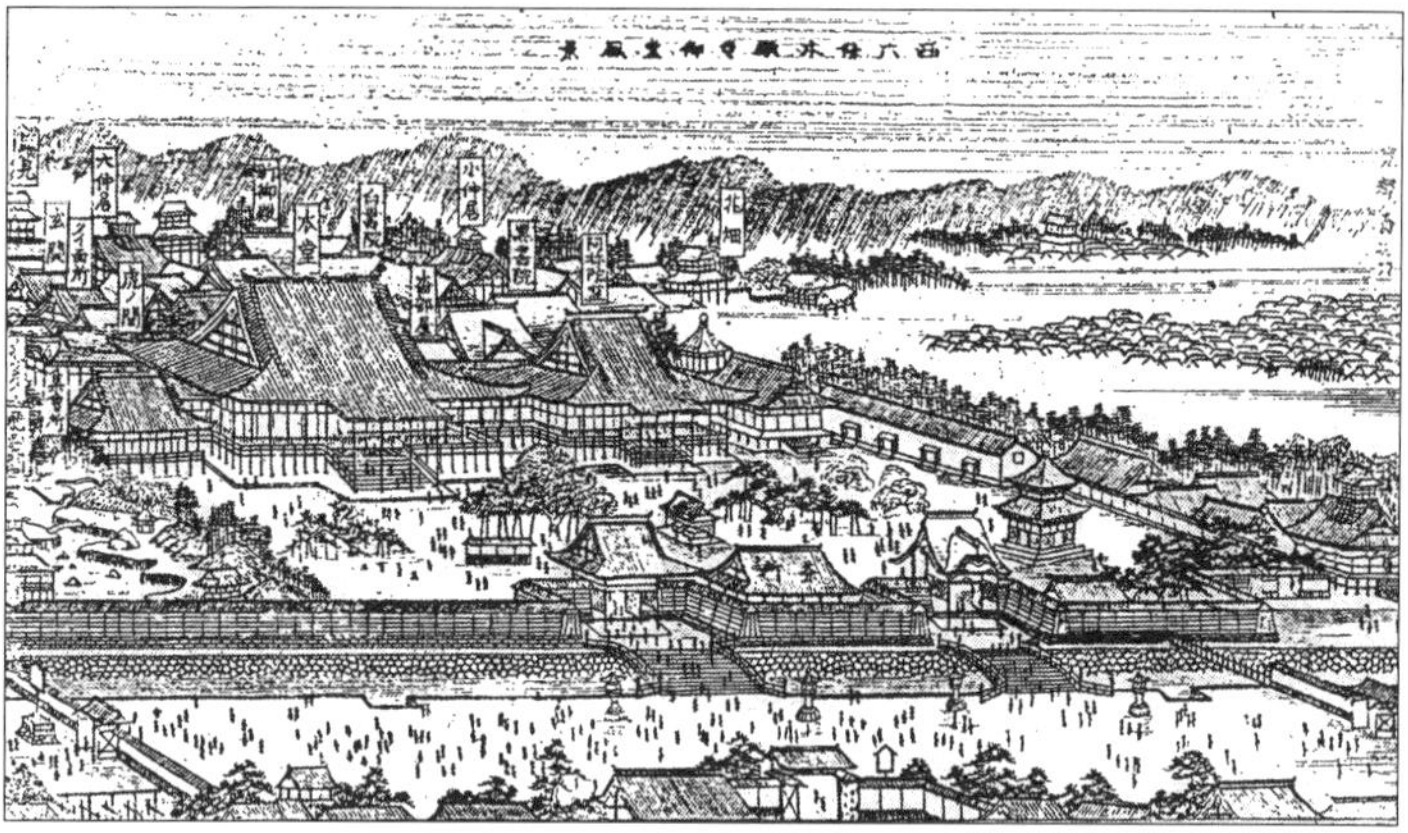

西本願寺

HIGASH IOTANIBT

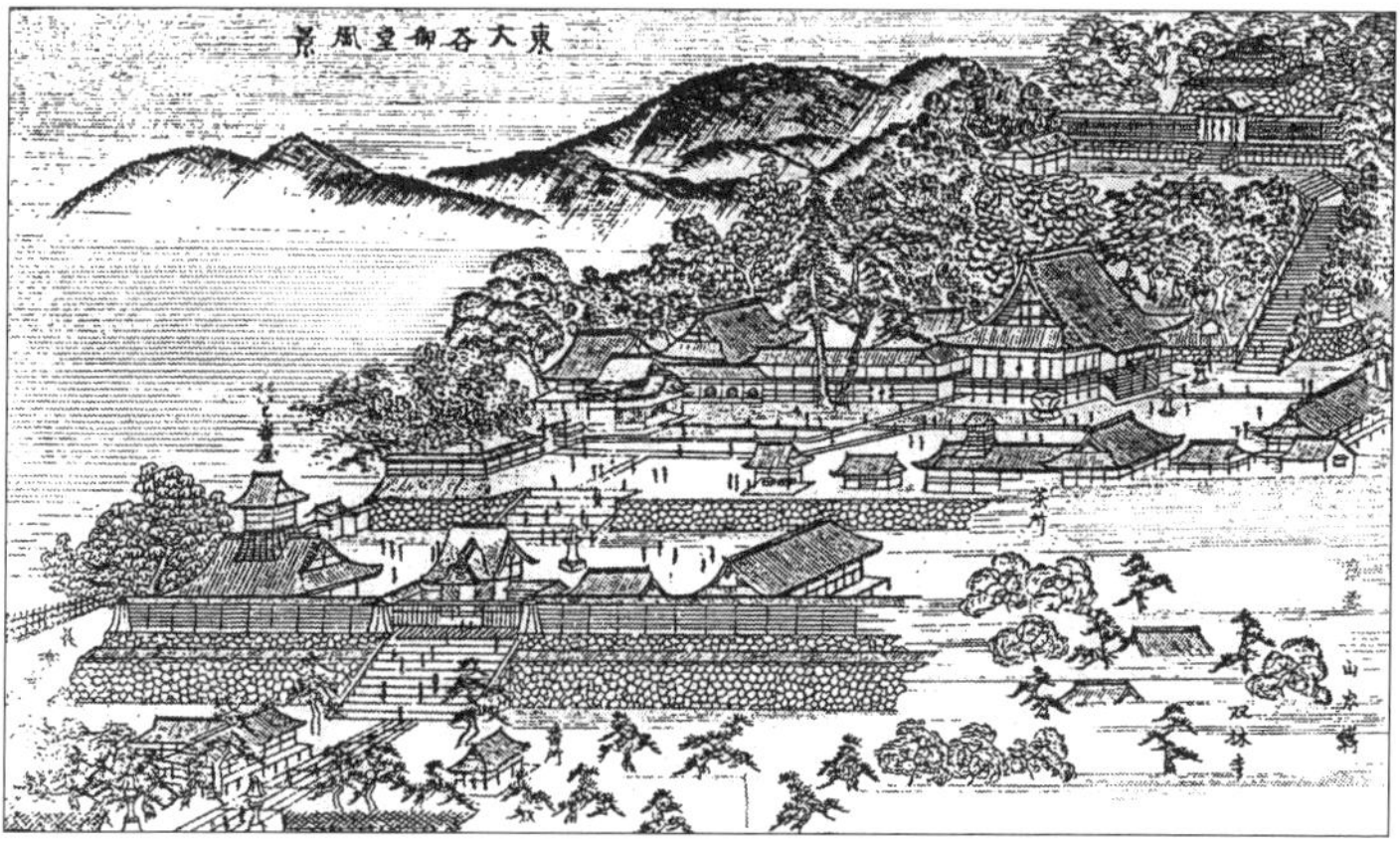

大谷別院（東大谷　京都市東山区）

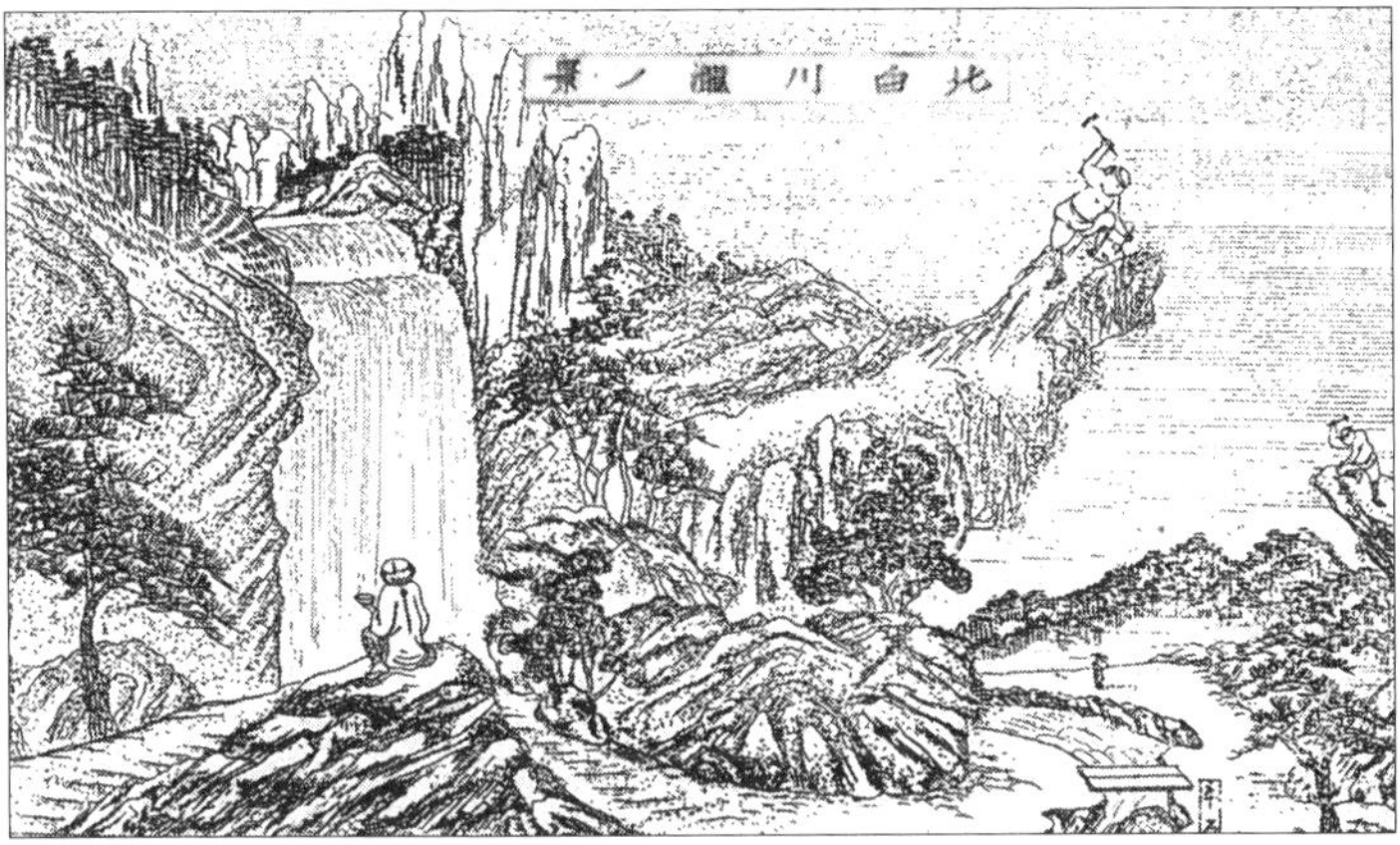

白川の滝（京都市左京区）

CHION BT

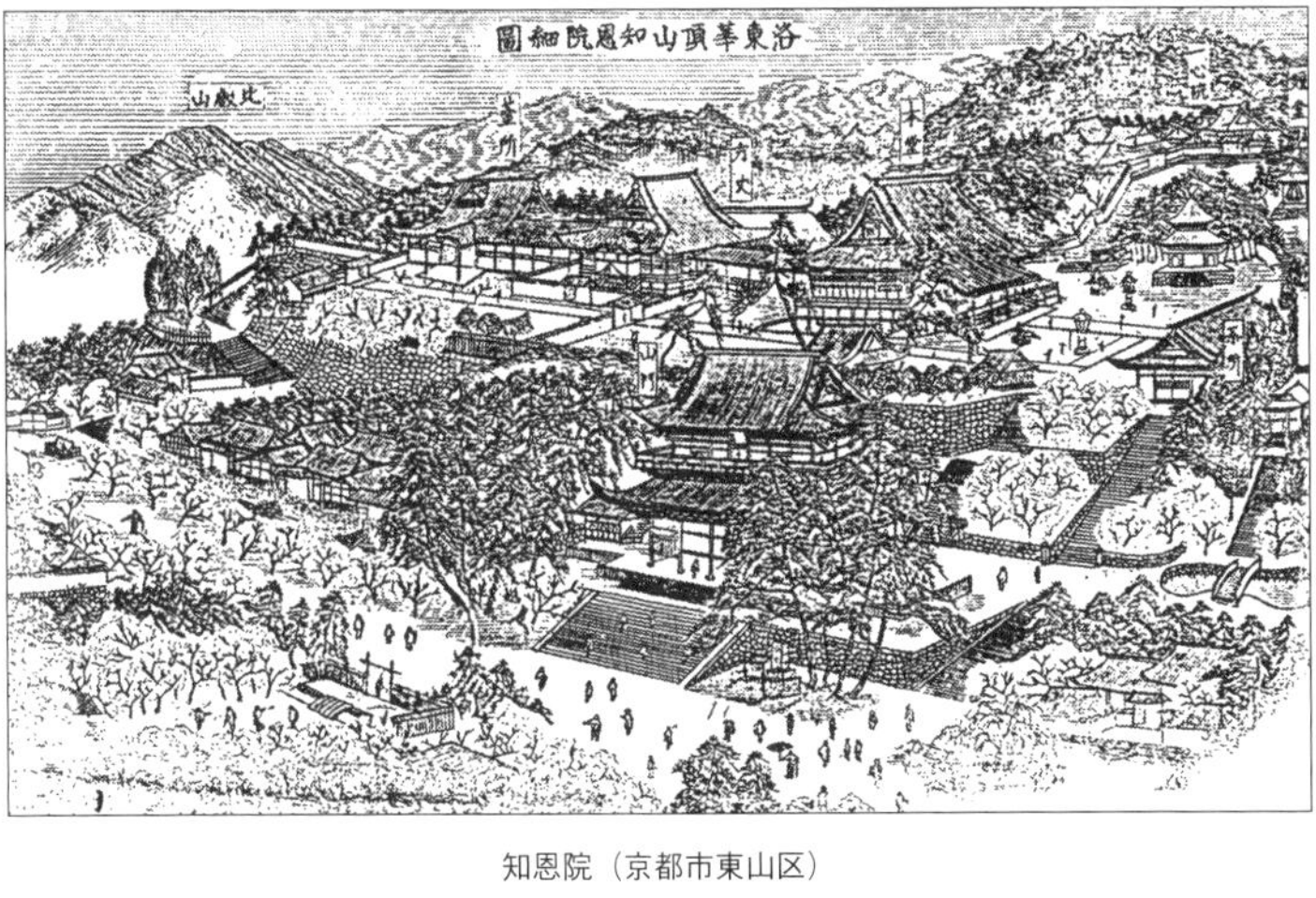

知恩院（京都市東山区）

NIYAKUAOJ I BT

若王寺《にゃくおうじ》（京都市左京区）

KAMISAJA.BT

清涼寺（京都市右京区嵯峨）

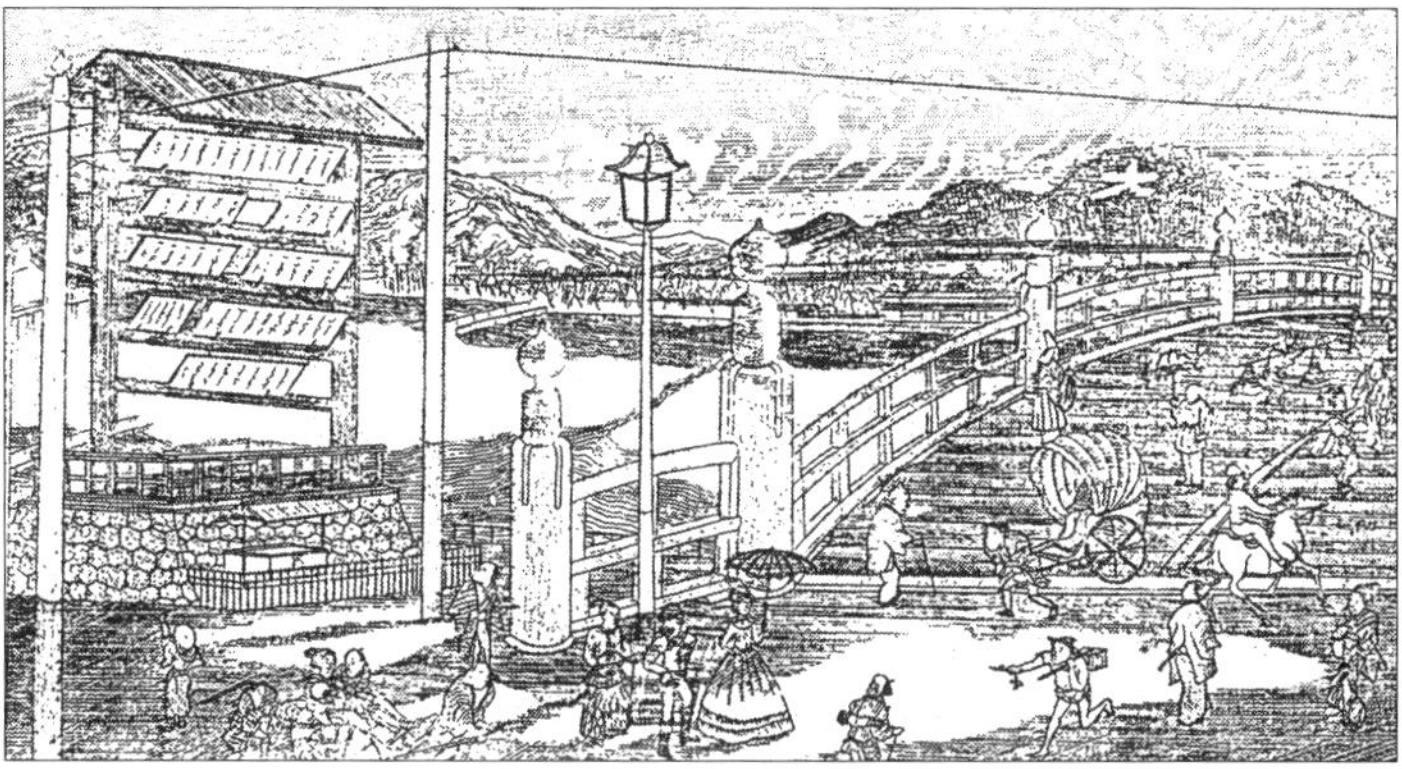

三条大橋（京都市）

OBAKU.BT

万福寺（京都府宇治市）

UJI BIYODOIN BT

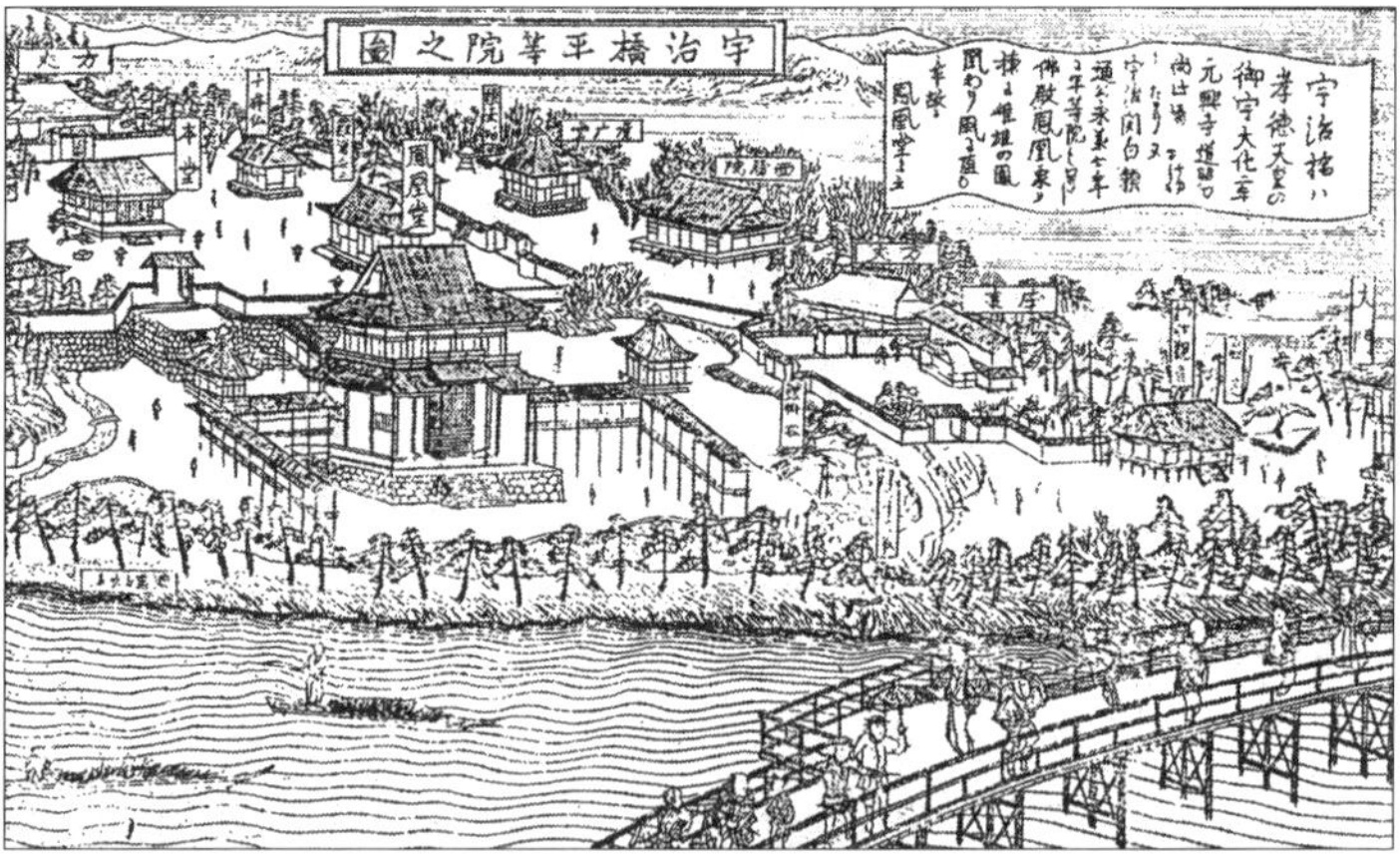

平等院（京都府宇治市）

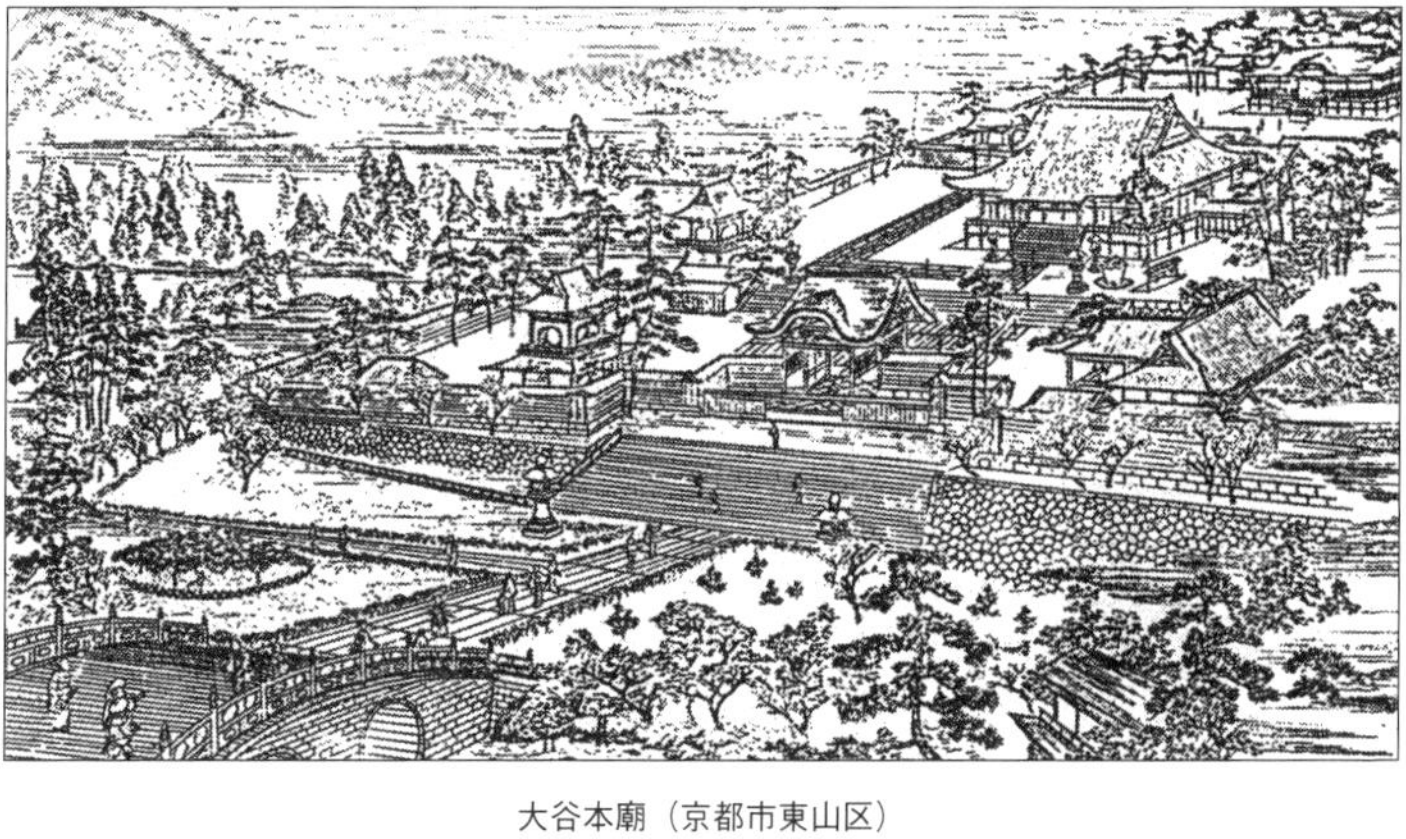

大谷本廟（京都市東山区）

KUDAIJI. ST

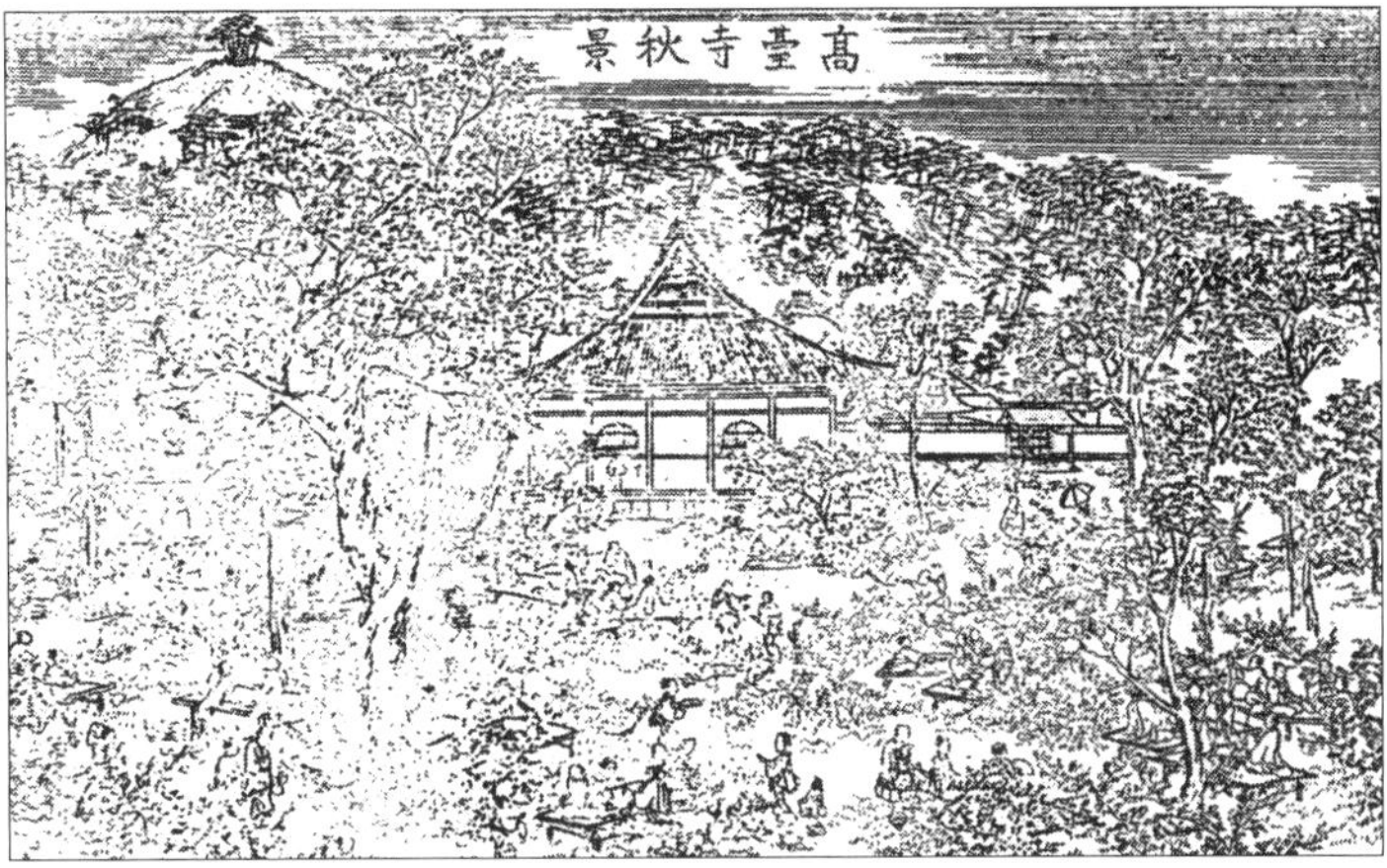

高台寺《こうだいじ》（京都市東山区）

KINKAKUJI—BT

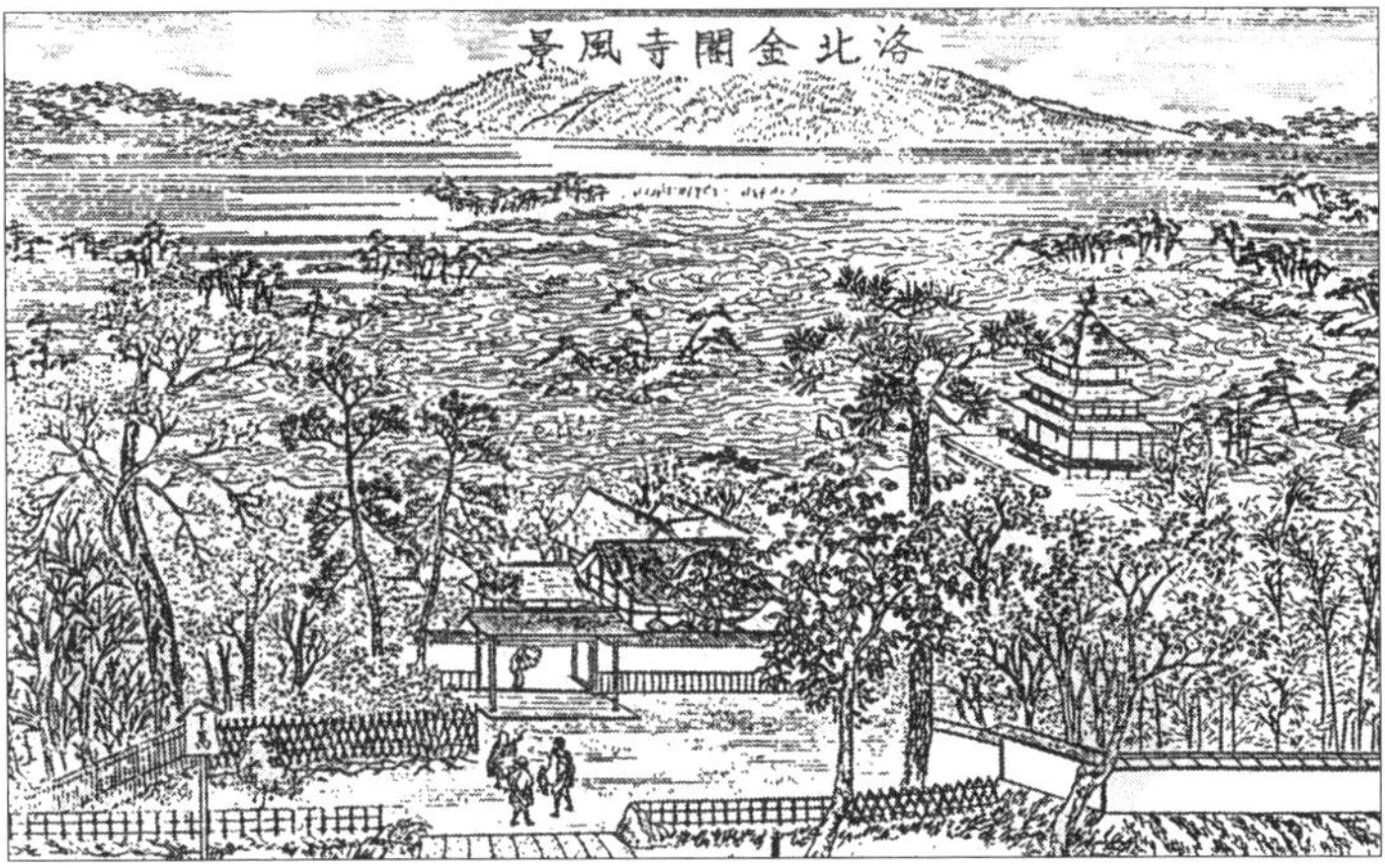

金閣寺（京都市北区）

貴布禰《きふね》社（京都・山城）

藤森《ふじもり》神社（京都市伏見区）

HIRANO.ST

平野《ひらの》神社（京都市北区）

KIYOTO CASTLE

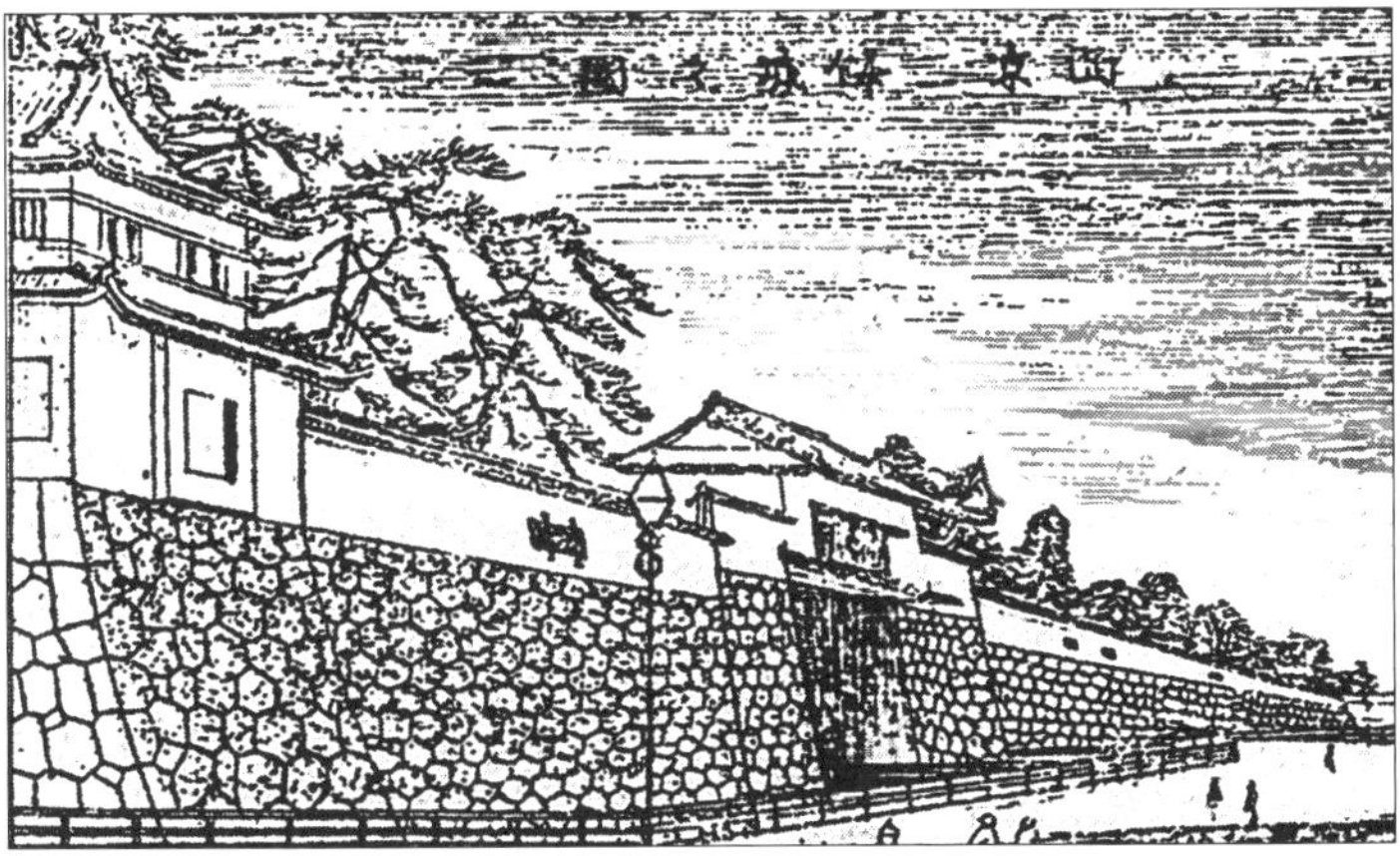

二条城（京都）

SANJIYO OHASHI

三条大橋（京都）

HEKIANDGENGI

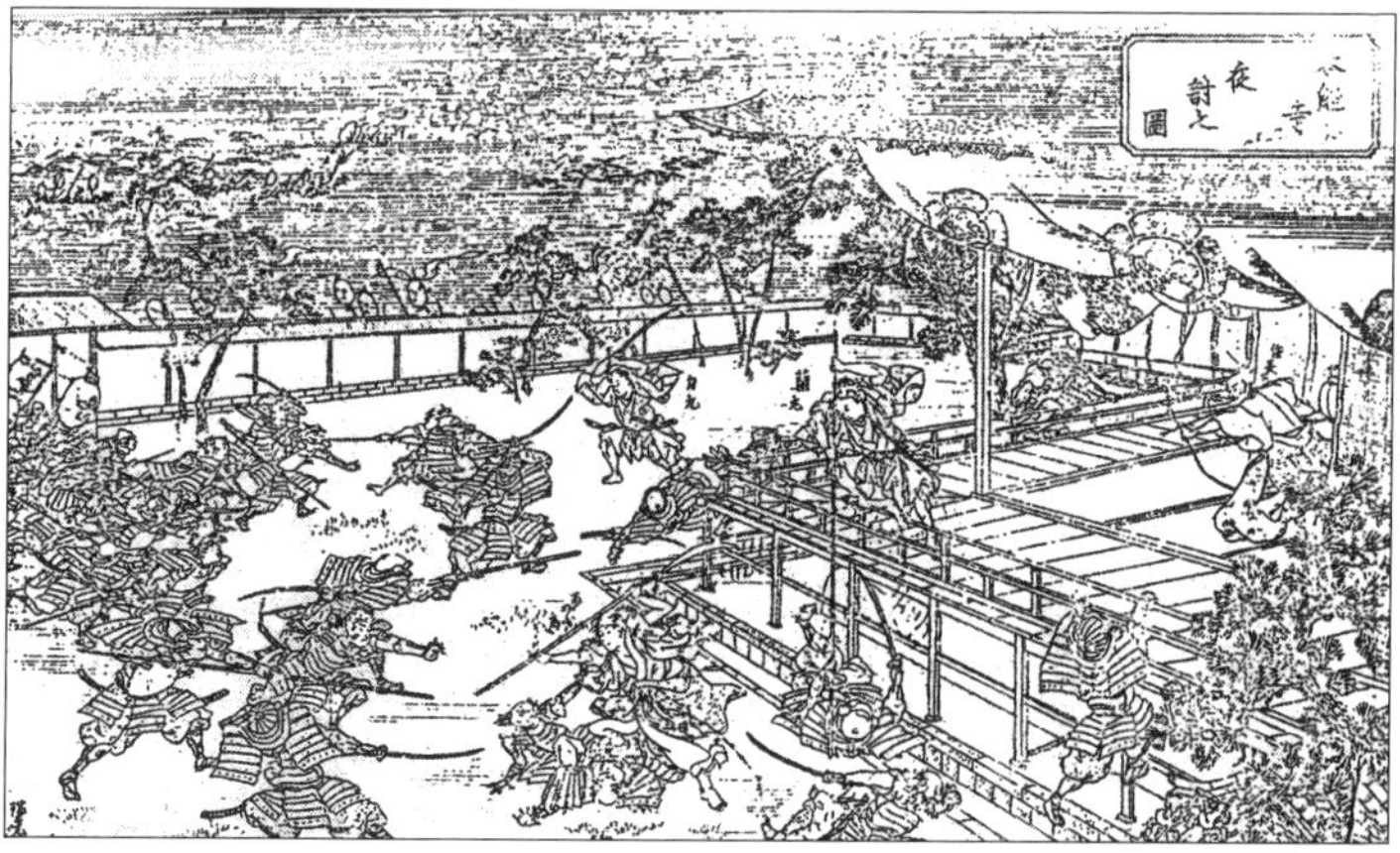

本能寺夜討ちの図

OYE. YAMA

①大《おお》江《え》山《やま》（京都府西部）の伝説。大江山に入った源頼光。

LEGEND

②大《おお》江《え》山《やま》伝説とは、源頼光が、酒呑童子という鬼を退治したという有名な伝説である。

OYE YAMA

大江山伝説のものとなっているが、四十七士の討入りのような感じの絵。

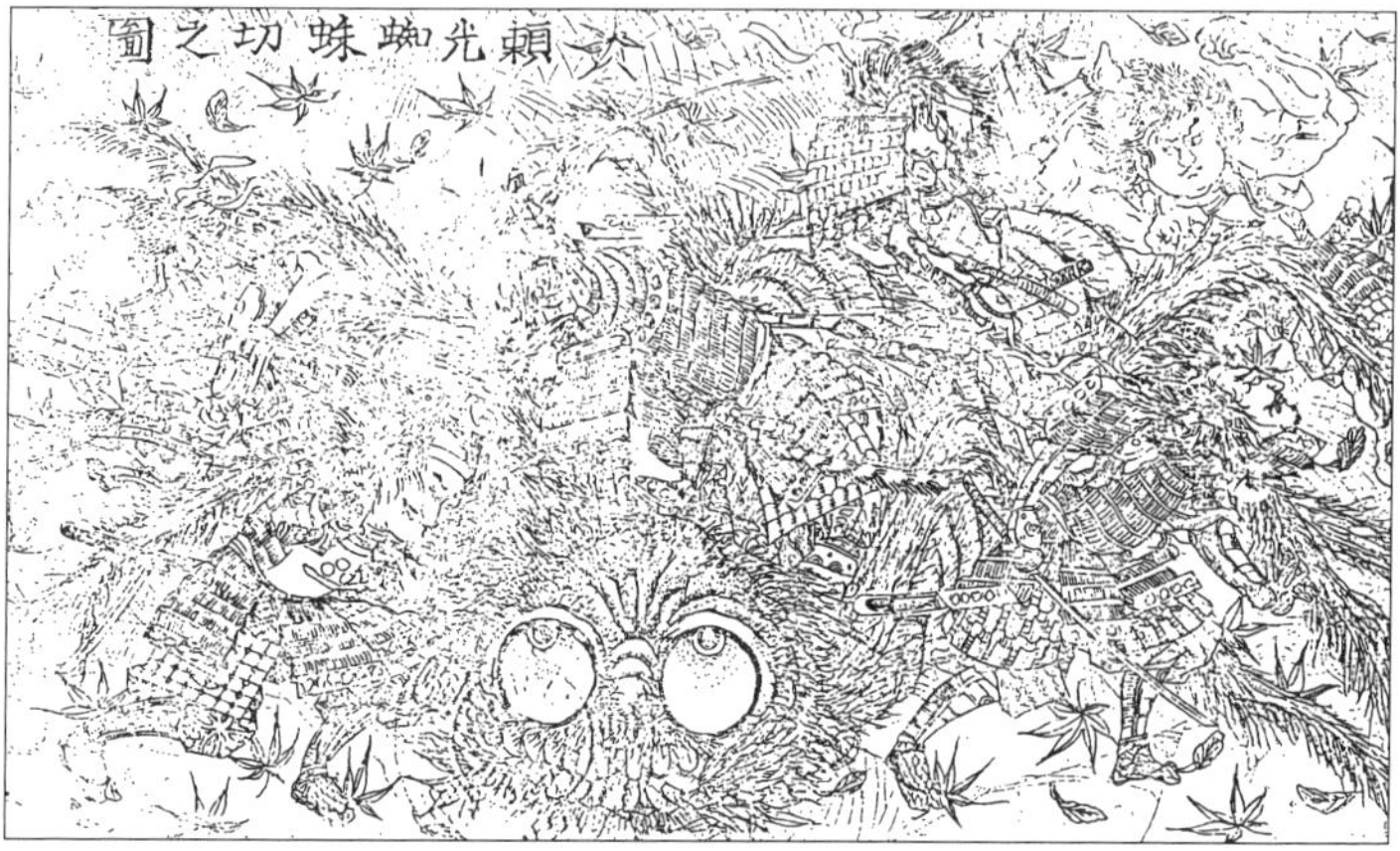

源頼光の蜘蛛切《くもきり》伝説（病にかかった頼光は、加持しても効果なく、床に伏せっていた。ある夜、たけ7尺ばかりの法師が縄をかけようとするので、枕元の名剣・膝丸をとって切りつけると、手ごたえがあり、灯台の下に血がこぼれていた。その血をたどると、北野社の塚穴に達し、掘ると、中に大きな山蜘蛛がいるので、からめとって鉄の串にさし川原にさらした。これより、膝丸を蜘蛛切と改名したという）。

東海道

東海道は、太閤秀吉が造った京都の三条大橋に始まり、琵琶湖に面する大津方面へ向かう。風光《ふうこう》明媚《めいび》だ。そののち宿場町・石部《いしべ》（滋賀県）へ向かうが、そこも景色がよい。

ほかに東海道の景勝地として、関《せき》（三重県）、四日市（三重県）、宮（愛知県）、藤川（愛知県）、荒井（静岡県）、日坂《にっさか》（静岡県）、鞠子《まりこ》（丸子　静岡県）、江尻《えじり》（静岡県）、蒲原《かんばら》（静岡県）、箱根（神奈川県）、戸塚《とつか》（神奈川県）などがある。

この道沿いで城のある町としては、亀山（三重県）、桑名（三重県）、岡崎（愛知県）、吉田（愛知県）、浜松（静岡県）、府中（静岡県）、沼津（静岡県）、小田原（神奈川県）、そして最後は東京の日本橋である。東京の城は、もともと徳川家康が建てたもの。そこが基点となって、東京からの距離が測られる。

［訳者注］東京に行くのに東海道を通った。東海道の名所もマクレオドは忘れずに紹介する。

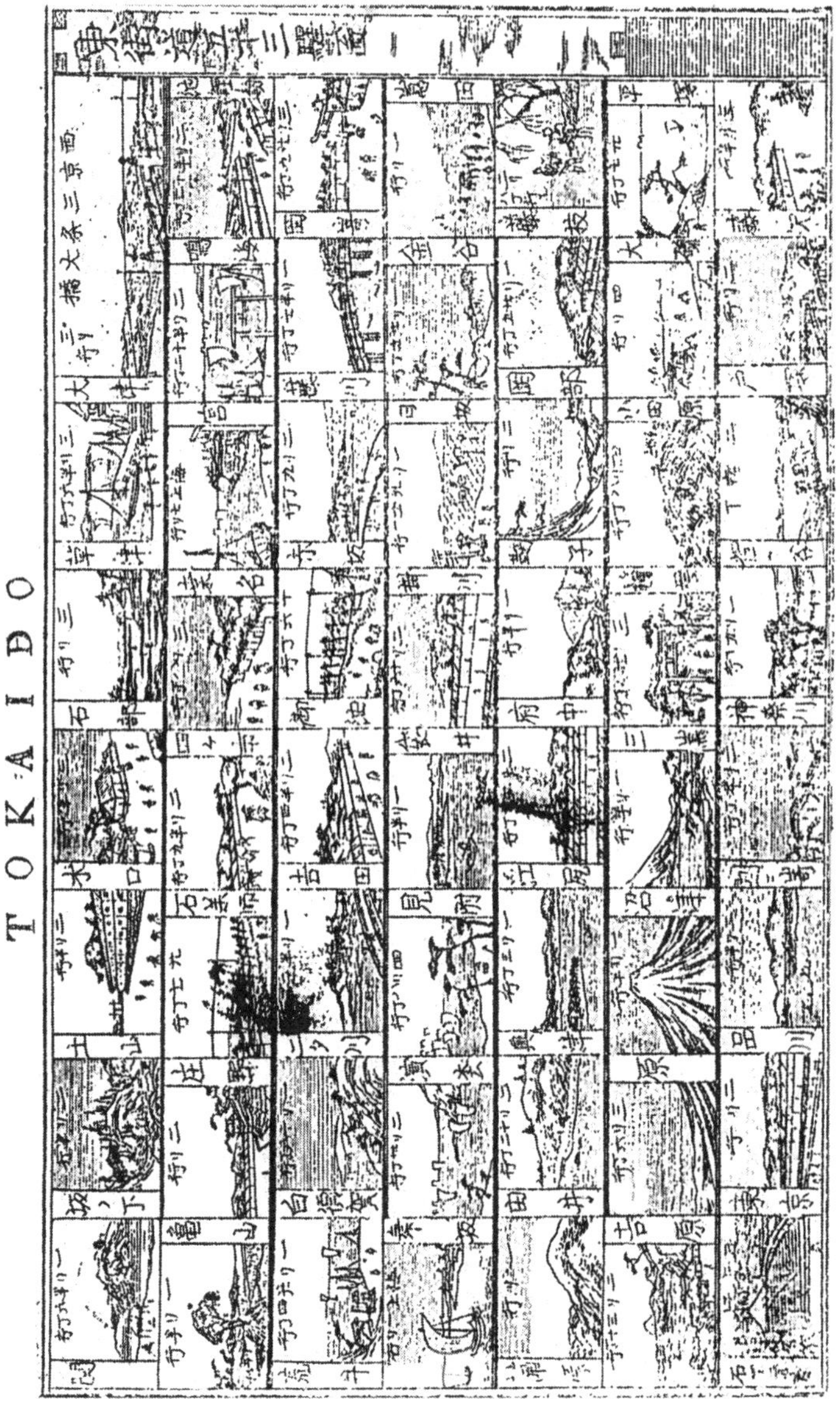

東海道五十三次

[マクレオドの注釈]
外国の薬剤師は病をよく治す。日本の薬剤師の売る薬は、殺したり治したりである。死人が出ると、僧侶たちは葬式で儲けられると思って喜ぶ。

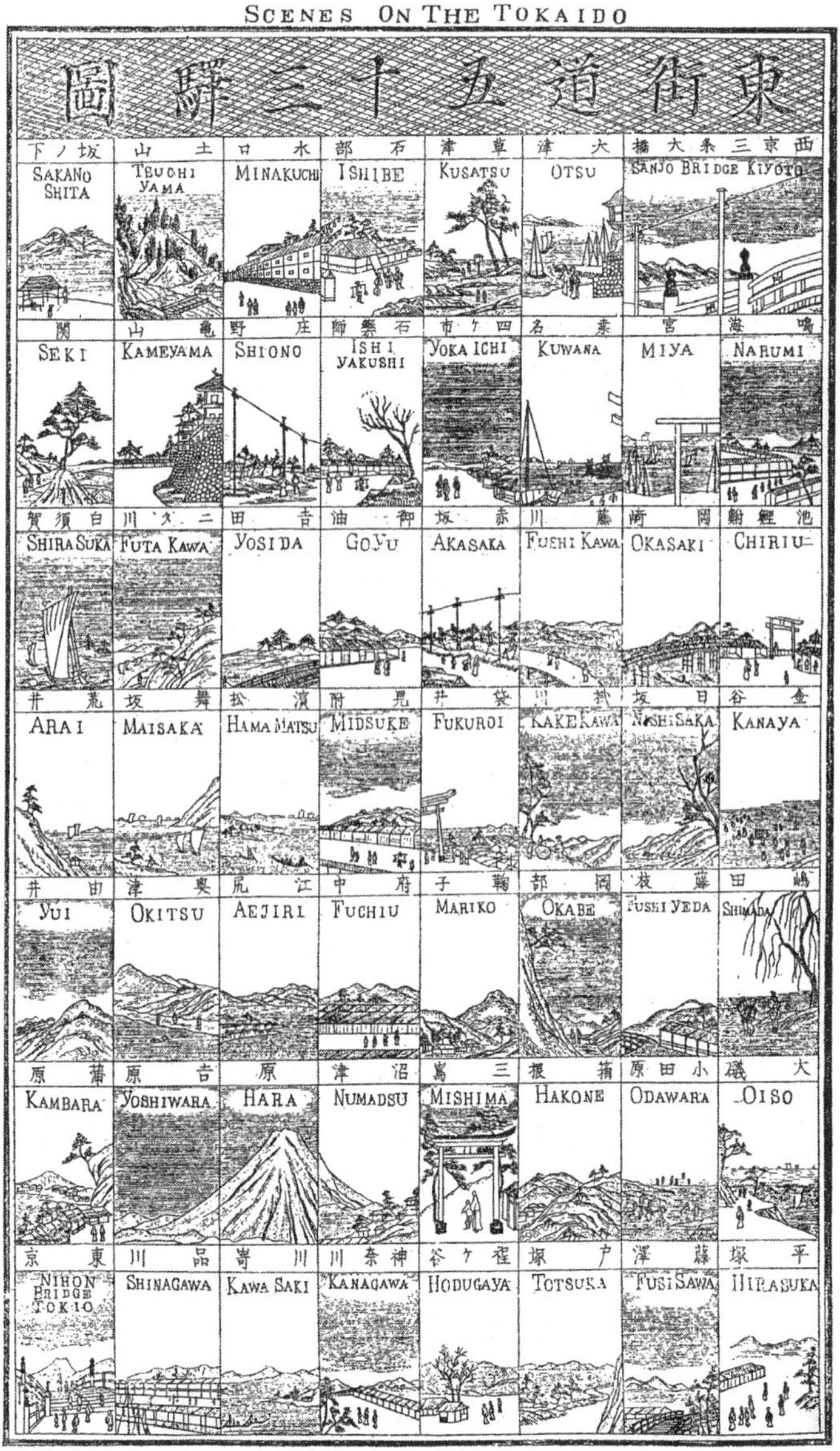
SCENES ON THE TOKAIDO
東街道五十三驛圖
坂ノ下
SAKANO SHITA
土山
TSUCHI YAMA
水口
MINAKUCHI
石部
ISHIBE
草津
KUSATSU
大津
OTSU
西京三条大橋
SANJO BRIDGE KIYOTO
関
SEKI
亀山
KAMEYAMA
庄野
SHIONO
石薬師
ISHI YAKUSHI
四ケ市
YOKA ICHI
桑名
KUWANA
宮
MIYA
鳴海
NARUMI
白須賀
SHIRA SUKA
二タ川
FUTA KAWA
吉田
YOSIDA
御油
GOYU
赤坂
AKASAKA
藤川
FUCHI KAWA
岡崎
OKASAKI
池鯉鮒
CHIRIU
荒井
ARAI
舞坂
MAISAKA
濱松
HAMA MATSU
見附
MIDSUKE
袋井
FUKUROI
掛川
KAKEKAWA
日坂
NISHISAKA
金谷
KANAYA
由井
YUI
奥津
OKITSU
江尻
AEJIRI
府中
FUCHIU
鞠子
MARIKO
岡部
OKABE
藤枝
FUSHI YEDA
嶋田
SHIMADA
蒲原
KAMBARA
吉原
YOSHIWARA
原
HARA
沼津
NUMADSU
三嶋
MISHIMA
箱根
HAKONE
小田原
ODAWARA
大磯
OISO
東京
NIHON BRIDGE TOKIO
品川
SHINAGAWA
川崎
KAWA SAKI
神奈川
KANAGAWA
程ケ谷
HODUGAYA
戸塚
TOTSUKA
藤澤
FUSI SAWA
平塚
HIRASUKA

東海道五十三次

58

YOSHITSUNE AND BENKE

源義経《よしつね》と弁慶《べんけい》

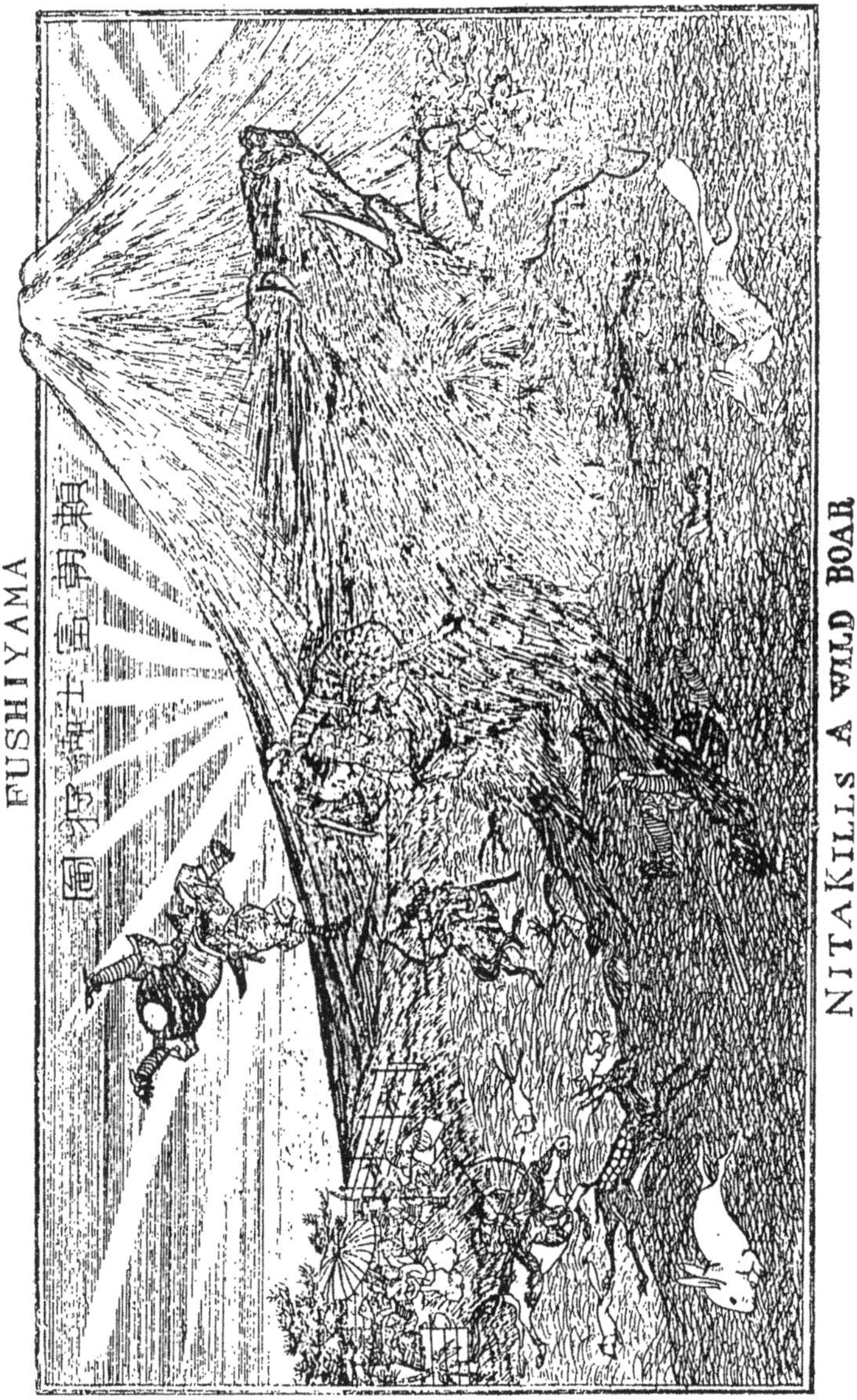

富士山と、イノシシを殺す源頼朝《よりとも》

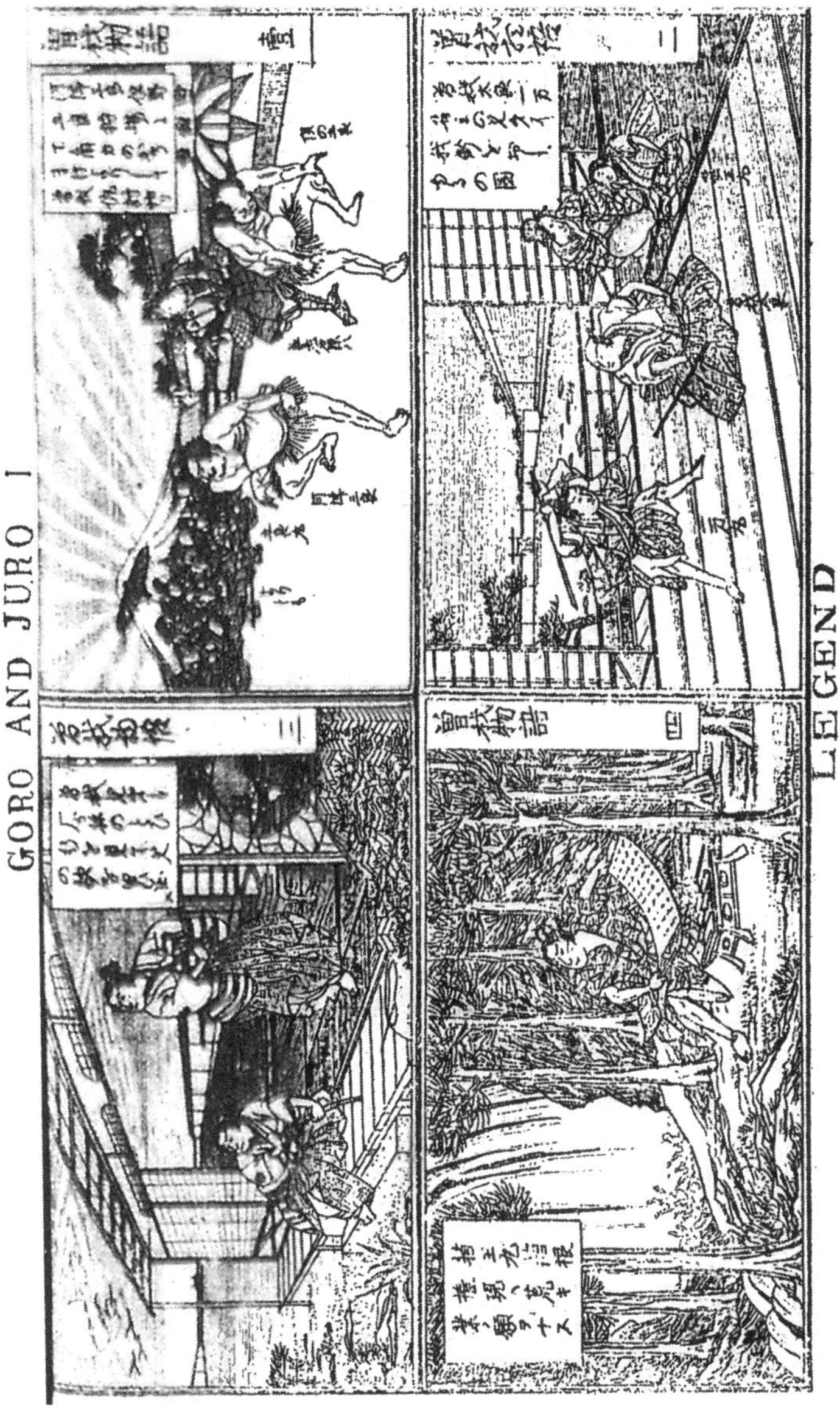

曾我《そが》物語（曾我の十郎祐成《すけなり》・五郎時致《ときむね》兄弟が、父の敵《かたき》・工藤祐経《すけつね》を討ち取った事件を中心に構成された物語。成立は鎌倉後期から室町初期）

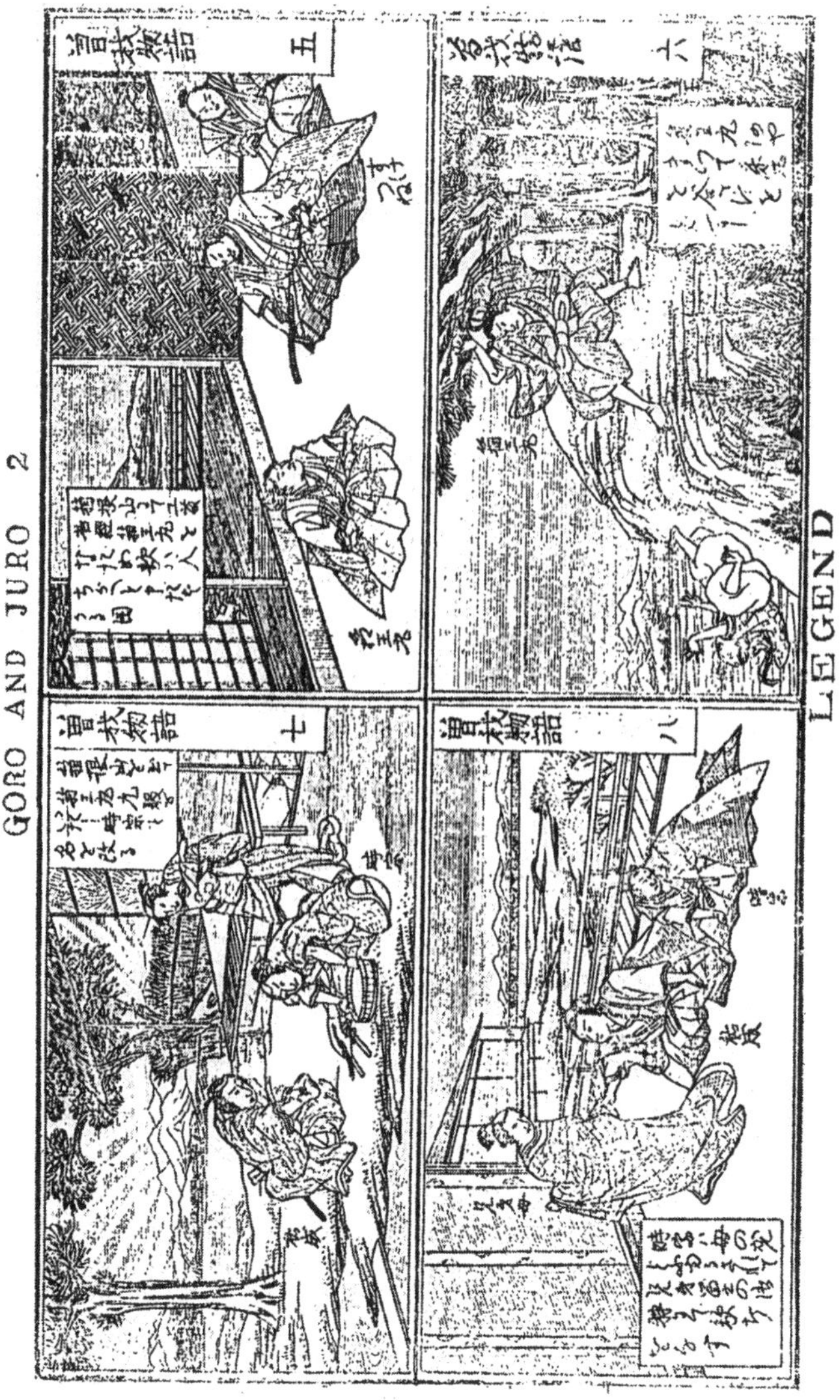

曾我物語（つづき）

GORO AND JURO 3

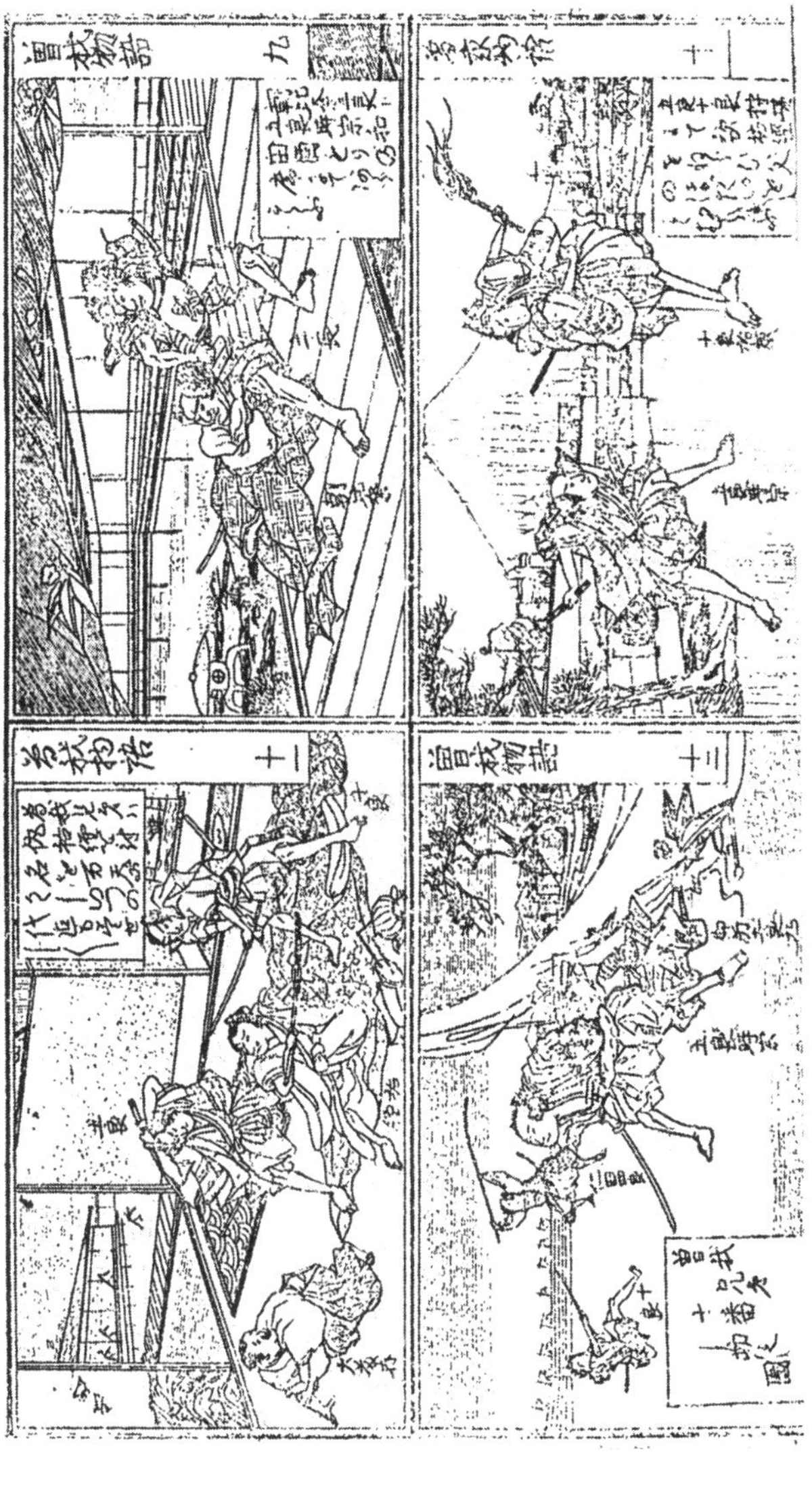

曾我物語（つづき）

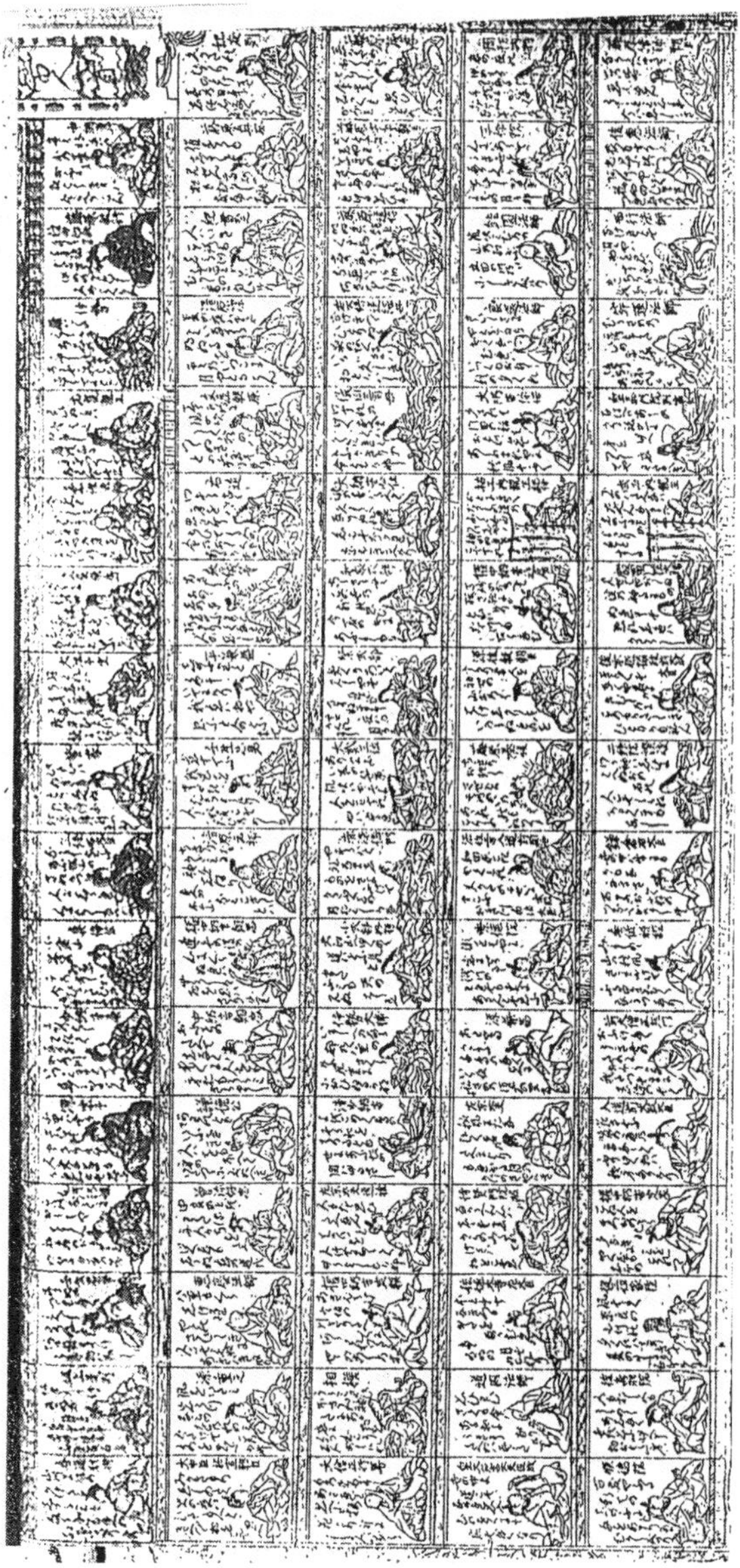

百人一首

JAPANESE WINE BIBBLERS

飲んべいたち（酒呑三十六奇仙）

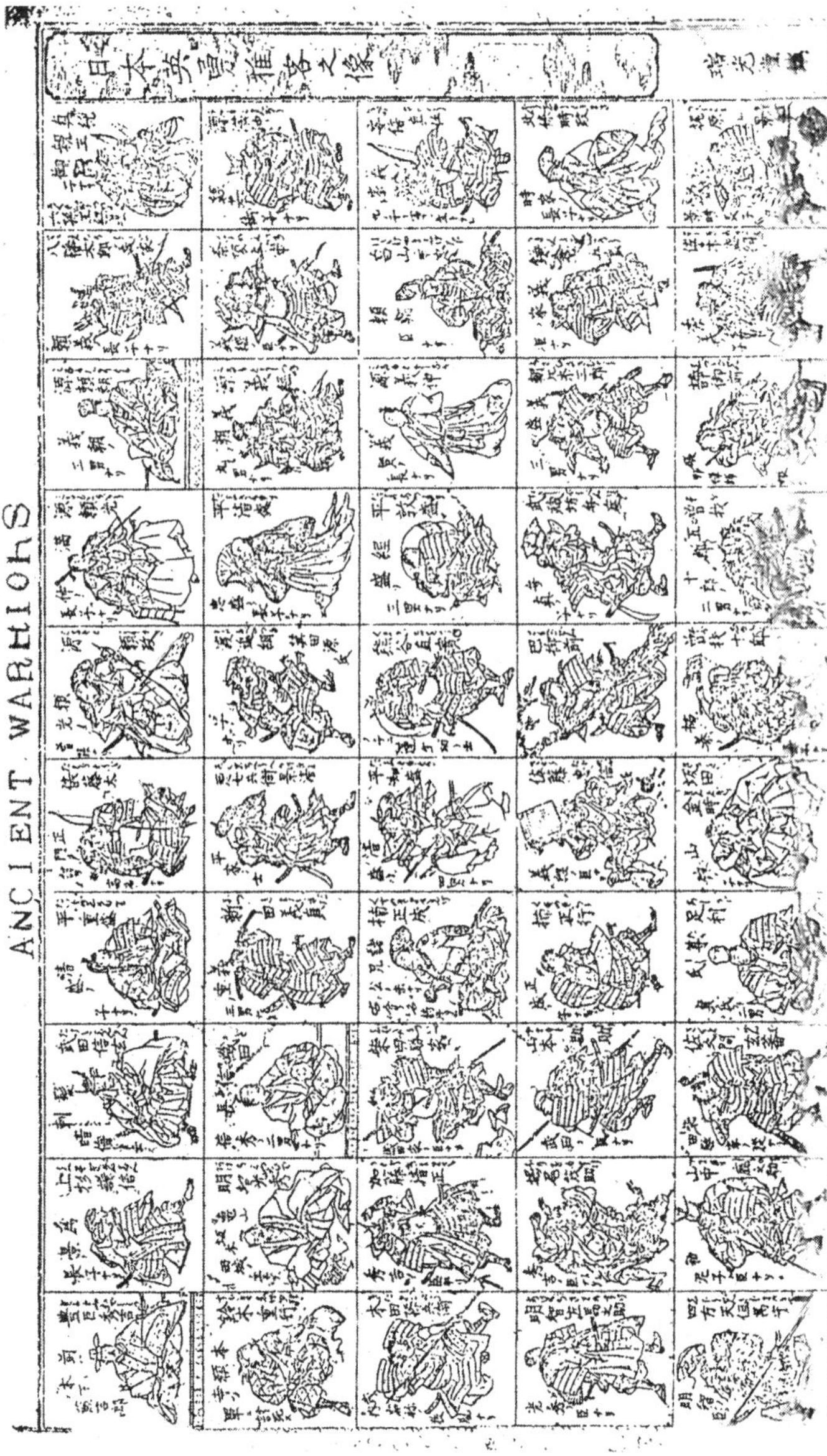

武将たち

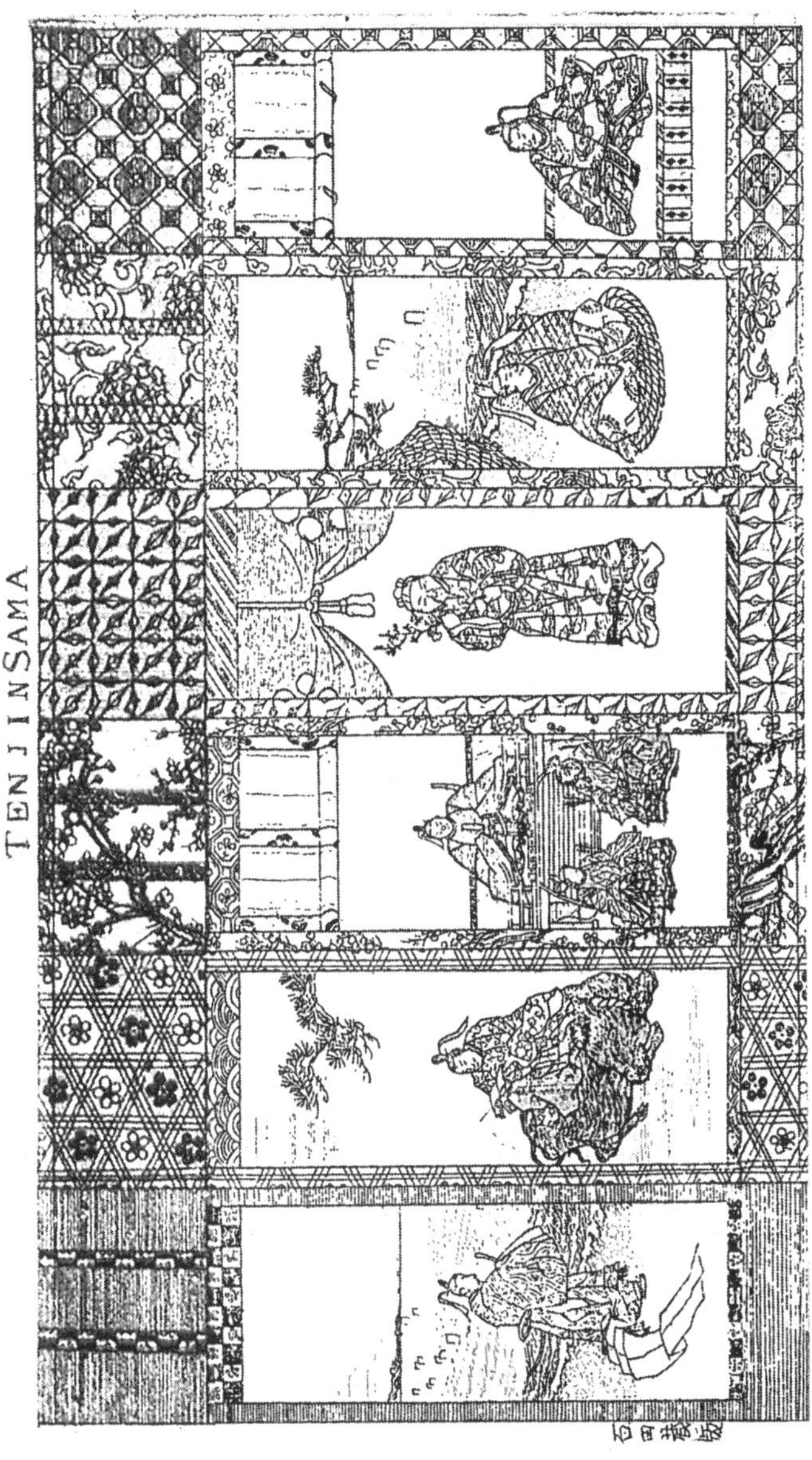
TENJIN SAMA

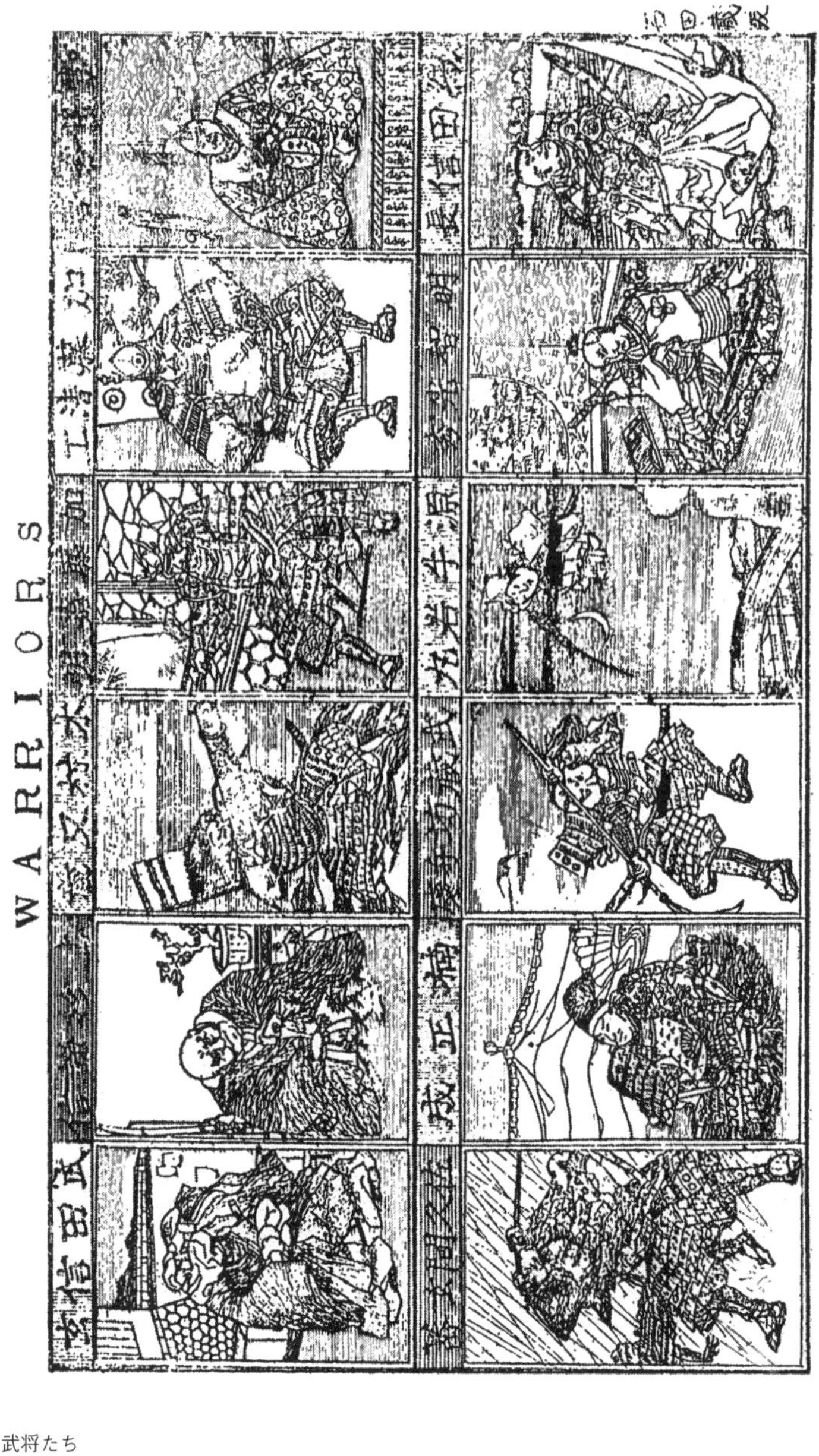

武将たち

武将たち

東京

現在、日本の首都は東京である。ここはかつて将軍たちの本拠だった。

旅行者は、広大な江戸城の跡を見るとき、かつての徳川の将軍たちの権勢をうかがい知ることだろう。

芝《しば》（現在の港区東南部）には、仏教の寺があり、のちに神道の神社に変わった。だが、一八七三年一二月三一日の火災で焼け落ちた。そこには将軍たちの壮大な霊廟がある。

上野《うえの》はその北方にあり、そこにも将軍たちの墓（上野東照宮）がある。江戸におられた宮家や皇族らの墓も、そこにある。上野にある記念碑や遺跡の多くは、神代《じんだい》民族、イスラエル人らのものとは形が異なっている。

将軍や宮家関係の遺跡は、日光（栃木県）にもある。日光（東照宮）には、徳川の初代将軍が埋葬されている。また歴代の将軍たちの墓の豪華さは、日本の他のすべての人の墓にまさっている。

鎌倉に行くと、大仏を見ることができる。

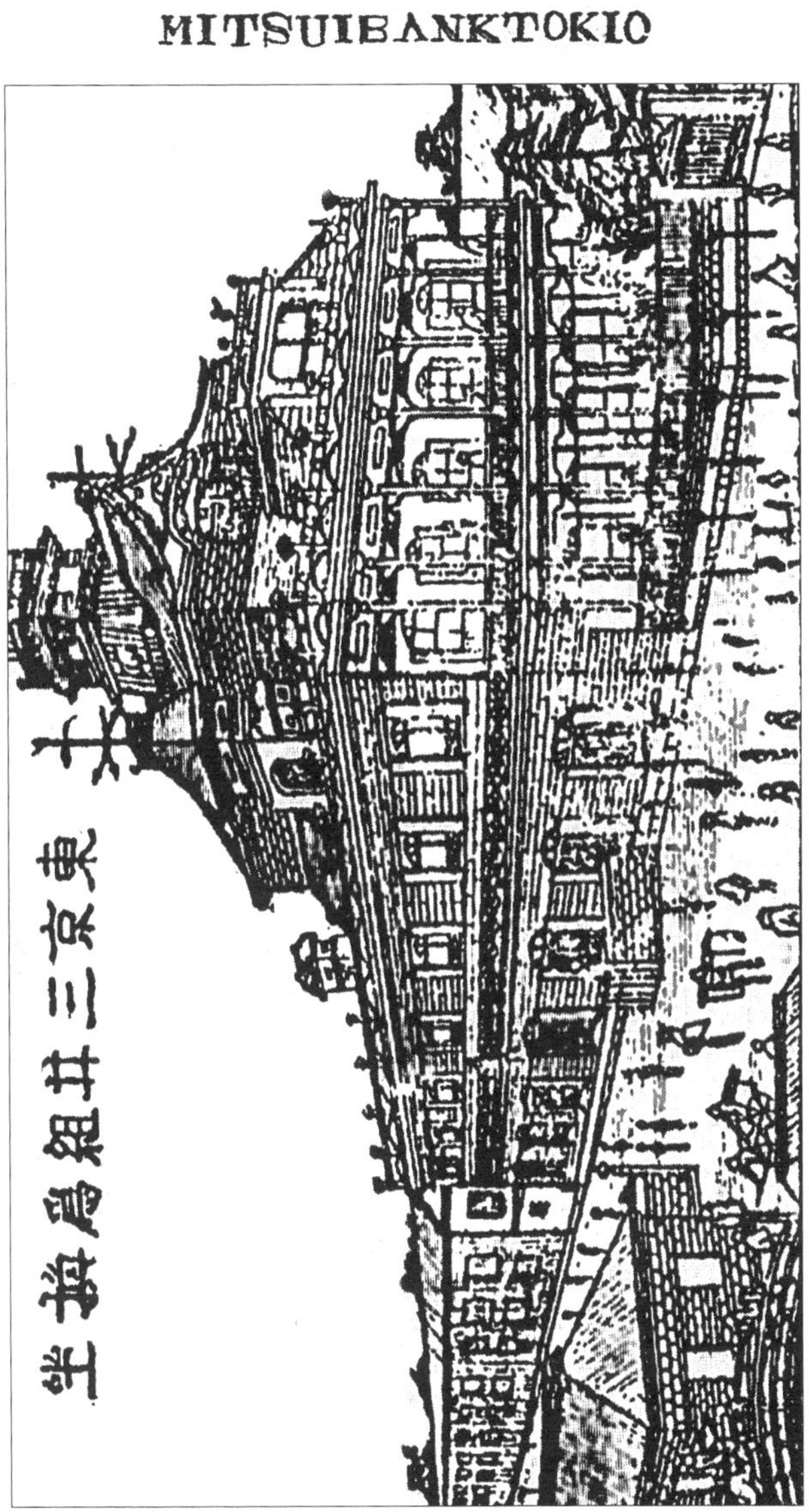

三井銀行（東京）。日本で最古の歴史を持つ都市銀行である。

愛宕山《あたごやま》（東京都港区）に登ると、東京の市街と港を見渡すことができ、素晴らしい景色を楽しめる。浅草には、東京の有名な仏寺（浅草寺《せんそうじ》）があり、塔がある。境内に敷かれた石には様々な絵が描かれている。

芝からそう遠くない所に高輪《たかなわ》（港区）があり、そこに泉岳寺《せんがくじ》がある。その寺に赤穂四十七士の墓がある（ミットフォードの『日本古物語』を参照）。また芝から南西に一マイルほどの所に、善福寺がある。

芝から四マイル離れて目黒不動があり、その周囲はたいへん美しい。そこから遠くないところに、あの有名な恋人たち――権八《ごんぱち》と小紫《こむらさき》の墓がある（ミットフォード参照）。

八幡《やはた》神社は、戦《いくさ》の神、万軍の主を祭る。五百羅漢《ごひやくらかん》の寺には、たくさんの像がある。亀戸《かめいど》天神は、学問の神・菅原道真《すがわらのみちざね》を祭る神社である。

堀切《ほりきり》は、ここから約一マイルほど。花の名所で、四月に行くのが一番いい。回向院《えこういん》には、一六五六年と一八五五年の地震の犠牲者が葬られている。

薩摩屋敷での博覧会は、上野と芝でも行なわれている。王子は、東京の郊外にあり、お勧めスポット。滝、稲荷神社、美しい庭園などがある。

人力車は日本のどこにもある。一人だと一里あたり七銭、二人だと、一里あたり一四銭くらいである。もう少し安い所もあるが、坂道では少し高くなる。荷馬《にば》は、人夫ひとり付で、一里あたり六～七銭。人力車の一日貸し切りは、人夫ひとりついて、地方の町で五〇銭程度。なお、一ドルが一

TOKIO VIEWS

東京の風景

ATANGO YAMA

愛宕山（港区）

SHIBA
TOKUGAWAS' TOMB

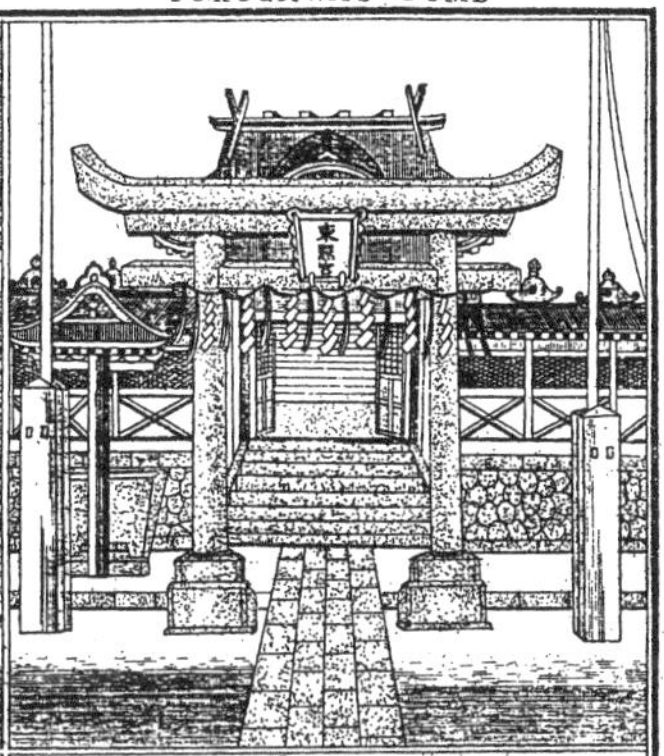

芝の東照宮

ASAKUSA BUDDHIST TEMPLE

浅草の浅草寺

UYENO
TOKUGAWAS' TOMB

上野東照宮

TAKANAWA SENGAKUJI

泉岳寺（港区高輪）

NIKO
IYEYASUS' TOMB

日光東照宮

〇〇セントなのと同じく、一円＝一〇〇銭である。

荷車用などに人夫が必要な場合は、人夫ひとり一里あたり六銭。ホテルや旅館の宿泊代は、外国人はふつう、素泊まりで一晩二五銭程度である。旅行者はまず県庁を訪ねるとよい。必要な情報や案内が無料で受けられる。

また旅行中は、一〇銭ないし二〇銭の少額紙幣をある程度持っていたほうがよい。お茶やコーヒーを飲むにも、缶詰食品を買うにも、その他のちょっとした買い物にも便利だからだ。鹿狩り、イノシシ狩りなども、各地で安価に楽しめる。新鮮な魚、鶏、卵なども豊富である。

ぬかるみの多い山道などでは、荷馬を利用するとよい。荷馬は人力車の前に行かせたほうがよい。荷馬が後ろだと、荷馬は勝手に家に帰ってしまって、旅行者が途方に暮れることもある。荷馬一頭で足りない場合は、二頭立て荷馬車もある。


［訳者注］マクレオドは東京についても詳しかった。当時の東京は、今よりも情緒と美しさにあふれる所だったようだ。

現在は、コンクリートの角張ったビルがゴミゴミと建ち並ぶ都市になってしまったが、昔の東京は、もっと日本的な美観にあふれていた。マクレオドがそうした日本の景観を愛していたことが、読みとれる。

TOKIO VIEWS

東京の風景

OJI　AEKOIN　HORIKIRI

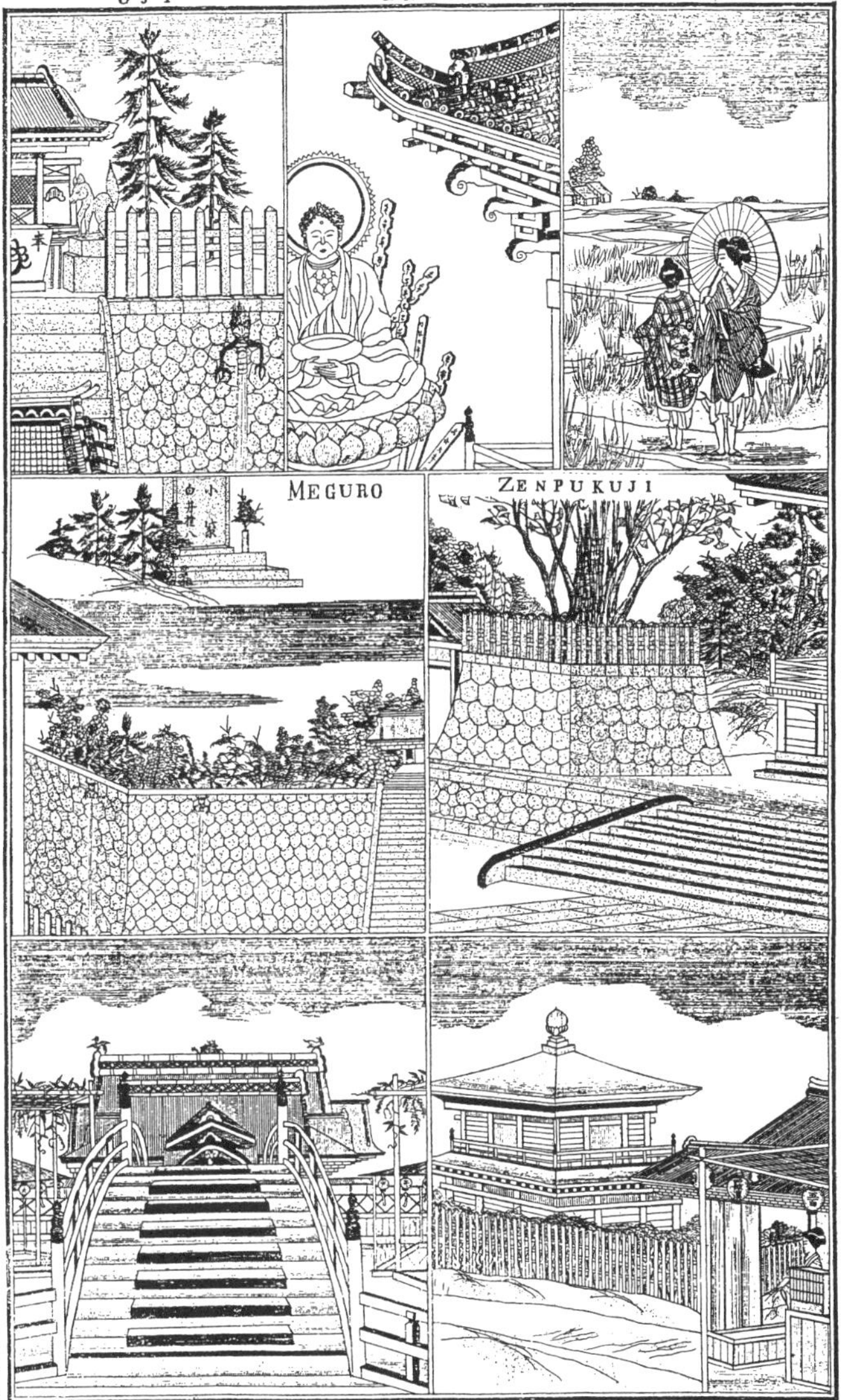

KAMEIDO　GOHAKURAKAN

(中)回向院(墨田区)(左)王子(北区)

堀切(葛飾区)

目黒(目黒区)

善福寺(港区)

亀戸(江東区)

五百羅漢

教育

明治維新後の日本は、国をあげて教育立国《りっこく》に取り組んでいる。庶民から皇太子まで、すべての子どもは、日本という巨大な学校の生徒だ。

外国の文学や科学のほとんどは、外国人教師により、公立学校で教えられている。海外の優れたイラスト入りの本や、他の本なども日本語に翻訳され、日本人教師が生徒に教えるときに使用されている。

この新生日本にキリスト教が広まるなら、学んだすべての事柄が、さらに有効なものになることだろう。そして自己を確立させ、将来を偉大なものとするに違いない。

日本人は、西洋の知識を吸収し、現代の日本に「東洋のアテネ」を出現させたいと熱望している。しかしそれを達成するには、かつてスコットランド人が歩んだと同じ道を歩まねばならないだろう。そして勝利をこの地にもたらす道を、また神に至る道を歩まねばならない。

日本人が他のどの民族にも劣らない優れた知性の持ち主であることは、私自身がよく知っている。

JAPANESE CHILDRENS GAMES　日本の子どもたちの遊び

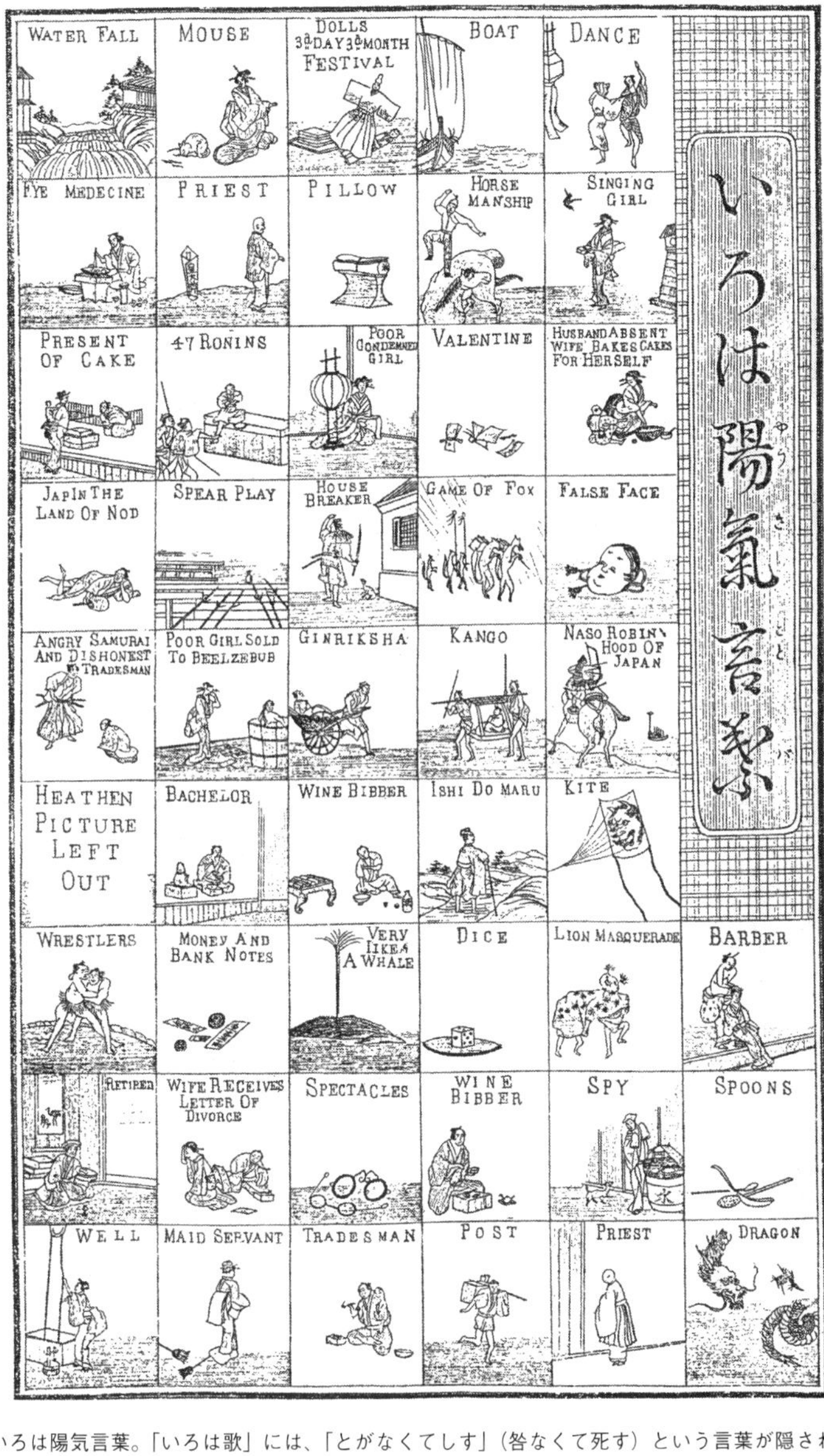

いろは陽気言葉。「いろは歌」には、「とがなくてしす」（咎なくて死す）という言葉が隠されており、それはキリストをさすという説がある［『日本・ユダヤ封印の古代史２』（徳間書店刊）］。

私は私塾を三つ持ち、医者や、士族の息子、銀行家、商人、経営者らを教えてきたが、彼らに教えることはとても楽しいことだった。

［訳者注］明治の新生日本の原動力は、教育だった。明治政府は世界各国から優秀な教師たちを招き、彼らに高額の給料を払い、日本の中に世界の優秀な技術と、知識、科学、産業、医学、そのほかすべての優れたものを取り入れた。

マクレオドも、そうした一環で日本にやって来た人物である。彼も私塾を三つ持ち、日本人たちを教えた。当時の日本人は、世界のどの民族よりも知識欲と向上心に富み、教師たちの語るものを貪欲に吸収した。

こうした教育立国により、日本は世界へと乗り出していったのである。それは世界中が目を見張るもので、奇跡とさえ言われた。

医薬と医院

陸軍病院、海軍病院、また専門学校などは、必要に応じて各地の都市にある。有能な外国人医師によって監督された病院も、国内のほとんどの主要な都市にある。

定期的な健康診断を受けることも、国民の義務とされていて、健康レベルを押し上げている。軽い梅毒や皮膚病などは早く治す薬があるし、少しの中毒や食当たりも、適切な手当がある。

しかし「ローマは一日にて成らず」、しばしば食中毒や、伝染病が人々の命を奪うことがあるから、注意を怠ってはいけない。

［訳者注］日本では一八九七年に、伝染病予防法が制定され、その後何度も改正されながら今日に至っている。一方、食中毒は、衛生環境の水準のまだ低かった当時は、起こる頻度も高かった。また食糧が少ない時代には、汚染食品や腐敗食品に手を出すことも多く、食中毒の原因となった。

軍隊と警察

陸軍の兵力は、砲兵や騎兵を入れて全国で約五万人。一方、海軍は、約三〇の軍艦・戦艦を持ち、東洋一の戦力を誇る。

また三菱の蒸気船や商船を、武装した輸送船に変える必要から、海軍はイギリス海軍の士官の助けを得た。

朝鮮半島で見せた日本の気骨は、日本が義務を果たす力を持っていることを証明している。一方、陸軍は、フランス軍将校の助けを得た。

警察も、優れたものが確立されている。これは日本軍の予備隊と言ってもいいかもしれない。ほとんどの警察官は親切で、また勇気のある人々である。日本は警察力を維持するために、経済的に他の国には依存していない。

［訳者注］日本の海軍はのちに、日露戦争において、ロシアのバルチック艦隊を破る。

鉄道、電信、郵便、灯台

鉄道は、東京－横浜、および京都－大阪－神戸間に開通している。また現在、京都－大津間に延長工事が行なわれている。

電信施設は、日本国土の北の果てから南の果てまで敷かれている。長崎－上海間も結ばれている。ウラジオストクにはさらに、電信施設と共に、そのための優れた学校も併設されている。

郵便は、全国で利用できる。またアメリカ経由で、全世界と郵便を取り交わすことも可能だ。

日本の海沿いの安全は、四一ある灯台が守っている。三隻の灯台船、一七のブイ、また燈台等もある。これらは主に、日本政府のもとで働く有能な外国人技師たちによって監督されている。

大阪の造幣局では、金貨、銀貨、銅貨を造っている。紙幣は、東京の大蔵省が印刷している。

海軍や陸軍の学校もある。兵器庫、火薬工場、武器工場、造船所、特許局等もある。ガスの利用も始まっている。最近の技術革新や発明の数々は、産業や国家事業に様々に応用されている。新聞も全国で発行されている。

紙、綿、砂糖、製粉、インジゴ（染料）、そのほか産業に必要なほとんどのものが、世界中から取り入れられている。技術専門学校があり、鉱業従事者、職人、機械工、その他を育てている。化学者も育っており、日本の鉱業や農業の開拓史を豊かなものにしている。

この国はすでに大政奉還以来、国民が一丸となって働く奉公生活を一〇年続けている。国に必要なものは、かなり揃ってきた。政府は今や、号令をかけるだけである。そして現実に対して理論を適用すればよい。

科学的な労働分担を通し、この国は全体が、巨大な働き蜂の巣のようになっている。そこに、キリスト教が正しく進路を照らす光となっていくなら、この国は政治的にも経済的にも世界の模範となっていくことだろう。

それは、失なわれたイスラエル十部族が極東の島国で成し遂げた出来事として、語られるに違いない。そのことは、西のかなたの島国・大英帝国が成した事柄にも似ている。

［訳者注］マクレオドの目には、日本人の勤勉ぶりは「奉公生活」「巨大な働き蜂の巣」と映った。しかし日本の驚異的な発展ぶりは、西のかなたのやはり島国・大英帝国の発展にも比べられた。さらに、それは「失われたイスラエル十部族が極東の島国で成し遂げた出来事」とも思えたのである。当時は彼だけでなく、欧州の人々の中には、そのような思いをもって日本を見る人が大勢いた。

第三部

日本人とは誰か

エドワード・オドルム教授［著］
久保有政［訳］

（カナダ「ホテル・バンクーバー」での講演。一九三二年三月二八日。古い月刊『British Israel』より
WHO ARE THE JAPANESE? by Prof. Edward Odlum, M.A., B.Sc.）

［解説］

久保有政

ここに掲載するのは、エドワード・F・オドルム教授（一八五〇〜一九三五年）が「日本人とは誰か」と題して行なった講演である。

オドルム教授はカナダ人で、明治・大正時代の日本に長く滞在した。彼はカナダに帰国後、一九三二年（昭和七年）に、バンクーバーでこの講演を行なっている。

彼は日本にいたとき長年、東京大学で教えたほか、国中をくまなく旅行してまわり、日本を研究した。その結果彼は、古代イスラエル人が日本にやって来て、日本をつくったと考えるようになった。この講演はそれを述べたものである。

オドルム教授は、N・マクレオドよりも少しあとの時代に日本に滞在した人である。彼も、マクレオドと同じような思想を持つに至ったわけである。教授の講演の中にはマクレオドの名は出てこないが、おそらくマクレオドの本は読んでいるだろう。そしてその影響も受けていると思われる。マクレオドの『挿し絵集』に収められたと同じ絵の話が、彼の講演の中には幾つか出てくる。

オドルム教授が日本という国を観察して持つに至った考え方には、たいへん興味深いものが多い。

彼の言説の中には、日本人が読むと「？」と思える部分もなくはない。だが、約一〇〇年前に彼が日本の中に何を見たのか、それを知っていただきたいので、ここに一つの資料として掲載することにした。なお、文中（　）内は訳者による注である。

［講演］

エドワード・オドルム

もしある人が、カナダ東部に住むフランス人とは誰かと聞くなら、私は自然にこう答えるでしょう。彼らは、ヨーロッパ東南部のフランスという国から来た人たちを先祖とする人々だと。

エドワード・オドルム教授

また、もし私たちの周りにいるスコットランド人や、イギリス人、アイルランド人は誰かと聞くなら、私は、彼らはイギリスの島々のほうからやって来た人たちだと、答えるでしょう。一方、この町（バンクーバー）や他の町にもたくさんいる良きデンマーク人たちについて聞かれるなら、彼らはデンマークからやって来た人たちだと答えるでしょう。

では、デンマーク人たちは、デンマークに来る前はどこにいたのでしょうか。そう聞かれるなら、彼らは古代にアジアからスキタイ——今日のロシアに行き、スキタイの大河にそってデンマークの地へやって来た人たちだと答えるでしょう。彼らは、じつは（イスラエル一二部族の一つ）ダン族（Ｄａｎ）であって、その名前にしたがって、その地をデンマーク（Ｄｅｎｍａｒｋ）と命名したのだと（欧米にはそのような説がある）。

またもしカナダにいるユダヤ人とは誰かと聞かれるなら、彼らは様々な国々からやって来た人たちだと答えるでしょう。とくにヨーロッパからですが、彼らはどこからヨーロッパにやって来たのでしょうか。私は、彼らはアジアから来たと答えます。もっと正確にいえば、カナンの地、パレスチナ、ユダヤなどと呼ばれる地から来ました。エルサレムから来た人たちも大勢います。

モーセとヨシュア以後、彼らはしばらくのあいだカナンの地にいました。彼らの先祖はシナイ半島の荒野を、四〇年間さまよったことがあります。その前はエジプトで約四〇〇年ものあいだ奴隷でした。もっと聞かれるなら、彼らの父祖ヤコブは、その前にハランの地に二〇年いました。

その地でヤコブは結婚し、一一人の息子と一人の娘を得たのです。こうしたことが、聖書や他の歴史が語るユダヤ人のルーツです。もちろん、私が語ろうとしている事柄の主題が、もしそれなら、もっと語る事柄がたくさんあります。

さて、もし誰かが、カナダにいる日本人とは誰かと聞くなら、私は、彼らは日本から来た人たちだと答えるでしょう。そう答えるのは簡単です。そして私はいま、ユダヤ人や、デンマーク人、スコットランド人、フランス人や、他の人々について語るのと同様に、日本人について語りたいと思うのです。

日本の繁栄の秘密

日本は今日（一九三二年）、強力な国家となっています。彼らは世界の列強国の一つです。一九世紀以来、彼らはこれを世界に示してきました。政府を持つ中国と競いながら、また政府を持つロシアとも競いながらです。世界の中心でそれを示してきました。

これには理由があるはずです。偶然ではあり得ません。彼らは、どこからか来た人々であるに違いない。いまやその先祖の資質が、国家の繁栄となって現われているのです。先祖の潜在力が、日本帝国の今日を形成したのです。……

さて、日本人について、これから見ていきましょう。良き血統のこの民族がいったいどこから来たのか、その先祖は忘れられてしまっています。彼らは単にひょっこり現われ出た民族ではない。内に秘めた素晴らしいものを持っているのです。

一八五三年のことですが、アメリカ合衆国は船団を送って、日本に開国と通商の開始を迫りました（ペリー来航）。しかし日本人はなかなか応じませんでした。彼らは自分たちだけでやって行きたかったのです。

アメリカの船団の提督は、日本に対し言いました。「我々との通商協定を準備せよ。さもないと我々は君たちの町を破壊することになる」。こうして日本は、脅しのもと、力づくでアメリカとの協定に調印させられ、皆の前に出てきました。

その倫理うんぬんについて語ることは、私の本題ではありません。ともかく歴史的事実として、そういうことがありました。アメリカが日本との通商に先鞭をつけたので、その後イギリスも、日本に対し「あなたと通商をしたい」と言ってきました。他の国々も同様でした。こうして、やがてほとんどすべての国々が、日本と通商を開始するようになりました。

私はずっと以前に、日本に住んだことがあります。ちょうどそれら各国との通商が始まろうとしていた時でした。私は各国の大使と会い、また彼らの多くと話をしました。自然にそれを行なえる立場にあったからです。彼らが口々に言ったことは何だったでしょうか。それは、

「我々は日本の地に、野蛮な民ではなく非常に文明化された民をみた」

ということでした。誰もがはっきりと、そう言いました。それは私にとって大変興味深いことでした。彼らが通商を開始しようとしていた民は、高い文化を持ち、賢明で、よく統治された人々でした。日本人は、通商の何たるかをも、すでによく理解していました。日本人はこの訓練を、アメリカや、イギリス、そのほか西洋の国々から受けたのではないのです。

日本の秘密はその先祖にある

日本文化の歴史は三五〇〇年にも及んでいます（縄文時代の一部も含めて?）。健全な政府があり、

治安はよく、生命・財産の安全がそこにあります。カナダや、アメリカと同様に安全な国です。いや、それ以上と言ったほうがいいかもしれません。シカゴなどはひどいですからね。ここバンクーバーは、いいほうですが、それでも治安は悪化しています。

私は何年も日本に住み、生命も財産もカナダと同様に安全であることを感じてきました。これには何か理由があるはずです。彼らはその資質を先祖から受け継いでいるのです。すなわち、その文化の高さを先輩たちから受け継ぎました。私たちは、その先祖について知りたいと思うのです。

日本人の先祖は、高い文化を持っていました。彼らが持っていたのは、今日のような人を殺す文化ではありません。鉄砲や機関銃といった戦争用具ではない。今は日本人もそのようなものを持っていますが、その多くはのちに西洋から学んだものです。

今日の世界は、たくさんの機械を発明し、生活を便利にした一方で、戦争を大規模にし、またたくさんの労務者の仕事を奪って、多くの失業者を生み出しました。機械は、正しく用いるなら良いものです。でも、不健全な使い方をしたり、悪意のある者が使えば、悪魔的なものをもたらします。日本はもともと、このような機械文明ではない文化を持っていたのです。

私は日本にいて、毎年、数え切れないほどの国内旅行をしました。日本人たちは、「あなたは日本人より日本のことをよく知っていますね」と言いました。私は実際、他のどの旅行者よりも、多くの旅行をし、日本について研究しました。

みなさんは、ここバンクーバーにいて、バンクーバーの人間です。でも、みなさんはカナダについて、はたしてどれくらい知っていますか。多くのかたは、実際はあまり知らないのではないでしょうか。大半のかたは、カナダのほんの一部の町々しか知らないでしょう。

日本人についても、同様のことが言えます。いや、イギリス人も、フランス人も、みな同じでしょう。どこの国の人も、たいてい、自分の国のほんの一部しか知らないものです。日本人の中にも、私と同じくらいたくさん国内を旅行した人は、ほとんどいないでしょう。

日本の隅から隅まで、私は旅してまわりました。学べるものは何でも学びました。日本の農業、鳥、動物、岩、地理、産業、宗教、教育、また政治など。そのすべてを注意深く学びました。そしてこの素晴らしい国と人々の中に、私は非常に興味深い事柄や風習を見いだしたのです。

日本にあるイスラエル起源の機具

東京でも、古い街並みや、下町にこそ、それら興味深いものがありました。「今まで見たことがない、でもどこかで見たことがあるような」ものを見たのです。なんだかアイルランド的な言い方ですね。でも、実際そうなのです。

日本では、六〇年来の友人も私と一緒でした。彼は牧師また宣教師として日本に来て、ある宣教団体の長をつとめていますが、彼も同じようなことを言いました。以来、私はとりつかれたように日本を研究しました。

私は、始めたことは中途で投げ出したくない性格でして、研究を重ねました。一、二年後、ついに光が見えてきました。それは私を、聖書の世界へ引き戻すものでした。

私が日本でみた農業機具、園芸用具、楽器、また様々な風俗風習は、かつて私が絵入りの聖書や、イラスト入りの聖書事典などで見たものにそっくりだったのです。少年時代や二〇代に、私はそれらを熱心に学びましたので、いまだに頭の中にしっかり入っているのです。そのような昔に聖書や聖書事典で学んだ事柄を、私は日本において見たのです。

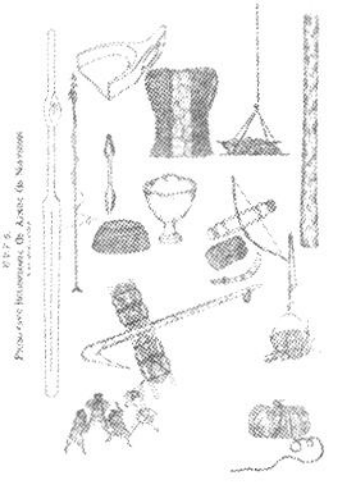

P64参照

P189参照

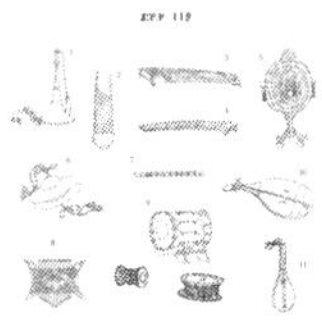

P195参照

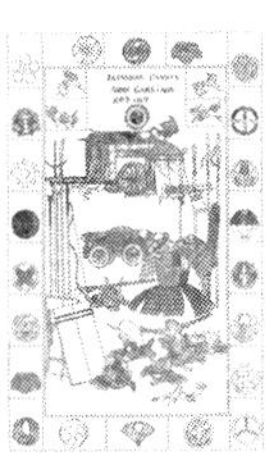

P197参照

私は注意深く、両者を比べて観察しました。かつて学んだ知識が、日本で見た数多くのものに符合するのを感じました。

私は昔、古代イスラエル人は「北方と西方」、そして「北方と東方」に離散したと学びました。

みなさんは、地図を思い起こしてください。ヨーロッパからアジア、また日本に至るまでの地図です。あるいはあなたの前に地図を持ってきてください。

まずアラビアの北、地中海の東岸に位置するカナンの地を見てみましょう。そこからイスラエル人が「北方と西方」に行ったのなら、そこにはイギリスの島々があるのがわかります。一方、そこから「北方と東方」に行ったイスラエル人は、アッシリアの地を越え、その先にはシベリアや、モンゴル、満州、朝鮮半島、また日本があるのがわかります。

道は東西に走っています。聖書によれば、主なる神は、イスラエル人を西方だけでなく東方にも散らしました。

私はこの点で古めかしい人間で、聖書を文字通り信じているのです。ある人たちはそうではないでしょう。でも私にとって聖書は、神の霊感によって書かれた権威ある書物です。私はそれによって生き、それによって行動しているのです。

何年も前に、私はそのような思考規範、行動規範を持つようになりました。そして私が得た結論は、イスラエルの家とユダの家の残された者たちを見いだすには、単に西方を見るだけではいけない。東方をも見なければならないということです。（オドルムは、離散のイスラエル人はイギリス方面にやって来たと考える人々を前に話をしている。）

南王国ユダの人々は、バビロンに捕囚になってそれで終わりではありません。神は預言者を遣わし、ユダの人々に言われました。あなたがたをすべての国々の間に散らすと。それで東方には、単に北王国イスラエルの末裔だけでなく、南王国ユダの末裔も移り住んでいるのです。

クリミア半島のヘブル語の墓碑銘

もう一つ、私が論拠としたいものがあります。一九世紀に、クリミア半島（ロシアの南、黒海の北岸に突き出た半島）で、ヘブル語の墓碑銘のあるたくさんの墓が発見されました。そこは古代スキタイ人のいたところですが、古代イスラエル人は離散後、そこにやって来て、クリミア半島を占領し、住んでいました。それらの墓は彼らのものです。

その墓碑銘には、アッシリア捕囚後何年過ぎたかということも記されています。イスラエルのルベン族に属するある男の墓碑銘には、この地域はイスラエルの三部族——ガド族、ルベン族、また半マナセ族によって占領されていた、と記されています。

それはヘブル語で記されていましたが、ある改宗したユダヤ人が英語に翻訳してくれました。その墓碑銘によれば、ガド族、ルベン族、また半マナセ族の一部は、東方に行き、はるか中国のほうへ向かったというのです。神は、彼らを西方だけでなく東方に追いやると言われたのだと。そして日本は、東方にあります。

ここで、日本人の生活を見てみましょう。私が彼らの間に住んでいるとき、よくイギリス人や、アメリカ人や、カナダ人が、

「日本人は一体どこから来たのだろう。どうして彼らは中国人とこんなにも違うのか」

と言うのを聞きました。日本人の肌の色、目の色、そのほか様々なことを疑問にしました。

私たちは日本人を「茶褐色の人々」（ｂｒｏｗｎ　ｍｅｎ）と呼んでいます。彼らの肌は、少し茶

色がかっています。彼らは一体どこから来たのでしょうか。彼らの伝統は何と言っているでしょうか。彼ら自身はどう理解しているでしょうか。

私は彼らに尋ねてみました。するとその答えは――みなさんは驚くかもしれませんが――こうでした。彼らの伝統によれば、彼らは西方からやって来た、というのです。西アジアからやって来たという。そうであるなら、そこはイスラエルの捕囚地です（日本人が昔西アジアからやって来た事実が、神武天皇の東征の物語の中に隠されたと考える説が、日本人の中にもある。また高天原《たかまがはら》は西アジアだったと考える説もある）。

日本人は昔、大使や選ばれた人たちを、朝鮮半島や中国に送りました（遣唐使？）。彼らはモンゴルや、アルタイ山脈方面にも行き、さらに自分たちの先祖がかつて来た道を逆にたどって、西アジアにまで達しました。そこの人々に挨拶をし、再び東方に旅をして戻ってきました。

西アジアから日本までは、一万キロ近い長旅です。そして西アジアの兄弟たちに挨拶し、戻ってくるまで約三年を要しました。

日本人は西アジアからやって来た。かつてイスラエル人は、故郷カナンの地からアッシリア帝国によって捕囚され、メソポタミア地方に連れてこられました。のちのメデア・ペルシャの地域です。西アジアとはその地域です。

アマテラスとは何か

つぎに、日本人の先祖の宗教的な側面をみてみましょう。日本人は、自分たちは太陽の女神（アマテラス）の子孫だ、といいます。

これは馬鹿げている、歴史的でない、と思うかたもいるでしょう。しかし私は、少し違う観点から述べましょう。

みなさんもご存知のように、昔ヤコブの息子ヨセフは夢をみました。神からの夢です。夢の中でヨセフの父と母は、太陽と月として描かれました（創世記三七章九節）。太陽と月が彼を伏し拝んだのです。天の牡牛座も彼を伏し拝みました。この夢は何十年か経ってから成就しました。

ヨセフは夢ののち、エジプトに売られました。エジプトの特徴的な宗教は、太陽崇拝でした。太

P180・181参照

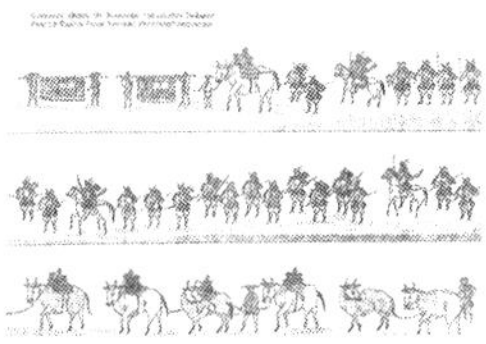

P182・183参照

P187参照

陽神ラーです。またオシリス、イシスなどの神々も有名ですね。でも、ラーが最も知られているでしょう。

ヨセフはエジプトで、「オンの祭司ポティ・フェラの娘アセナテ」と結婚しました（創世記四一章四五節）。「オン」というのは、エジプトの太陽神崇拝の中心地です。オンは、ギリシャ名ではヘリオポリスといい、それは太陽の都市の意味です。ヨセフはそこの祭司の娘と結婚したのです。

オンはエジプト名で、太陽の一位相を表す神オンの名前に由来します。ヨセフもまた、太陽と月に対して大きな尊敬を払いました。それは彼の両親を表すものでもあったからです。ヨセフの妻も、太陽に対して大きな尊敬を払いました。彼女は、太陽の巫女《みこ》だったからです。

ですから、後世になってイスラエル人の間に太陽信仰が盛んになったことも、理由のないことではなかったのです（北王国イスラエルの一〇部族の王家の部族エフライムは、ヨセフの子孫である）。イスラエル人は、この太陽神崇拝、月神崇拝のゆえに、神から裁きを受けました。

ヨセフの結婚した相手の女性アセナテは、エジプト人で、黒褐色の人種でした。エジプト人と、コーカソイド人種（白人）が結婚すると、ちょうど日本人のような茶褐色の人々が生まれます。

また奇妙なことですが、眼のことも気になります。私はエジプトの王たちのミイラをたくさん見たことがあります。それが新鮮な状態のときのもたくさん見ましたが、昔のエジプトの貴人の眼を、私は日本の貴人たちの美しい眼の中にみるのです。

その眼は一体どこから来たのか。エジプトから、またカナンの地から、シベリア大陸を経て日本へ来たのです。

先ほど私は、クリミア半島のヘブル語の墓碑銘の話をしました。ガド族、ルベン族、また半マナセ族の人々は、アッシリア捕囚のあと、そこにいたと。そしてルベン族のある人の墓碑銘によれば、彼らはそののち中国方面へ向かったと書いてあると。

すると、これはヨルダン川よりも東側の世界に行った人々についてであるわけです。彼らは、牛や馬たちをしたがえ、老人や女性は牛車に乗り、体力のある男子や女子は歩いてその長旅をしたことでしょう。

日本には、その長旅を描いた絵が二千年も前からあります。最近の絵ではありません。それらの絵は、日本人の先祖が長旅をしてやって来たことを描いています。

日本の聖なる雄牛

これについて、私は日本にいたとき興味深いことを何度か見ました。日本人家族が、聖なる雄牛を牛車につけます。最近のではなく、古いタイプの牛車です。しかしその牛車は労役に使われるのではありません。それに家族が乗り、旅をし始めるのです。

彼らは歌い、大声で人々に別れを言います。残された人々も歌い、かわるがわる泣き悲しんで、長旅の別れを惜しみます。私は神主や、大学教授、また知識人などに「これは一体どういう意味があるのですか」と聞きました。でも満足のいく答えをしてくれる人はいませんでした。

しかし、今まで私が述べてきたことなどをすべて考え合わせるなら、答えも見いだせるでしょう。長旅と、親しかった人々との別れ。こうした風習の中に、彼らの先祖の経験が盛り込まれているのではないか。

私が一〇年前に日本にいたときのことです。春、三月のことでした。私は三ヶ月にわたって日本国内を旅していました。三五年ぶりの日本旅行でした。そのとき、同じ風習を見たのです。聖なる牛が牛車につながれ、家族が乗っていました。素晴らしい光景でした。彼らは伝統をよく守っていました。意味は説明できませんでしたが。

また私は、神道の神社の祭で、お神輿を見ました。仏教の寺ではありませんよ。お神輿が水の中に入っていきました。神官が水の中に足を踏み入れ、振り向いて戻り、お神輿をそこに据えました。

P184参照

（京都八坂神社の祇園祭では、お神輿が水中に入る。また神奈川県の寒川神社の浜降祭、千葉県の安房神社の浜降神事などでも、お神輿が水中を渡る）。

これは彼らにとっては祝祭、記念祭なのです。過去の彼らの歴史の出来事を記念している。しかし、なぜそのようなことをするのか。神官に聞いても、他の日本人に聞いても、誰もその意味のわかる人はいませんでした。単に、「伝統なのですよ」が答えでした。おわかりですか？

ご存知のように、かつてイスラエルの指導者モーセが死んだとき、後継者ヨシュアはネボ山を降り、イスラエルの民と共にヨルダン川のところへやって来ました。そして祭司がお神輿（契約の箱）をかつぎながら、水の中に足を踏み入れると、水は上流でせき止められ、民は川を渡ることができたのです。

祭司たちは、イスラエルの民が渡り終わって、みなカナンの地に入るまで、そこにいました。日本のお神輿の風習は、この記憶を記念するものです。

日本にあるイスラエルの絵

また、日本の寺にも、驚くべきものがあります。日本には、非常に美しく飾られた古い寺が幾つもあります。そこには古い絵がかけられていることがありますが、その中に、白人がこの国を訪れるよりずっと前に描かれた歴史的な絵もあります。

ある絵の中に、王が描かれています。従者は日本のサムライ姿ですが、王自身は他の従者とは違う顔をしています。そこに、別の国からラクダに乗ってやって来た女王が描かれています。女王は従者たちをしたがえ、王に贈り物を渡しています。王が女王にではありません。

ラクダは、手綱《たづな》を棒にからめ、その棒を砂の中にさして留められています。ラクダは、女王が遠い国から来たことを示しています。日本にはラクダはいませんでした。今日も、日本人はサーカスなどでラクダを見るのみです。

つまりこの絵は、日本で描かれたものでありながら、日本で起きた出来事を描いたものではありません。この絵は、日本人が日本の地に来る前の出来事です。彼らの先祖において起きたことを描いていると思われるのです。（すなわち、ソロモン王のもとにシバの女王がラクダに乗ってやって来たこと）。

私は以前、非常に古い地図を調べてみたことがあります。今日の世界では、ほとんど残っていない古い地図で、キリストより何百年も前の時代に作られたものです。日本で最初の天皇が即位した紀元前六六〇年よりも、少しあとの時代です。その地図は、黒海やカスピ海の周辺、また南シベリア、また朝鮮半島に至るまで「サカ」（スキタイ人）がいたことを示しています（ペルシャ人らはスキタイ人をサカと呼んでいた）。

なぜ彼らはサカと呼ばれたのでしょうか。そしてなぜ日本には、サカとか、サキのつく地名が多いのでしょうか。それは西アジアから来たものに違いありません。サカの住んでいた地域です。

サカはイサクの子孫です。「アイヌの本」を見てみてください。そこには「イサクの家」という言葉が使われています。サカの名は私が言った古い地図に載っています。

日本には、しばしば火の蛇が祭られています。宮殿や家々にもあります。シナイ半島の火の蛇が日本の神社の柱などに見られる。これは一体どこから来たのでしょうか。日本での歴史の中に、何かその起源となるような出来事があったのではありません。

かつてイスラエル人たちは、シナイの荒野を放浪している際に火の蛇にかまれたということが、モーセ自身の記した聖書の中に記されています。なぜ日本人は、この火の蛇を聖なるもののように拝んだりするのでしょうか。それは彼らの過去を物語るものだからではないでしょうか。

もう一つ興味深いものに、日本の宮殿の壁または門にある羊飼いの絵があります。羊飼いが杖を持ち、羊と共に描かれています。近世に至るまで日本に羊はいなかったのです。

私はイスラエルの地の羊、また西アジアの羊を研究したことがあります。各時代のイスラエル人の顔も研究しました。また日本人の人相学も。それで私がその絵について結論したことは、羊はイスラエルのものであり、その羊飼いの顔もイスラエルだということです。

日本人は、まだ日本に羊がいない時代に、どうしてその絵を掲げるようになったのでしょうか。これはまた、ガド族、ルベン族、また半マナセ族の主要な仕事が羊飼いであったという事実とも符合します。聖書のモーセの記述の中にそうした事実を読みとることができるのです。

P41参照

P73参照

P45参照

日本の中の「イスラエル」

また、京都の古い宮殿（京都御所＝旧皇居）には、古代から獅子とユニコーン（一角獣）が座しています。今日も、そこに見ることができます。私はその絵や、スケッチ、写真を持っています。ある絵には、一二の獅子、一二のユニコーン、一二の蛇が描かれています。すべてイスラエル的なものです。

しかし、日本人が蛇を聖なるものとすることによって、他の国民よりも程度の低い者になっているとは考えないでください。かつて南王国ユダのヒゼキヤ王は、青銅の蛇を拝みました。しかし聖霊の導きと教えによって、のちにその行為を恥じ、蛇を投げ捨てて、打ち壊しました。「これはただの青銅だ、青銅にすぎない」と言って。

日本人はまだこれを打ち捨てていいません。しかし南王国ユダでも、ヒゼキヤ王がそのようにしたにもかかわらず、民の間にはまだ異教信仰が続きました。聖書を読むとそれがわかりますね。

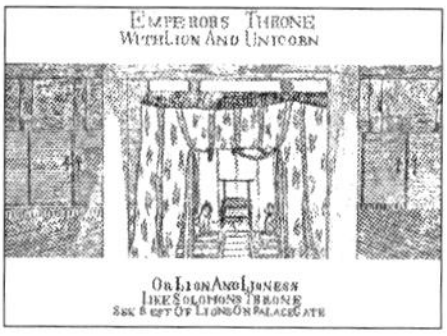

P35参照

さて、もう少しみてみましょう。日本人は西アジアから来たという。長旅をして東アジアに来て、日本列島に定着した。じつは日本の天皇が古来、大切に守ってきたものに三種の神器というのがあります。その一つは剣です。

昔、強者がその手で不思議を起こしたという剣です。それはどこか

P37参照

P49参照

ら来たのでしょうか。士師時代の剣？ またはサウル王時代、あるいはダビデ王の時代のもの？ それにはイスラエルのマークが刻まれているでしょうか。

ところで、ソロモン王の若き時代を思い起こしてください。その頃、父のダビデ王には、すでに後継者となるべき候補者たちが幾人もいました。ダビデ王の命を取って、自分の息子を王位につかせようと企んでいる母親たちもいました。

それでダビデ王は、この問題を解決するため、息子ソロモンを王位につかせました。ダビデは自分の雌ラバにソロモンを乗せ、「ギホン」の宮殿に連れていって油を頭に注いで王としたのです（第一列王記一章三三〜四〇節）。

もう五〇年近く前になりますが、私は日本のギホンの宮殿（京都のギオン＝祇園神社のこと？ マクレオドは祇園神社をギホンの宮殿にたとえている）を訪ねたことがあります。日本人は、どうやってこのギホンの宮殿を持つようになったのでしょうか。また、ソロモンの絵を？

これらは重要なことを語っているのではないでしょうか。もし日本人とイスラエル人が無関係なら、これらすべてのことをどうやって説明するのでしょうか。

下に横たわる大いなる水の祝福

神はかつてヨセフに、「下に横たわる大いなる水の祝福」（Blessings of the deep 創世記四九章二五節）をお与えになりました。もし私が言うようにガド族、ルベン族、半マナセ族の一部が西アジアから東へ進み、シベリア大陸を経て、満州、朝鮮半島、そして日本へ達したのだとすれば、その意味がわかるのではないでしょうか。

重要なのは、イギリスを除けば日本は、世界で唯一の「島々の帝国」だということです。「下に横たわる大いなる水の祝福」。それが二つの高貴な「島々の帝国」を生み出したのです。それはヨセフの家に与えられた祝福です。

またもし私が言うように、ガド族、ルベン族、半マナセ族が日本に来てそこで国家を形成したのだとすれば、もう一つ重要なことがあります。彼らのうち、マナセは最も中心的な部族でした。なぜなら、ヨセフの子はマナセとエフライムです。マナセはエフライムと同様に、ヨセフに対する「下に横たわる大いなる水の祝福」を受け継いでいたからです。

ここで、「ブリティッシュ・イスラエル」の教師たちが、アメリカ合衆国について教えていることは真実だと仮定しましょう（ブリティッシュ・イスラエルとは、イギリス人は古代イスラエル人の末裔だと信じる説）。

みなさんは、マナセ族はイスラエル人がカナンの地に定着して以来ずっと、半部族ずつに分かれていたことをご存知ですか。すなわち、ヨルダン側の東側に半マナセ族、また西側に半マナセ族が住みました。

マナセ族に関し、聖書にこんな話が載っています。ある日、エフライム族は、ヨルダン川東側のマナセ族を攻略しました。しかしマナセ族はエフライム族を追い返しました。そしてエフライム族がヨルダン川の渡し場にやって来たとき、マナセ族はそこで待ち伏せしていました。

マナセの人がエフライムの逃亡者に「あなたはエフライム人か」と聞きます。エフライムの逃亡者は、「はい」と言えば殺されますから、「いいえ」と答えます。でもマナセの人は、彼にさらに『シボレテ』(とうもろこし)と言え」と言います。

エフライムの人は「シ」(sh)の発音が正しくできず、「スィボレテ」と言います。そうやってエフライムの人を見分けて、彼らを殺したと書かれています(士師記一二章四～六節)。エフライム族の人々には発音にクセがあって、それが彼らを苦しめる結果となったのです。

ところで、聖書のヘブル語で、人のことを「イシ」といいます。人を表すヘブル語でよく使われるのは、「イシ」と「アダム」です(アダムは人類最初の人の固有名詞としても使われるが、人を表す普通名詞でもある)。

日本で人を表す言葉は、「ヒト」ですが、日本人の先祖はもともと「イシ」と言うべきところを「イスィ」と言い、その「イスィ」がやがて「ヒスィ」「ヒト」に変化したのかもしれません。

なぜ、二つの「島々の帝国」が「下に横たわる大いなる水の祝福」を得ているのか。二つの半マナセ族は、ヨルダン川の東と西に分かれていました。仮に、アメリカ合衆国はヨルダン川の西の半マナセから来たとしましょう。そうかもしれません。また、日本はヨルダン川の東の半マナセから来たとしましょう。

現在、太平洋をはさんでアメリカが東にあり、日本が西にあるのは奇妙ですね。しかし今も、水が両者を隔てている。そして両者は今も互いに同じような関係にあります。

ここでアメリカ、日本、またイギリスとその兄弟国――オーストラリア、カナダ、その他を見てみましょう。「下に横たわる大いなる水の祝福」は、どこで働いているのか。これはもともとイスラエルに約束された祝福です。終わりの時代のイスラエルに。

もしヤコブの息子たちへの祝福について知りたいならば、創世記四九章に記されています。ヤコブ老人は、自分の死期を悟ったとき、息子たちをそばに呼び、神の啓示を受けて語りました。彼は言いました。

「集まりなさい。私は終わりの日に、あなたがたに起こることを告げよう」

そしてヤコブは、息子一人一人に関して、預言の言葉を語りました。終わりの日に彼らに起こることを。

終わりの時代に、ヨセフの子孫には「下に横たわる大いなる水の祝福」が与えられるというのです。マナセ族には、ヨセフの子孫としてそれが約束されているのです。彼らにはそれが優れた形で現われています。

日本にあるイスラエル的な楽器

つぎに、私は日本人の使ってきた楽器に注目してみたいと思います。私は日本人の男女が使っている楽器を注意深く観察しました。ちょうど他国から日本を訪れた音楽家のように注意深くです。私はそれらの楽器を、トロントの自分の家にも持ち帰りました。今その多くは、クイーンズパークにあるビクトリア大学博物館に展示されています。みなさんの何人かも見たことがあるかもしれません。それらと、古代イスラエルの楽器は非常に似通っています。

また、だいぶ前ですが日本を旅行するなかで、私は馬に関して非常に興味深いことを発見しました。太陽に捧げられた聖なる馬がいるのです。

聖書の中にこういうことが書かれています。古代イスラエルの王たちは、主の宮で馬を太陽神に捧げるという異教的風習を続けていました（第二列王記二三章一一節）。それで神はそれを怒られました。日本にもこの風習があるのです。

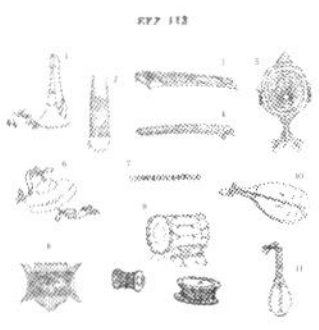

P195参照

P149参照

神社に、太陽神に捧げられた聖なる馬たちがいます。その馬たちは神聖な馬とされています。(伊勢神宮には、宮の入り口付近に神馬《しんめ》がいる——これは歴代の天皇が太陽神アマテラスに捧げてきたもので、非常に古い時代からの風習)。

どういうことでしょう。日本人はどこからその風習を得たのでしょうか。考えてみてください。

日本とイスラエルを結んで考えるとき、最も適切な答えが出てきます。

私が以前、日本中をまわって、骨董品を集めているときでした。私はたまたま、額につける青銅製の経札をみつけました。

私は日本に行く前、ギリシャ語の教師をしていました。それでアントンズ・ホーマーにある絵もよく知っていました。ギリシャ人や、トロイ人などが戦いで使用したヘルメットや、額の経札、胸当てなどの絵です。そうしたギリシャ人や西アジア人の絵はたくさん知っています。

私は日本のある店で、額につける青銅製の経札を見ました。店主に「いくら?」と聞くと、彼はひどく安い金額を言いました。また私は聞きました。「これは何ですか?」彼は「知りません」と言いました。

私はそれをその値段で買いました。いまトロントのクイーンズパークの博物館に展示されています。それは西アジアの戦士たちが身につけていた経札なのです。

これは日本で使われたものでも、作られたものでもありません。それは西アジアから来た戦士たちによってもたらされたものに違いありません。西アジアは、イスラエル人の捕囚地だったところです。トロイの王プリアム、またアガメムノン、ダルダヌスがイスラエルの血統だったことを示すのは難しいことではありません。

私は、九州や四国を訪れたことがあります。本州や北海道も旅してまわりました。千島列島にも行きました。千の島々の意味です。これらの所で私は素晴らしいものを幾つか見つけました。多くの寺には、古い巻き物が保管されています。とくに古い寺には。

また、神道の神社にです。神道とは、日本人の民族宗教です。仏教と同じではありません。仏教は、あとから日本に入ってきた外国の宗教です。神道は古代のユダヤ教です。そしてかつては一神教だったのです。（京都府宮津市の籠神社の古伝は、神道がかつて一神教だったことを明らかにしている。）

神道は偶像を持ちません。かつてイスラエル人は偶像崇拝のために、捕囚と離散にあいました。もう偶像はたくさんなのです。

古代と同様、今日も日本人は巻き物を使います。彼らは巻き物に筆で書き、その巻き物を、厚紙や木や金属でできた円筒ケースにしまいます。古代イスラエル人もそうでした。バンクーバー市にいるユダヤ教のラビ（教師）のところへ行き、彼から聖書を見せてもらってください。

モーセの書いたものを、あるいはサムエル、ダビデ、あるいは聖書の他の部分を。彼はあなたに、円筒ケースに入った巻き物を見せるでしょう。

古代のカナンでは、巻き物と円筒を、このような目的に使いました。日本人と同じです。古代と同じ使い方で、今も使っています。私は博物館や、寺の遺跡などで、古い巻き物のケースが時代を経てボロボロになっているのを見ました。

ある青銅製のケースには、日本人も知らない文字でいろいろ言葉が記されていました。これも日本とイスラエルを結びつける類似点です。

日の丸の起源

私たちは日本を「日の昇る王国」と呼んでいます。その国旗は日の丸です。そう呼ぶことは正しいでしょう。私たちは真実と共に歩んでいるのですから。でも同時に真実とは違うことも語っています。これもアイルランド的な言い方ですね。

私はだいぶ前に、日本人が自分の国について激論を交わしたことを知りました。彼らは中国人と戦ったのでも、韓国人と戦ったのでもありません。私たちの国の政治家がやっているみたいなことをしたのです。

もしこん棒を使わず、ペンを使うなら、ペンの達人になれます。政治家は二つの陣営に分かれ、イスに座り、頭をひねって意見を戦わせますね。日本ではもう少しやりました。戦争にまでなったのです。二つの陣営があって、一方は太陽の旗をかかげ、一方は月の旗をかかげていました。

かつてイギリスの「バラ戦争」（一四五五〜八五年）のときは、「ランカシャーの赤いバラ」と、「ヨークの白いバラ」がありましたね。彼らは約三〇年間戦い、いつ戦いをやめたらいいのかわからなくなってしまった。

ヨークシャーの人たちは風変わりで、ランカシャーの人たちもそうでした。古き好戦的な時代は、人々は多かれ少なかれ愚かでした。感情の支配のもとで愚かになっていた。彼らは最後に言いました。

「我々は賢くなって協定を結ぼう。これからは互いに良き友人になろう」

私はランカシャーとヨークシャーを何度も旅したことがあります。鉄道内では、よくピクニックに行くパーティに会いました。どちらの町の人たちも、陽気でいい人たちです。

イギリスのバラの戦士たちと同様、日本は愚かにも二つの陣営に分かれ、内戦をしました。やがて彼らは協定を結ぶことを決断し、戦いに終止符を打ちました。そして講和のしるし、一つの民のしるしとして、旗を統一しました。すなわち赤い満月を白地に描き、それを太陽を表すものと解して、日の丸としたのです。それが日本の国旗です。

多くの人はこのことを知りません。日本人の多くも知りません。しかしこれは私が彼らの歴史を学んで知った事実なのです。

思い出してください。日本人は、太陽神（アマテラス）を先祖とする民だと言いましたね。エジプトにあった太陽神信仰。祭司ポティ・フェラの娘アセナテ、つまりヨセフの妻から来ているものだと。これは忘れないでください。

聖なる黒い雄牛

私はまた、日本人の聖なる黒い雄牛について、注意を向けたいと思います。以前私は、イタリアの聖なる白い動物について研究したことがあります。またフランスの聖なる黄色い動物についても。あるいはイギリスの聖なる白い雌牛についてもです。それはアングロ・サクソンと共にヨーロッパ北西部から来たものです。

インドのボンベイ、マドラス、その他の聖なる牛も見たことがあります。そこでは牛が八百屋で草を食べても、出店の物を食べても、店の主人や買い物客は牛をとがめません。なぜならそれは聖なる牛だからです。

日本にも聖なる牛がいます。聖なる黒い雄牛です。イギリスの白人は白い動物を持ち、日本の褐色の人々は黒い動物を持っている。自然ですね。イスラエル人はどうやって聖なる雄牛、あるいは雌牛を持つようになったのでしょう。かつてモーセがシナイ山に登り、四〇日そこにいて、山を下ろうとしていた矢先に、ふもとではイスラエルの人々が、

「あの人に何が起こったのか、私たちは知らない。彼は行ってしまった。私たちには宗教的なご本尊が必要だ。アロン、君は祭司だろ、仕事をして、私たちのために何かご本尊を作ってくれよ」

と言いました。イスラエル人たちはかつて、あらゆる動物たちが偶像とされている国に住んでいました。ワニ、ネコ、また太陽や月、またシリウスとして知られている「おおいぬ座」なども崇拝されていました。イスラエル人たちは、動物崇拝、偶像崇拝にどっぷりつかった国で生きてきたの

です。

それで、彼らがこう言い始めたのも自然ですね。「私たちは何を拝んだらいいんですか」。そののち一体何が起こったでしょう？　私はそこにいませんでしたが、何が起こったのかはわかります。みなさんはどうですか？

何を拝むか決める時が来ると、当然、たとえばユダ族の長は、自分たちのシンボルが獅子ですから「獅子の像を作って拝みましょう」と言ったでしょう。一方ダン族は、シンボルが蛇ですから、「いいえ、蛇を拝みましょう」と言ったでしょう。実際、のちに蛇が拝まれるようになります。一方、ベニヤミン族は、シンボルが狼ですから、「狼の像を作りましょう」と言ったでしょう。

そんな具合で、みな違うことを言いました。このイスラエル人たちの集会で、もっとも力のある部族はどこだったでしょう。エフライム族でした。指導者モーセのいない所では、彼らが代表的な部族でした。エフライム族は、自分たちのシンボルが牛ですから、「牛の像を作って拝みましょう」と言ったでしょう。

そして他の者たちは「あなたがそう言うのでしたら、そうしましょう。あなたが私たちのリーダーです」と言ったでしょう。そしてエフライム族の長は、アロンに言いました。「仕事をして、私たちのために牛の像を作りなさい」。

そして人々から装飾品が集められ、それによって、金の牛の像が作られたのです。

かつてヨセフは、エジプトで宰相の地位にあり、エジプト人からは「牡牛座」を代表する者と思われていました。なぜエフライム族の長は、「牛の像を作ろう」と言ったのでしょうか。エフライム族の祖ヨセフのシンボルは野牛だったからです。

エジプトの宰相というのは、エジプトの宗教の実質的トップでもあります。宰相ヨセフは、心の中ではイスラエルの真の神を信じていましたが、エジプト人からはエジプトのあらゆる宗教のトップと思われていたのです。

ヨセフがエジプトで死んだとき、その遺体のそばには彼を表す野牛の像あるいはレリーフが置かれたでしょう。こうしてエジプトでは、牛はあの名宰相ヨセフを表すものとしても、崇拝の対象となっていたのです。驚くべきことですね。

ヨセフの時代から何百年も経ってから、出エジプトの出来事があり、先に言った金の牛の像の出来事がありました。エジプトに長くいたエフライム族は、自分たちの先祖ヨセフは、牡牛座なのだと思っていたのです。当時のイスラエル人の宗教レベルは、その程度でした。それで金の牛の像が作られました。

みなさん、エジプトの神々の中で、その後ローマ帝国の時代に至るまで影響を与えた最も大いなる神は何だったと思いますか。それは「オシリス」すなわち神格化されたヨセフでした。エジプトの宗教と秘儀の根幹が、オシリス信仰にあります。それは聖なる野牛として表され、エジプトの神々と交わることのできる唯一の者とされているのです。

ヨセフの妻アセナテは、その後エジプト人たちから、「イシス」として知られる存在となりました。ヨセフを信奉する人々は、オシリス祭司の社会を形成しました。ヨセフとアセナテの子エフライムは、エジプトで「ホルス」として知られる存在となりました。ヨセフの死後はエフライムが尊崇されましたが、エフライムの死後は、ホルスの名で信仰が続きました。

ホルスの像は、いつも野牛の角を持っています。イシスは雌牛の角を持っています。こうして、エジプト、アラビア、カナン、さらに日本に至るまでの関連が浮き上がってきますね。イギリスのドルイド教もそうです。

もう一つお話ししましょう。今までのことに関連したことです。みなさんはイスラエルのヤロブアム王のことをご存知ですね。彼はレハブアムに敵対し、サマリヤの地にイスラエル一〇部族の王国をつくりました（北王国イスラエル）。

そのときヤロブアムは、民が宗教的な人々であることを知っていたので、人々がエルサレムに帰ってしまうことを心配しました。彼は言いました。「わが民は宗教的だ。なのに私の所には神殿もないし、祭司もいない。契約の箱もない。何もないのだ。このままでは民はレハブアムの所へ戻ってしまうだろう。何とかしなければ」。

ヤロブアムはどうしたでしょうか。彼はエフライム族出身です。ヨセフの子孫ですね。それですぐさま言いました。「金の子牛を作ろう」。彼は金の子牛像を、人々の崇拝対象として作りました。そして人々に言ったのです。「おお、イスラエルよ。これがあなたがたの神だ！」こうしてエフライム的考えのもとに彼らは統治されたのです。

のちの時代に、エルサレム東南のテコアの羊飼いだったアモスは、神の召命を受け、預言者として立てられました。彼は特定の民に特定のことを語るために、神の召命を受けたのです。

彼は北王国イスラエルの宗教的中心地となっていたベテルにおもむき、ヤロブアムに対して神の言葉を語りました。つまりその後ヤロブアムの身に何が起こるか。また金の子牛像に、そして王国に。それを語ることがアモスの任務だったのです。

武士の起源

日本人は、大昔から正月に餅《もち》を食べます。これは「種《たね》入れぬパン」と同様のものです。みなさんが聖書に記された「種入れぬパン」の起源を読むなら、そして日本人の家庭で出される餅を見るなら、アジアの西端のイスラエルと、アジアの東端のイスラエル（日本）との驚くべき関係に目が開かれることでしょう。私も餅を何百回となく見ました。

日本は今日、世界の先進国です。その基礎をつくったのは、サムライ、すなわち武士たちでした。じつは、かつて古代の北王国イスラエルは、アッシリヤ帝国との戦いをし、その最後の砦は首都サマリヤでした。彼らはサマリヤの堅固な城壁の中にこもり、三年にわたって持ちこたえました。他の町々や村々はすでにアッシリヤの刃《やいば》にかかり、征服されていました。

しかしサマリヤの戦士たちは、三年にわたって頑張りました。しかし徐々にその都も崩されていきました。それが神のご計画だったからです。紀元前七二一年、ついにサマリヤの都は陥落しました。

その後どうなったのでしょう。お教えしましょう。紀元前七〇五年、つまり一六年後に、アッシリヤ北部にいたこの人たちは、アッシリヤの支配を抜けだし、自由を求めて自分たちの王国を幾つか作りました。彼らは一人のリーダーをたて、アッシリヤに対して戦いをいどんだのです。

また紀元前六一九年には、彼らは支配者たちに戦いをいどみ、彼らを打ち負かしました。そしてニネベの都を占領し、そこを焼き払ったのです。

彼らのうち一部は、東方へ進みました。そのときも、自分たちはかつてサマリヤの都で三年も持ちこたえた勇敢な武士であることを、ひとときも忘れませんでした。サマリヤ、この言葉がやがて「サムライ」に変化したことも充分あり得るでしょう。

この日本民族と、その行動は、世界に離散する全イスラエルにおける、巨大な一部分です。

神は、イスラエル民族を全地に散らすと言われました。彼らは他の地域と同様に、東アジアの地にもいるのです。もし時間があるなら、私はみなさんに、古代イスラエル人の末裔が今もアフガニスタンにいること、またヒマラヤの北の山岳地帯にいることなども示したいと思います。

また、アルタイ山脈のあたりにも、満州や、朝鮮半島、またその他の地域にいる古代イスラエル人の末裔についても語りたいと思います。こうしたこと、また聖書の預言を研究する中で、私の心には強く聖書の言葉が燃え上がっています。

資料

ユダヤ百科事典に記された「日本」

久保有政

戦前にユダヤ人の間で出版された『ユダヤ百科事典』（The Universal Jewish Encyclopedia）の「日本」の項目に、イスラエル人が古代の日本に来た可能性について記した部分がある。それにはN・マクレオドの著作の影響がみられ、こう記されている（カッコ内は本書筆者による注釈）。

「JAPAN――日本は、北太平洋の中国沿岸にある国で、一九四二年に人口約七三〇〇万人。そのなかに約一〇〇〇人のユダヤ人がいる。

日本人は、失われた一〇部族といわれている。最初にそれを言い出したのは、N・マクレオドで、彼はそれを『日本古代史の縮図』に書き、東京で刊行した（実際の出版地は長崎）。

マクレオドは、古代イスラエルと日本の習慣の類似性を関連づけている。たとえばユダヤ教の神殿の聖所と至聖所の構造と、日本神道の神社の拝殿と本殿の構造を比較している。

またある旅行者は、大和地方でゴシェンとマナセという名の二つの村を偶然発見した。この名は、語源的には日本語からは説明できない。伝説によると、これらの村々は、知られざる部族が西暦三世紀に来て定着したと言われている。

この二つの村には、今でもダビデ神社として知られている寺院がある（大避《おおさけ》神社）。また太秦《うずまさ》にある井戸は一五世紀に造られ、この知られざる部族の長老に属していた土地に掘られている。その井戸にはイスラエル（いさら井）という言葉が刻まれている。

一九二九年、アメリカのエール大学を出た小谷部全一郎《おやべぜんいちろう》という学者が、『日本及び日本人之起源』

という本を出版した。彼はミカド（天皇）はガド族（一〇部族の一つ）の子孫であると力説している。ガドの子孫の一人にエッポンという名があり（民数記二六章一五節「ツェフォン」、創世記四六章一六節「ツィフォン」――新改訳）、古くからの日本の呼び方ニッポンに似ていると言っている。

また日本人のルーツがイスラエル人であるという説を裏づけるものが、サムライの習慣の中にある。イスラエル人の集団が、西アジアから紀元前六六〇年に日本にやってきた（神武天皇の東方遠征説話の起源は、イスラエル人の日本渡来にあると解釈している）。サムライという名は、古代のサマリヤを彷彿とさせる。そのサマリヤからイスラエル人は追放されたからである。

サムライを描いた絵を見ると、これは古代アッシリヤの服装によく似ている。

日本の歴史初期の移民族サムライも、ユダヤ人の儀式を多く行なっている。たとえば長男の贖いの儀式などだ（一三歳に行なわれる元服のことであろう。イスラエルでも一三歳の男子は、バル・ミツヴァと呼ばれる元服式を行なう）。

日本の祭司（山伏？）がかぶっている兜巾《ときん》は、イスラエルのヒラクティリー（テフィリン）にたとえられる。ダビデの六角形の星もよくある家紋で、子どもの帽子につけられたり、飾りに用いられたりしている。

これらの歴史的な見解以外に、九世紀にさかのぼってユダヤ人の商人が西ヨーロッパから日本に来た事実がある。……（以下省略）」

以上が、『ユダヤ百科事典』からの引用である。その情報源は、N・マクレオドや小谷部全一郎の著作など少数のものに頼っており、また伝聞や間接情報であることがわかる。だから日本人がこれを読むと「?・」と思える部分も少なくないのだが、ユダヤ人が、日本という謎めいた国に対して興味を持っていることがうかがえて、興味深い。

この『ユダヤ百科事典』に限らず、以後も、ユダヤ人が「イスラエルの失われた部族」について著作を表すときは、必ずといっていいほど、日本のことも取り上げられるようになってきている。

たとえば、イスラエルの一〇部族研究機関「アミシャブ」代表のラビ・エリヤフ・アビハイルが近年に著した『イスラエルの失われた、また離散した部族たち』でも、最終章に「日本におけるイスラエルの失われた部族」のことが取り上げられている。彼は実際に日本に来て調査もしており、その調査結果も加えられている。一方、チューダー・パーフィット著『イスラエルの失われた部族――神話の歴史』などでも、「日本」のことが取り上げられている。彼もまた日本で調査をしているが、綿密な調査をしているわけでないので、その情報はまだ限られている。

じつは、近くラビ・マーヴィン・トケイヤーと私(久保有政)は、共著で、イスラエルの失われた部族に関する英語の本を出版しようと執筆中である。シルクロード各地の失われた部族の様子をリポートするが、大部分の章は、シルクロードの終点・日本における「イスラエルの失われた部族」の記述にあてる予定である。その本が英語圏で読まれ、また後にはヘブル語にも訳されて、多くのユダヤ人に対し適切な情報提供がなされるよう願っている。

あとがき

日ユ同祖論――すなわち、イスラエル人が古代の日本にやって来て日本人の先祖の一部となり、さらに日本という国、また国体をつくった、ということの考えは、じつに気宇壮大なものである。

これを説いた者は、スコットランド人のノーマン・マクレオド以外にも、ユダヤ人の中に、また日本人の中に、また欧米人の中に数多くいる。第三部でとりあげたエドワード・オドルム教授もその一人である。もし単に日本人だけが説いたというなら、手前味噌的なものにしか聞こえないだろう。しかし、これは今や国際的な話題なのである。

その中でも、マクレオドは先駆者的な人物であった。ただし彼の主張の中には、鋭い観察もある一方、日本文化や伝統またユダヤ人への誤解による奇妙な言説も少なくない。彼が日本に滞在したのはわずか一二年だから、これもある程度はやむを得ないことだったろう。しかしマクレオドの著作は、当時ほとんど知られない国だった日本に対し、とくに多くのユダヤ人たちの関心を向けた点で、大きな功績があった。

本書に掲載したマクレオド収集の数多くの挿し絵も、その多さに、彼の並々ならぬ情熱を感じる。なかには非常に興味深い絵もたくさんあり、私たちが初めて見るようなものもある。

これからの時代に大切なのは、日本人とユダヤ人が協力し合い、正確な情報を交換しながら、日ユ同祖論を検証していくことだと思う。それがマクレオドの願ったことではないだろうか。

最後に、このマクレオドの挿し絵集を発掘し本書の出版を提案してくれた佐藤信一氏、および本書の出版を熱意をもって企画してくださった徳間書店の石井健資編集長に、深く感謝申し上げる。

久保有政

推薦図書と参考文献

古代イスラエル人と日本の関わりをさらに詳しく知りたい人のための推薦図書

◎ラビ・マーヴィン・トケイヤー著／久保有政訳『日本・ユダヤ封印の古代史【失われた10部族の謎】』（徳間書店）
◎久保有政著『日本の中のユダヤ文化』（学研ムーブックス）

古代東方基督教徒と日本の関わりをさらに詳しく知りたい人のための推薦図書

◎久保有政／ケン・ジョセフ共著　ラビ・トケイヤー解説『日本・ユダヤ封印の古代史2【仏教・景教篇】』（徳間書店）

参考文献

◎N・マクレオド著、高橋良典編『天皇家とイスラエル十支族の真実』（たま出版）
◎大山誠一著『聖徳太子の誕生』（吉川弘文館）
◎飛鳥昭雄／三神たける共著『失われたキリストの聖十字架「心御柱」の謎』（学研）
◎宇野正美著『古代ユダヤは日本に封印された』（日本文芸社）
◎ヨセフ・アイデルバーグ著『大和民族はユダヤ人だった』（たま出版）
◎高坂和導『超図解・竹内文書II』（徳間書店）
◎宮東斎臣著『聖徳太子に学ぶ十七條五憲法』（文一総合出版）
◎川守田英二著『日本ヘブル詩歌の研究』（日本ヘブル詩歌出版委員会　発売・教文館）
◎久保有政著『古代日本にイスラエル人がやって来た』（レムナント出版）
◎ヴァンミーター美子著『幻の橋』（レムナント出版）
◎Avichail, Rabbi Eliyahu, The Tribes of Israel-The Lost and the Dispersed, Amishav:Jerusalem, Israel.
◎Parfitt, Tudor, The Lost Tribes of Israel:The History of a Myth, Weidenfeld & Nicolson Ltd:London, UK, Oct. 2003
◎Who Are the Japanese http://asis.com/~stag/japanese.html

ノーマン・マクレオド
19世紀、明治時代初期の日本に約12年滞在したスコットランドの商人。彼は明治政府のために働きながら、日本各地をめぐり歩き、やがて「日ユ同祖論」（日本・ユダヤ同祖論）を説くようになった。その著『日本古代史の縮図』（1875年／明治８年）は、日ユ同祖論の最初の古典として有名である。またその２年後、彼は『「日本古代史の縮図」のための挿し絵集』を出版した。本書はその挿し絵集と、その中のマクレオドの解説文を紹介したものである。

久保有政　くぼ ありまさ
1955年、兵庫県伊丹の生まれ。1975年、米国カリフォルニア州立大学留学。1982年、東京聖書学院卒業。古代史研究家、サイエンス・ライター、聖書解説家として活躍。月刊「レムナント」をはじめ、数多くの書籍を著し、講演等も行なっている。著書に、『日本の中のユダヤ文化』（学研）、『日本・ユダヤ封印の古代史２　仏教・景教篇』、『創造論の世界』（ともに徳間書店）、『ゲマトリア数秘術』（学研）、その他多数。韓国語、中国語、英語に訳されたものも少なくない。
ホームページ http://remnant-p.com
Ｅメール remnant@remnant-p.com

【超図解】日本固有文明の謎はユダヤで解ける

なぜ天皇家の秘密の紋章はライオンとユニコーンなのか

第一刷 2018年6月30日
第二刷 2024年9月30日

著者 ノーマン・マクレオド
久保有政

発行人 石井健資
発行所 株式会社ヒカルランド
〒162-0821 東京都新宿区津久戸町3-11 TH1ビル6F
電話 03-6265-0852 ファックス 03-6265-0853
http://www.hikaruland.co.jp info@hikaruland.co.jp
振替 00180-8-496587
本文・カバー・製本 中央精版印刷株式会社
DTP 株式会社キャップス
編集担当 TakeCO

ISBN978-4-86471-511-9